W0372551

Traumsymbole des Individuationsprozesses

C. G. Jung

Traumsymbole des Individuationsprozesses

(Psychologie und Alchemie)

Bechtermünz Verlag

P Tra

EVANGELISCHES WALDKRANKENHAUS SPANDAU

2000/2618

Genehmigte Lizenzausgabe
für Weltbild Verlag GmbH, Augsburg 2000
Copyright © by Walter Verlag, Zürich/Düsseldorf 1998
Umschlaggestaltung: Külen & Grosche, Augsburg
Gesamtherstellung: Clausen & Bosse, Leck
Printed in Germany
ISBN 3-8289-4836-7

Inhalt

Abb. 1 Der Schöpfer als Lenker des drei- und viergeteilten Universums (vier Elemente!). Wasser und Feuer bilden das Gegenstück zum Himmel.

(1652)

Einleitung in die religionspsychologische Problematik der Alchemie

Calamum quassatum non conteret
et linum fumigans non extinguet.
ISAIA 42,3

Geknicktes Rohr wird er nicht zerbrechen
und glimmenden Docht nicht auslöschen.

Abb. 2 Kniendes Alchemistenpaar beim Werkofen bittet um Gottes Segen.
(1702)

Was den Inhalt der folgenden Untersuchungen betrifft, so dürften sich für einen Kenner der Komplexen Psychologie einleitende Bemerkungen erübrigen. Für einen Leser aber, der nicht zum Fach gehört und diesem Buch unvorbereitet gegenübertritt, bedarf es wohl einiger einführender Erklärungen. Der Begriff *Individuationsprozeß* einerseits und die Alchemie anderseits sind Dinge, die weit auseinanderzuliegen scheinen, so daß es der Phantasie zunächst unmöglich vorkommt, sich eine dazwischenliegende Brücke vorzustellen. Diesem Leser bin ich Aufklärung schuldig, besonders auch darum, weil ich gelegentlich der Veröffentlichung meiner Vorlesungen einige Erfahrungen machte, welche auf eine gewisse Ratlosigkeit meiner Kritiker schließen lassen.

Was ich in bezug auf das Wesen der menschlichen Seele vorzubringen habe, sind in erster Linie *Beobachtungen am Menschen.* Man hat diesen Beobachtungen vorgeworfen, daß es sich dabei um unbekannte beziehungsweise schwer zugängliche Erfahrungen handle. Es ist eine merkwürdige Tatsache, auf die man immer wieder stößt, daß absolut jeder, auch der unmaßgeblichste Laie, über Psychologie völlig Bescheid zu wissen glaubt, wie wenn die Psyche ausgerechnet jenes Gebiet wäre, welches sich der allgemeinsten Bekanntschaft erfreute. Jeder wirkliche Kenner der Menschenseele wird mir aber beipflichten, wenn ich sage, daß sie zum Dunkelsten und Geheimnisvollsten gehört, was unserer Erfahrung begegnet. Man hat auf diesem Gebiet nie ausgelernt. Es vergeht beinahe kein Tag in meiner praktischen Tätigkeit, an dem ich nicht auf Neues und Unerwartetes stoße. Gewiß sind meine Erfahrungen nicht an der Oberfläche liegende Alltäglichkeiten. Sie finden sich aber für jeden Psychotherapeuten, wenn er sich mit diesem speziellen Gebiet beschäftigt, in erreichbarer Nähe. Es erscheint mir daher als zum mindesten ungereimt, wenn die Unbekanntheit der mitgeteilten Erfahrungen mir gewissermaßen zum Vorwurf gemacht wird. Ich fühle mich nicht verantwortlich dafür, daß das Laienwissen um Psychologie unzulänglich ist.

Im analytischen Prozeß, das heißt in der dialektischen Auseinandersetzung zwischen dem Bewußtsein und dem Unbewußten, gibt es eine Entwicklung, ein Fortschreiten zu einem Ziel oder Ende, dessen schwer zu enträtselnde Natur mich während vieler Jahre beschäftigt hat. Psychische Behandlungen kommen in allen möglichen Stadien der Entwicklung zu einem *Ende,* ohne daß man bei einem solchen immer das Gefühl hätte, es sei damit auch ein *Ziel* erreicht. Typische, temporäre Beendigungen finden statt: 1. nach Empfang eines guten Rates; 2. nach Ablegung einer mehr oder weniger vollständigen, jedoch genügenden Beichte; 3. nach der Erkenntnis eines bisher unbewußten, aber wesentlichen Inhalts, dessen Bewußtmachung einen neuen Lebens- oder Tätigkeitsanstoß im Gefolge hat; 4. nach einer durch längere Arbeit geleisteten Ablösung von der Kindheitspsyche; 5. nach Herausarbeitung einer neuen, rationalen Anpassung an vielleicht schwierige oder ungewöhnliche Umweltbedingungen; 6. nach dem Verschwinden quälender Symptome; 7. nach Eintreten einer positiven Schicksalswendung, wie Examen, Verlobung, Verheiratung, Scheidung, Berufswechsel usw.; 8. nach Wiederentdeckung der Zugehörigkeit zu einem religiösen Bekenntnis oder Konversion; 9. nach begonnenem Aufbau einer praktischen Lebensphilosophie («Philosophie» im antiken Sinn!).

Obschon sich in dieser Aufzählung noch mehrere Modifikationen und Zusätze anbringen ließen, dürfte sie doch im großen und ganzen die hauptsächlichsten Situationen, in denen der analytische respektive psychotherapeutische Prozeß ein vorläufiges oder gelegentlich auch ein definitives Ende erreicht, kennzeichnen. Wie nun die Erfahrung zeigt, gibt es aber eine relativ große Zahl von Patienten, bei denen die äußere Beendigung der Arbeit mit dem Arzt keineswegs auch das Ende des analytischen Prozesses bedeutet. Vielmehr geht die Auseinandersetzung mit dem Unbewußten weiter, und zwar in ähnlichem Sinne wie bei jenen, die ihre Arbeit beim Arzt nicht aufgegeben haben. Gelegentlich trifft man solche Patienten nach Jahren wieder an und vernimmt dann die oft bemerkenswerte Geschichte ihrer weiteren Wandlungen. Solche Erfahrungen haben mich zuerst in der Annahme bestärkt, daß es in der Seele einen von äußeren Bedingungen sozusagen unabhängigen, zielsuchenden Prozeß gebe, und mich von der Besorgnis, ich selber könnte die alleinige Ursache eines uneigentlichen (und darum vielleicht naturwidrigen) psychischen Vorganges sein, befreit. Diese Besorgnis war insofern nicht unangebracht, als gewisse Patienten sich von keinem Argument der neun erwähnten Kategorien zu einer Beendigung der analytischen Arbeit bestimmen lassen – nicht einmal durch eine religiöse Konversion –, geschweige denn von einer noch so eklatanten Beseitigung der neurotischen Symptome. Gerade Fälle letzterer Art machten es mir klar, daß durch die Neurosenbehandlung ein Problem angeschnitten wird, das weit über das Nur-Ärztliche hinausgeht und dem ein nur medizinisches Wissen unmöglich gerecht werden kann.

In Erinnerung an die bald ein halbes Jahrhundert hinter uns liegenden Anfangszeiten der Analyse mit ihren pseudobiologischen Auffassungen und Entwertungen des seelischen Entwicklungsprozesses wird das Verharren in der analytischen Arbeit gerne als «Lebensflucht», «unabgelöste Übertragung», «Autoerotismus» und was der unliebenswürdigen Auffassungen mehr sind, bezeichnet. Insofern zwar alle Dinge es ertragen müssen, von zwei Seiten betrachtet zu werden, so ist eine negative Bewertung im Sinne des Lebens nur dann zulässig, wenn bewiesen ist, daß auch wirklich gar nichts Positives im «Hängenbleiben» zu finden sei. Die begreifliche Ungeduld des Arztes braucht an sich noch nichts zu beweisen. Nur durch die unsägliche Geduld der Forscher ist es der neuen Wissenschaft gelungen, eine vertiefte Erkenntnis vom Wesen der Seele aufzubauen, und gewisse unerwartete therapeutische Resultate sind der aufopferungsvollen Ausdauer des Arztes zu verdanken. Ungerechtfertigt negative Auffassungen sind überdies billig und gelegentlich schädlich und erwecken den Verdacht auf Bemäntelung der Unwissenheit, wenn nicht gar des Versuches, sich der Verantwortung und der unbedingten Auseinandersetzung zu entziehen. Denn da die analytische Arbeit früher oder später unausweichlich zur menschlichen Auseinandersetzung zwischen Ich und Du und Du und Ich wird, jenseits aller allzu menschlichen Prätexte, so kann es nicht nur leicht geschehen, sondern es kommt notwendigerweise dazu, daß es nicht nur dem Patienten, sondern auch dem Arzt an die Haut, ja sogar darunter geht. Niemand rührt Feuer oder Gift an, ohne an gewissen undichten Stellen wenigstens etwas davon abzubekommen; denn der wahre Arzt steht nirgends daneben, sondern überall darin.

Das «Hängenbleiben» kann für beide Teile unerwünscht, unbegreiflich, ja unerträglich sein, ohne daß es im Sinne des Lebens als negativ erwiesen wäre. Im Gegenteil kann es sogar ein positiv zu bewertendes «hanging on» sein, welches zwar einerseits eine scheinbar unüberwindliche Schwierigkeit bedeutet, anderseits aber eben deshalb jene einzigartige Situation darstellt, welche die größte Anstrengung erfordert und darum den ganzen Menschen auf den Plan ruft. Ja, man könnte sagen, daß einerseits der Patient, unbewußt oder unbeirrt, nach dem in letzter Linie unlösbaren Problem sucht, und daß anderseits die Kunst oder Technik des Arztes ihr Bestes tut, um ihm dazu zu verhelfen. «Ars totum requirit hominem!» [Die Kunst erfordert den ganzen Menschen] ruft ein alter Alchemist aus. Eben dieser «homo totus» ist gesucht. Die Bemühung des Arztes sowohl wie das Suchen des Patienten zielt auf jenen verborgenen, noch nicht manifestierten «ganzen» Menschen, welcher zugleich der größere und zukünftige ist. Der richtige Weg zur Ganzheit aber besteht – leider – aus schicksalsmäßigen Um- und Irrwegen. Es ist eine «longissima via», nicht eine gerade, sondern eine gegensatzverbindende Schlangenlinie, an den wegeweisenden caduceus erinnernd, ein Pfad, dessen labyrinthische Verschlungenheit des Schreckens nicht entbehrt. Auf diesem Wege kommen jene Erfahrungen zustande, die man als «schwer zugänglich» zu bezeichnen beliebt. Ihre Unzugänglichkeit beruht darauf, daß sie kostspielig sind: sie fordern das, was man am meisten fürchtet, nämlich die *Ganzheit,* die man zwar beständig im Munde führt, und mit der sich endlos theoretisieren läßt, die man aber in der Wirklichkeit des Lebens im größten Bogen umgeht[1]. Unendlich viel beliebter ist die Gepflogenheit der «Kompartimentpsychologie», wo die eine Schublade nicht weiß, was in der andern ist.

Ich fürchte, daß man für diesen Zustand der Dinge nicht nur die Unbewußtheit und Ohnmacht des einzelnen, sondern auch die allgemeine seelische Erziehung des Europäers verantwortlich machen muß. Diese Erziehung liegt nicht nur in der Kompetenz, sondern auch im Wesen der herrschenden Religionen; denn diese allein, vor allen rationalistischen Systemen, beziehen sich auf den *äußeren und inneren Menschen gleichermaßen*. Man kann dem Christentum eine rückständige Entwicklung vorwerfen, wenn man das eigene Ungenügen entschuldigen will. Ich will nicht in den Fehler verfallen, dasjenige der Sache zuzuschieben, wofür die Ungeschicktheit des Menschen in erster Linie verantwortlich ist. Ich rede daher nicht vom innersten und besten Verstande des Christentums, sondern von der Oberflächlichkeit und dem fatalen Mißverstehen, das allen vor Augen liegt. Die Forderung der «imitatio» Christi, nämlich dem Vorbild nachzufolgen und diesem ähnlich zu werden, sollte die Entwicklung und Erhöhung des eigenen inneren Menschen bezwecken, wird aber vom oberflächlichen und zur mechanischen Formelhaftigkeit neigenden Gläubigen zu einem außenstehenden Kultobjekt gemacht, welches gerade durch die Verehrung daran gehindert wird, in die Tiefe der Seele einzugreifen und letztere zu jener dem Vorbild entsprechenden Ganzheit umzuschaffen. Damit steht der göttliche Mittler als ein Bild draußen, der Mensch aber bleibt Fragment und in seiner tiefsten Natur unberührt. Ja, Christus kann bis zur Stigmatisation nachgeahmt werden, ohne daß der Nachahmende auch nur annähernd dem Vorbild und dessen Sinn nachgefolgt wäre. Denn es handelt sich nicht um eine bloße Nachahmung, welche nämlich den Menschen ungewandelt läßt und damit ein bloßes Artefakt ist. Vielmehr handelt es sich um eine Verwirklichung des Vorbildes mit den eigenen Mitteln – Deo concedente – in der Sphäre des individuellen Lebens. Allerdings ist nicht zu übersehen, daß selbst in der falsch verstandenen Nachahmung eine unter Umständen gewaltige moralische Anstrengung vorliegt, welche, obgleich das eigentliche Ziel nicht erreicht wird, doch das Verdienst der gänzlichen Hingabe an einen, zwar äußerlich dargestellten, höchsten Wert hat. Es ist nicht undenkbar, daß einer gerade in und vermöge seiner totalen Anstrengung sogar die Ahnung seiner Ganzheit erlebt, mit dem Gefühl der Gnade, welche diesem Erlebnis eignet.

Der mißverstehenden, nur äußerlichen Auffassung der «imitatio» Christi kommt ein europäisches Präjudiz, das westliche von östlicher

Haltung unterscheidet, entgegen. Der westliche Mensch ist von den «zehntausend Dingen» bezaubert; er sieht das einzelne, er ist ich- und dingverhaftet und der tiefen Wurzel alles Seins unbewußt. Der östliche Mensch dagegen erlebt die Einzeldingwelt, ja sogar sein Ich wie einen Traum und wurzelt wesenhaft im Urgrund, der ihn so mächtig anzieht, daß seine Weltbezogenheit in einem für uns oft unbegreiflichen Maße relativiert ist. Die westliche, objektbetonte Haltung neigt dazu, das «Vorbild» Christus in seinem gegenständlichen Aspekt zu belassen und ihn damit seiner geheimnisvollen Beziehung zum inneren Menschen zu berauben. Dieses Präjudiz veranlaßt zum Beispiel den protestantischen Interpreten, das auf das Gottesreich bezügliche ἐντὸς ὑμῶν als «zwischen euch», statt «in euch» zu deuten. Es soll damit nichts über die Gültigkeit der westlichen Haltung gesagt sein. Wir sind ja davon hinlänglich überzeugt. Setzt man sich dagegen mit dem östlichen Menschen auseinander – was der Psychologe eben tun muß –, so kann man sich gewisser Zweifel nur noch schwer entledigen. Wem es das Gewissen erlaubt, der möge gewaltsam entscheiden und sich damit, wohl unwissentlich, zum «arbiter mundi» [Richter der Welt] aufschwingen. Ich für meine Person ziehe die köstliche Gabe des Zweifels vor, weil dieser die Jungfräulichkeit der unermeßlichen Erscheinung unberührt läßt.

Das Vorbild Christus hat sich mit der Sünde der Welt beladen. Ist es aber ganz draußen, so ist auch die Sünde des einzelnen draußen, und damit ist letzterer mehr Fragment als je, denn oberflächliches Mißverstehen eröffnet ihm einen bequemen Weg, seine Sünden buchstäblich «auf ihn zu werfen» und so einer tieferen Verantwortung zu entgehen, was mit dem Geist des Christentums in Widerspruch steht. Diese Formalistik und diese Laxheit waren nicht nur eine der Ursachen der Reformation, sondern sie sind auch innerhalb des Protestantismus vorhanden. Wenn größter Wert (Christus) und größter Unwert (Sünde) draußen sind, so ist die Seele entleert: es mangelt ihr Tiefstes und Höchstes. Die östliche Haltung (insbesondere die indische) verfährt umgekehrt: alles Höchste und Tiefste ist im (transzendentalen) Subjekt. Dadurch steigert sich die Bedeutung des «âtman», des Selbst, ins Maßlose. Beim Abendländer aber sinkt der Wert des Selbst auf den Nullpunkt. Daher kommt die im Westen allgemeine Unterschätzung der Seele. Wer von Wirklichkeit der Seele spricht, dem wird «Psychologismus» vorgeworfen. Von Psychologie wird im «Nur»-Ton gesprochen. Die Auffassung, daß es psychische

Faktoren gebe, welche göttlichen Figuren entsprechen, gilt als Entwertung dieser. Es streift an Blasphemie, zu denken, daß ein religiöses Erlebnis ein psychischer Vorgang sei; denn es ist – argumentiert man – «nicht nur psychologisch». Das Psychische ist nur Natur, und darum kann aus ihm nichts Religiöses hervorgehen, wie man meint. Dabei zögern solche Kritiker keinen Augenblick, alle Religionen – mit Ausnahme der eigenen – aus der Natur der Seele hervorgehen zu lassen. Es ist bezeichnend, daß zwei theologische Besprechungen meines Buches *«Psychologie und Religion»* – die eine katholisch, die andere protestantisch – meinen Nachweis der psychischen Entstehung religiöser Phänomene geflissentlich übersehen haben.

Dagegen muß man nun wirklich fragen: Woher weiß man denn solchen Bescheid über die Seele, daß man sagen kann, «nur» seelisch? So spricht und denkt nämlich der Abendländer, dessen Seele offenbar «nichtswürdig» ist. Wäre viel darin, so würde man mit Ehrfurcht davon reden. Da man dies aber nicht tut, muß man daraus schließen, daß auch kein Wert drin ist. Das aber ist nicht notwendigerweise und nicht immer und überall so, sondern nur dort, wo man nichts in die Seele hineintut und «allen Gott draußen hat». (Etwas mehr Meister ECKHART täte manchmal gut!)

Eine ausschließlich religiöse Projektion kann die Seele ihrer Werte berauben, so daß sie sich infolge der Inanition [Entleerung] nicht mehr weiter zu entwickeln vermag und in einem unbewußten Zustand steckenbleibt. Zugleich verfällt sie dem Wahn, die Ursache alles Ungemaches liege draußen, und man fragt schon gar nicht mehr, wie und wo man selber dazu beiträgt. Die Seele kommt einem dermaßen unbedeutend vor, daß man sie kaum des Bösen, geschweige denn des Guten fähig erachtet. Wenn aber die Seele nicht mehr mitspielt, so erstarrt das religiöse Leben in Äußerlichkeit und Formelkram. Wie man sich immer das Verhältnis von Gott und Seele vorstellen mag – eines ist sicher: daß die Seele kein Nur sein kann, sondern die Dignität eines Wesens hat, dem es gegeben ist, einer Beziehung zur Gottheit bewußt zu sein. Wenn es auch nur die Beziehung eines Tropfens zum Meere ist; selbst das Meer wäre nicht ohne die Vielheit der Tropfen. Die dogmatisch festgestellte Unsterblichkeit der Seele erhöht diese über die Vergänglichkeit des körperlichen Menschen und macht sie zum Teilhaber einer übernatürlichen Eigenschaft. Sie überragt damit den sterblichen Bewußtseinsmenschen um ein Vielfaches an Bedeutung, so daß es dem Christen eigentlich verboten wäre, die Seele als ein Nur zu betrachten[2]. Wie das Auge der Sonne, so entspricht die Seele Gott. Unser Bewußtsein umfaßt die Seele nicht, und es ist daher lächerlich, wenn wir in gönnerhaftem oder verkleinerndem Ton über die Dinge der Seele sprechen. Selbst der gläubige Christ kennt Gottes verborgene Wege nicht und muß es ihm anheimstellen, ob er von außen oder von innen durch die Seele auf den Menschen wirken will. So darf der Gläubige die Tatsache nicht bestreiten, daß es «somnia a Deo missa» (von Gott gesandte Träume) und Erleuchtungen seiner Seele gibt, welche auf keine äußeren Ursachen zurückgeführt werden können. Es wäre eine Blasphemie, zu behaupten, daß Gott sich überall offenbaren könne, nur gerade nicht in der menschlichen Seele. Ja, die Innigkeit der Beziehung zwischen Gott und Seele schließt jede Minderbewertung der Seele von vornherein aus[3]. Es ist vielleicht zu weit gegangen, von einem Verwandtschaftsverhältnis zu sprechen; aber auf alle Fälle muß die Seele eine Beziehungsmöglichkeit, das heißt eine Entsprechung zum Wesen Gottes in sich haben, sonst könnte ein Zusammenhang nie zustande kommen[4]. Diese Entsprechung ist, psychologisch formuliert, der *Archetypus des Gottesbildes.*

Jeder Archetypus ist unendlicher Entwicklung und Differenzierung fähig. Es ist daher möglich, daß er mehr oder weniger entwickelt ist. In einer äußerlichen Religionsform, wo aller Nachdruck auf der äußeren Figur liegt (wo es sich also um eine mehr oder weniger vollständige Projektion handelt), ist der Archetypus identisch mit äußeren Vorstellungen, bleibt aber als seelischer Faktor unbewußt. Wenn ein unbewußter Inhalt durch ein Projektionsbild dermaßen ersetzt ist, so wird er vom Mitleben im und Einflußnehmen auf das Bewußtsein ausgeschlossen. Damit büßt er sein Leben weitgehend ein, weil er an der ihm natürlichen Gestaltung des Bewußtseins verhindert ist; ja mehr noch: er verbleibt unverändert in seiner ursprünglichen Form, denn im Unbewußten verändert sich nichts. Von einem gewissen Punkt an entwickelt er sogar eine Neigung zur Regression auf tiefere und archaischere Stufen. Es kann daher der Fall eintreten, daß ein Christ, der zwar an alle heiligen Figuren glaubt, doch im Innersten der Seele unentwickelt und unverändert bleibt, weil er den ganzen Gott «draußen» hat und ihn nicht in der Seele erfährt. Seine ausschlaggebenden Motive und seine maßgebenden Interessen und Impulse erfolgen aus der unbewußten und unentwickelten Seele, die so heidnisch und so archaisch wie nur je ist, und keineswegs aus der Sphäre des Christentums. Nicht nur das Einzelleben, sondern auch die Summierung der Einzelleben im Volke erweist die Wahrheit dieser Behauptung. Die großen Ereignisse unserer Welt, die von Menschen beabsichtigt und hervorgebracht sind, atmen nicht den Geist des Christentums, sondern des ungeschminkten Heidentums. Diese Dinge stammen aus einer archaisch gebliebenen seelischen Verfassung, welche vom Christentum auch nicht von ferne berührt worden ist. Wie die Kirche nicht ganz mit Unrecht annimmt, hinterläßt das «semel credidisse» (einmal geglaubt haben) gewisse Spuren. Von diesen Spuren ist aber in den großen Haupttatsachen nichts zu entdecken. Die christliche Kultur hat sich in erschreckendem Ausmaß als hohl erwiesen: sie ist äußerliche Politur; der innere Mensch aber ist unberührt und darum unverändert geblieben. Der Zustand der Seele entspricht nicht dem äußerlich Geglaubten. Der Christ hat in seiner Seele mit der äußerlichen Entwicklung nicht Schritt gehalten. Ja, es steht äußerlich alles da in Bild und Wort, in Kirche und Bibel. Aber es steht nicht innen. Im Innern regieren archaische Götter, wie nur je; das heißt, die innere Entsprechung des äußeren Gottesbildes ist aus Mangel an seelischer Kultur unentwickelt und darum im Heidentum steckengeblieben. Die christliche Erziehung hat zwar das Menschenmögliche geleistet; aber es genügte nicht. Zu wenige haben es erfahren, daß die göttliche Gestalt innerstes Eigentum der eigenen Seele ist. Ein Christus ist ihnen nur außen begegnet, aber nie aus der eigenen Seele entgegengetreten; darum herrscht dort noch finsteres Heidentum, welches zum Teil mit nicht mehr zu leugnender Deutlichkeit, zum Teil in allzu fadenscheiniger Verhüllung die sogenannte christliche Kulturwelt überschwemmt.

Mit den bisher angewendeten Mitteln ist es nicht gelungen, die Seele bis zu dem Grade zu christianisieren, daß auch nur die elementarsten Forderungen der christlichen Ethik irgendeinen maßgeblichen Einfluß auf die hauptsächlichsten Belange des christlichen Europäers hätten. Die christliche Mission predigt zwar das Evangelium den armen, nackten Heiden; aber die inneren Heiden, die Europa bevölkern, haben vom Christentum noch nichts vernommen. Das Christentum muß notgedrungenerweise wieder von vorne beginnen, wenn es seiner hohen Erziehungsaufgabe genügen soll. Solange die Religion nur Glaube und äußere Form und die religiöse Funktion nicht eine Erfahrung der eigenen Seele ist, solange ist nichts Gründliches geschehen. Es muß noch verstanden werden, daß das «mysterium magnum» nicht nur an sich vorhanden, sondern auch vornehmlich in der menschlichen Seele begründet ist. Wer das nicht aus Erfahrung weiß, der mag ein Hochgelehrter der Theologie sein; aber von Religion hat er keine Ahnung, und noch weniger von Menschenerziehung.

Wenn ich aber nachweise, daß die Seele natürlicherweise eine religiöse Funktion besitzt[5], und wenn ich fordere, daß es die vornehmste Aufgabe aller Erziehung (des Erwachsenen) sei, jenen Archetypus des Gottesbildes respektive dessen Ausstrahlungen und Wirkungen ins Bewußtsein überzuführen, da fällt mir eben gerade die Theologie in den Arm und überführt mich des «Psychologismus». Wenn in der Seele nicht erfahrungsgemäß höchste Werte (unbeschadet des ebenfalls vorhandenen ἀντίμιμον πνεῦμα [Gegenspieler-Geistes]) lägen, so würde mich die Psychologie nicht im geringsten interessieren, da die Seele dann nichts als ein armseliger Dunst wäre. Ich weiß aber aus hundertfacher Erfahrung, daß sie das nicht ist, sondern daß sie vielmehr die Entsprechung aller jener Dinge enthält, welche das Dogma formuliert hat, und einiges darüber hinaus, was eben die Seele befähigt, jenes Auge zu sein, dem es bestimmt ist, das Licht zu schauen. Dazu bedarf es unermeßlichen Umfangs und unauslotbarer Tiefe. Man hat mir «Vergottung der Seele» vorgeworfen. *Nicht ich – Gott selbst hat sie vergottet!* Nicht ich habe der Seele eine religiöse Funktion angedichtet, sondern ich habe die Tatsachen vorgelegt, welche beweisen, daß die Seele «naturaliter religiosa» ist, das heißt eine religiöse Funktion besitzt: eine Funktion, die ich nicht hineingelegt oder -gedeutet habe, sondern die sie selber von sich aus produziert, ohne durch irgendwelche Meinungen oder Suggestionen dazu veranlaßt zu sein. In einer geradezu tragischen Verblendung sehen diese Theologen nicht ein, daß es sich nicht darum handelt, die Existenz des Lichtes zu beweisen, sondern darum, daß es Blinde gibt, die nicht wissen, daß ihre Augen etwas sehen könnten. Man sollte nachgerade einmal merken, daß es nichts nützt, das Licht zu preisen und zu predigen, wenn es niemand sehen kann. Vielmehr wäre es notwendig, dem Menschen die Kunst des Sehens beizubringen. Es ist ja offenkundig, daß allzu viele unfähig sind, einen Zusammenhang zwischen den heiligen Figuren und ihrer eigenen Seele herzustellen; das heißt, sie können nicht sehen, daß und inwiefern entsprechende Bilder in ihrem eigenen Unbewußten schlummern. Um diese innere Schau möglich zu machen, muß der Weg zum Sehenkönnen freigemacht werden. Wie dies ohne Psychologie, das heißt ohne Berührung der Seele, erreicht werden soll, ist mir, offen gestanden, unerfindlich[6].

Ein weiteres, ebenso folgenschweres Mißverständnis besteht darin, daß man der Psychologie die Absicht einer – womöglich häretischen – neuen Lehre unterschiebt. Wenn man einem bisher Blinden allmählich das Sehen beibringt, so ist nicht zu erwarten, daß er sofort mit Adlerblick neue Wahrheiten entdeckt. Man muß froh sein, wenn er überhaupt etwas sieht und einigermaßen verstehen kann, was er sieht. Die Psychologie befaßt sich mit dem Akt des Sehens, und nicht mit der Konstruktion neuer religiöser Wahrheiten, wo doch die schon bestehenden Lehren noch nicht eingesehen und verstanden sind. In religiösen Dingen kann man bekanntlich nichts verstehen, was man nicht innerlich erfahren hat. In der inneren Erfahrung erst offenbart sich die Beziehung der Seele zu dem äußerlich Vorgezeigten und Gepredigten als eine Verwandtschaft oder Entsprechung wie die von «sponsus» [Bräutigam] und «sponsa» [Braut]. Wenn ich daher als Psychologe sage, Gott sei ein Archetypus, so meine ich damit den Typus in der Seele, was bekanntlich von τύπος = Schlag, Einprägung herkommt. Schon das Wort Archetypus setzt ein Prägendes voraus. Psychologie als Wissenschaft von der Seele hat sich auf ihren Gegenstand zu beschränken und sich davor zu hüten, ihre Grenzen etwa durch metaphysische Behauptungen oder sonstige Glaubensbekenntnisse zu überschreiten. Sollte sie einen Gott auch nur als hypothetische Ursache setzen, so hätte sie implizit die Möglichkeit eines Gottesbeweises gefordert, womit sie ihre Kompetenz in absolut unzulässiger Weise überschreiten würde. Wissenschaft kann nur Wissenschaft sein; es gibt keine «wissenschaftlichen» Glaubensbekenntnisse und ähnliche «contradictiones in adiecto». Wir wissen einfach nicht, woraus der Archetypus in letzter Linie herzuleiten ist, sowenig wie wir den Ursprung der Seele kennen. Die Kompetenz der Psychologie als Erfahrungswissenschaft geht nur so weit, festzustellen, ob der in der Seele gefundene Typus auf Grund vergleichender Forschung billigerweise zum Beispiel als ein «Gottesbild» bezeichnet werden darf oder nicht. Über eine mögliche Existenz Gottes ist damit weder positiv noch negativ etwas ausgesagt, so wenig als der Archetypus des «Helden» das Vorhandensein eines solchen setzt.

Wenn nun meine psychologische Forschung das Vorhandensein gewisser psychischer Typen und deren Analogie mit bekannten religiösen Vorstellungen nachweist, so ist damit die Möglichkeit eines Zuganges zu jenen *erfahrbaren* Inhalten gegeben, welche offenkundig und unleugbar die empirisch faßbare Grundlage der religiösen Erfahrung bilden. Es steht dem gläubigen Menschen frei, irgendwelche metaphysischen Erklärungen über den Ursprung dieser Bilder anzunehmen, nicht aber dem Intellekt, der sich strikte an die Prinzipien wissenschaftlicher Erklärung zu halten und jede Überschreitung der Wissensmöglichkeit zu vermeiden hat. Niemand kann den Glauben daran verhindern, als erste Ursache Gott, den Purusha, den Atman oder das Tao anzunehmen und damit die letztliche Unbefriedigung des Menschen im Ganzen aufzuheben. Die Wissenschaft tut fleißige Arbeit; sie ist kein Himmelstürmer. Läßt sie sich aber zu solcher Extravaganz hinreißen, so hat sie auch schon den Ast abgesägt, auf dem sie sitzt.

Tatsache ist nun, daß die Erkenntnis und Erfahrung vom Vorhandensein dieser inneren Bilder für Verstand sowohl wie für Gefühl einen Zugang zu jenen andern Bildern eröffnet, welche die religiöse Lehre dem Menschen vorsetzt. Damit tut die Psychologie das Gegenteil von dem, was man ihr vorwirft: sie verschafft Möglichkeiten zum besseren Verständnis des Vorhandenen, sie öffnet das Auge für die Sinnerfülltheit der Dogmen; sie zerstört eben gerade nicht, sondern bietet einem leeren Haus neue Bewohner. Ich kann dies aus vielfacher Erfahrung bestätigen: Abtrünnige oder Erkaltete der verschiedensten Bekenntnisse fanden einen neuen Zugang zu ihren alten Wahrheiten; darunter waren nicht wenige Katholiken. Selbst ein Parsi fand den Weg zum zoroastrischen Feuertempel wieder, woraus man auf die Objektivität meines Standpunktes schließen möge.

Aber eben diese Objektivität macht man meiner Psychologie zum größten Vorwurf: sie entscheide sich nicht für die oder jene bestimmte religiöse Lehre. Ohne meiner subjektiven Überzeugung irgendwie vorzugreifen, möchte ich die Frage aufwerfen: Ist es nicht denkbar, daß auch das eine Entscheidung sein könnte, wenn man sich nicht zum «arbiter mundi» aufwirft, sondern ausdrücklich auf diese Subjektivität verzichtet und zum Beispiel dem Glauben huldigt, daß Gott sich in vielen Sprachen und in vielerlei Erscheinungsweisen ausgedrückt habe und daß all diese Aussagen *wahr* sind? Der namentlich von christlicher Seite erhobene Einwand, daß doch unmöglich die allerwidersprechendsten Aussagen wahr sein können, muß sich die höfliche Anfrage gefallen lassen: Ist eins = drei? Wie kann drei eins sein? Kann eine Mutter Jungfrau sein? Und so weiter. Hat man denn noch nicht bemerkt, daß alle religiösen Aussagen logische Widersprüche und prinzipiell unmögliche Behauptungen enthalten, ja daß das sogar das Wesen der religiösen Behauptung ausmacht? Dafür haben wir das Bekenntnis Tertullians: «Und gestorben ist Gottes Sohn, was geradezu glaubhaft ist, weil es ungereimt ist. Und begraben ist er auferstanden; das ist gewiß, weil es unmöglich ist.»[7] Wenn das Christentum zum Glauben an solche Widersprüche auffordert, so kann es doch, wie mir scheint, den nicht verwerfen, der noch ein paar weitere Paradoxien gelten läßt. Die Paradoxie gehört sonderbarerweise zum höchsten geistigen Gut; die Eindeutigkeit aber ist ein Zeichen der Schwäche. Darum verarmt eine Religion innerlich, wenn sie ihre Paradoxien verliert oder vermindert; deren Vermehrung aber bereichert, denn nur das Paradoxe vermag die Fülle des Lebens annähernd zu fassen, die Eindeutigkeit und das Widerspruchslose aber sind einseitig und darum ungeeignet, das Unerfaßliche auszudrücken.

Nicht jeder besitzt die Geisteskraft eines Tertullian, welcher offenbar die Paradoxie nicht nur ertragen konnte, sondern sie bedeutete ihm sogar höchste religiöse Gewißheit. Die übergroße Anzahl der geistig Schwachen macht die Paradoxie gefährlich. Solange letztere unbesehen als nie bedachte Selbstverständlichkeit vorgefunden wird und gewohnheitsmäßiger Aspekt des Lebens ist, bleibt sie ungefährlich. Wenn es aber einem ungenügend entwickelten Verstand (der bekanntlich immer das meiste von sich hält) einfallen sollte, die Paradoxie einer Glaubensaussage zum Gegenstand seines ebenso ernstlichen wie impotenten Nachdenkens zu machen, so ginge es nicht lange, bis er in ein ikonoklastisches Hohngelächter ausbrechen und mit Fingern auf die allen preisgegebene «ineptia» [Untauglichkeit] des Mysteriums hinweisen würde. Seit der französischen Aufklärung ist es rapid bergab gegangen; denn wenn dieser Duodezverstand, der keine Paradoxien erträgt, einmal erwacht ist, kann ihn keine Predigt mehr unterdrücken. Es entsteht dann eine neue Aufgabe: nämlich diesen noch unentwickelten Verstand allmählich auf eine höhere Stufe zu bringen und die Zahl jener zu vermehren, die wenigstens eine Ahnung vom Umfang einer paradoxen Wahrheit aufbringen können. Wenn dies nicht möglich ist, kann der geistige

Zugang zum Christentum als so gut wie verschüttet gelten. Man begreift einfach nicht mehr, was mit den Paradoxien des Dogmas gemeint sein könnte, und je äußerlicher deren Auffassung wird, desto mehr stößt man sich an deren irrationaler Gestalt, und schließlich werden sie als kuriose Relikte der Vergangenheit überhaupt obsolet. Inwiefern diese Entwicklung einen in seinem Umfang schwer abzuschätzenden geistigen Verlust bedeutet, ist dem Betroffenen unerfindlich, weil er die heiligen Bilder ja nie als eigenen inneren Besitz erfahren und nie um deren Verwandtschaft mit seiner eigenen seelischen Struktur gewußt hat. Aber eben diese unerläßliche Erkenntnis kann ihm die Psychologie des Unbewußten vermitteln, wobei gerade deren wissenschaftliche Objektivität von größtem Wert ist. Wäre die Psychologie konfessionsgebunden, so könnte und dürfte sie dem Unbewußten des Individuums nicht jenes freie Spiel gewähren, welches zur Produktion der Archetypen unerläßliche Vorbedingung ist. Es ist nämlich gerade die Spontaneität der archetypischen Inhalte, welche überzeugt. Der präjudizierte Eingriff dagegen verhindert unvoreingenommene Erfahrung. Wenn der Theologe wirklich an die Allgewalt Gottes einerseits und an die Gültigkeit der Dogmen anderseits glaubt, warum vertraut er dann nicht darauf, daß auch die Seele Gott ausspricht? Warum diese Angst vor der Psychologie? Oder soll die Seele (in gänzlich undogmatischer Weise) direkt als die Hölle gelten, aus der nur Dämonen sprechen? Sollte dies wirklich der Fall sein, so wäre eine solche Tatsache wohl nicht minder überzeugend; denn wie man weiß, hat die mit Entsetzen wahrgenommene Realität des Bösen mindestens ebenso viele Menschen bekehrt wie die Erfahrung des Guten.

Die Archetypen des Unbewußten sind empirisch nachweisbare Entsprechungen der religiösen Dogmen. In der hermeneutischen Sprache der Väter besitzt die Kirche einen reichen Schatz an Analogien mit den der Psychologie vorliegenden individuellen Spontanprodukten. Was das Unbewußte ausspricht, ist nämlich keine Willkürlichkeit und keine Meinung, sondern es ist ein Geschehen oder ein Sosein, wie das irgendeines Naturwesens. Es ist selbstverständlich, daß die Ausdrücke des Unbewußten naturhaft und nicht dogmatisch formuliert sind, genau wie die patristische Allegorik, welche den ganzen Umfang der Natur in den Bereich ihrer Amplifikationen zieht. Wenn es hier erstaunliche «allegoriae» Christi gibt, so finden wir Ähnliches auch in der Psychologie des Unbewußten. Der Unterschied ist aber der, daß die patristische Allegorie «ad

Christum spectat» (sich auf Christus bezieht), während der psychische Archetypus er selber ist und daher je nach Zeit, Ort und Milieu gedeutet werden kann. Im Westen wird er durch das dogmatische Christusbild, im Osten durch Purusha, Atman, Hiranyagarbha, Buddha usw. ausgefüllt. Der religiöse Standpunkt verlegt den Akzent begreiflicherweise auf den prägenden Stempel, die Psychologie als Wissenschaft aber auf den ihr allein faßbaren τύπος, die Prägung. Der religiöse Standpunkt faßt den Typus als Wirkung des Stempels auf; der wissenschaftliche dagegen faßt ersteren als Symbol eines ihm unbekannten und unfaßbaren Gehaltes auf. Da nun der Typus unbestimmter und vielseitiger ist als die jeweilige religiöse Voraussetzung, so ist die Psychologie durch ihr empirisches Material gezwungen, den Typus durch einen Terminus auszudrücken, welcher nicht zeitlich, örtlich oder milieugebunden ist. Würde nämlich der Typus zum Beispiel mit der dogmatischen Gestalt Christi in jeder Einzelheit übereinstimmen und keinerlei Bestimmung enthalten, die darüber hinausginge, so müßte man den Typus zum mindesten als ein getreues Abbild der dogmatischen Gestalt ansehen und dementsprechend benennen. Der Typus würde dann mit Christus koinzidieren. Dies ist nun empirisch nicht der Fall, indem nämlich das Unbewußte, wie die Allegorik der Kirchenväter, noch zahlreiche andere, in der dogmatischen Formel nicht explizit enthaltene Bestimmungen aufstellt, welche zum Beispiel nichtchristliche Figuren, wie die oben erwähnten, in den Typus einbegreifen. Aber auch diese Figuren erfüllen die Unbestimmtheit des Archetypus nicht. Es ist überhaupt undenkbar, daß es irgendeine *bestimmte* Figur geben könnte, welche archetypische *Unbestimmtheit* ausdrückte. Ich habe mich infolgedessen veranlaßt gesehen, dem entsprechenden Archetypus den psychologischen Namen *Selbst* zu geben, welcher Begriff einerseits bestimmt genug ist, um einen Inbegriff menschlicher Ganzheit zu vermitteln, anderseits unbestimmt genug, um die Unbeschreiblichkeit und Unbestimmbarkeit der Ganzheit auszudrücken. Diese paradoxen Eigenschaften des Begriffes entsprechen der Tatsache, daß die Ganzheit einesteils aus dem bewußten, andernteils aus dem unbewußten Menschen besteht. Grenzen und Bestimmungen des letzteren aber können nicht angegeben werden. Im wissenschaftlichen Sprachgebrauch weist das «Selbst» daher weder auf Christus noch auf Buddha hin, sondern auf die Gesamtheit entsprechender Gestalten, und jede dieser Gestalten ist ein *Symbol des Selbst.* Diese Ausdruckweise ist eine Denknotwendigkeit der wissenschaftlichen Psychologie und bedeutet in keinerlei Weise ein transzendentales Präjudiz. Im Gegenteil ermöglicht, wie oben erwähnt, dieser objektive Standpunkt dem einen die Entscheidung für die Bestimmung Christus, dem andern für Buddha usw. Wem diese Objektivität ein Ärgernis ist, der möge bedenken, daß ohne diese eine Wissenschaft unmöglich ist. Wenn er also der Psychologie das Recht auf Objektivität bestreitet, so macht er damit den unzeitgemäßen Versuch, einer Wissenschaft das Lebenslicht auszublasen. Selbst wenn ein solch unsinniger Versuch gelänge, so wäre damit nur die bereits katastrophale Entfremdung zwischen dem weltlichen Verstand einerseits und Kirche und Religion anderseits noch mehr gesteigert.

Es ist nicht nur begreiflich, sondern auch eine absolute raison d'être für eine Wissenschaft, daß sie mit relativer Ausschließlichkeit sich auf ihren Gegenstand konzentriert. Da der Begriff des Selbst der Psychologie von zentralem Interesse ist, so denkt sie natürlich in umgekehrter Richtung zur Theologie: Die religiösen Gestalten weisen für die erstere auf das Selbst; für letztere dagegen weist das Selbst auf ihre eigene Zentralvorstellung; das heißt das psychologische Selbst könnte von der Theologie allenfalls als eine «allegoria» Christi verstanden werden. Dieser Gegensatz ist gewiß irritierend, aber leider unumgänglich, wenn anders der Psychologie nicht das Existenzrecht überhaupt abgesprochen werden soll. Ich plädiere daher für Duldung, was der Psychologie nicht schwer fällt, denn als Wissenschaft hat sie keine totalitären Ansprüche.

Das «Christussymbol» ist der Psychologie von größter Wichtigkeit, insofern es, neben der Gestalt des Buddha, vielleicht das am höchsten entwickelte und differenzierte Symbol des Selbst ist. Dies ermessen wir an der Umfänglichkeit und dem Gehalt der über Christus vorhandenen Aussagen, welche der psychologischen Phänomenologie des Selbst in selten hohem Maße entsprechen, obschon sie nicht alle Aspekte dieses Archetypus in sich begreifen. Der unabsehbar weite Umfang desselben kann als Nachteil gegenüber der Bestimmtheit einer religiösen Figur bewertet werden. Werturteile zu fällen, ist aber keineswegs die Aufgabe der Wissenschaft. Das Selbst ist nicht nur unbestimmt, sondern enthält auch paradoxerweise den Charakter der Bestimmtheit, ja der Einmaligkeit. Dies ist wohl einer der Gründe, warum gerade diejenigen Religionen, welche historische Persönlichkeiten zu Begründern haben, zu Weltreligionen geworden sind, wie das Christentum, der Buddhismus und der Islam. Die Einbeziehung der einmaligen menschlichen Persönlichkeit (und dies besonders in Vereinigung mit der nicht bestimmbaren göttlichen Natur) entspricht eben dem absolut Individuellen des Selbst, welches Einmaliges mit Ewigem und das einzelne mit dem allgemeinsten verbindet. Das Selbst ist eine Vereinigung der Gegensätze κατ' ἐξοχήν. Damit unterscheidet sich dieses Symbol ganz wesentlich vom christlichen. Die Androgynie Christi ist die äußerste Konzession der Kirche an die Gegensatzproblematik. Der Gegensatz zwischen Hell und Gut einerseits und Dunkel und Böse anderseits wurde in seinem offenen Konflikt belassen, indem Christus schlechthin das Gute, der Widerpart Christi, der Teufel, aber das Böse vertritt. Dieser Gegensatz ist das eigentliche Weltproblem, welches vorderhand noch ungelöst ist. Das Selbst aber ist absolute Paradoxie, indem es in jeder Beziehung Thesis und Antithesis und zugleich Synthesis darstellt. (Die psychologischen Belege für diese Behauptung existieren in reichlichem Ausmaß. Es ist mir aber unmöglich, solche hier in extenso anzuführen. Ich verweise den Kenner dieser Materie auf die Mandalasymbolik [s. Grundwerk 5].)

Der durch die Erforschung des Unbewußten dem Bewußtsein angenäherte Archetypus konfrontiert daher das Individuum mit der abgründigen Gegensätzlichkeit menschlicher Natur, womit ihm eine ganz unmittelbare Erfahrung von Licht und Finsternis, von Christus und Teufel, ermöglicht wird. Es handelt sich wohlverstanden besten- oder schlimmstenfalls nur um Ermöglichung und nicht um Gewährleistung; denn Erfahrungen dieser Art können durch unsere menschlichen Mittel nicht mit Notwendigkeit herbeigeführt werden. Es sind dabei Faktoren zu berücksichtigen, die nicht unter unserer Kontrolle stehen. Das Erlebnis des Gegensatzes hat weder mit intellektueller Einsicht noch mit Anempfindung irgendetwas zu tun. Man könnte es eher ein Schicksal nennen. Ein solches Erlebnis kann dem einen die Wahrheit Christi, dem andern die Wahrheit Buddhas beweisen, und zwar bis zur äußersten Evidenz.

Ohne das Erlebnis der Gegensätzlichkeit gibt es keine Erfahrung der Ganzheit und damit auch keinen inneren Zugang zu den heiligen Gestalten. Aus diesem Grunde insistiert das Christentum mit Recht auf der Sündhaftigkeit und der Erbsünde in der offenkundigen Absicht, wenigstens von außen jenen Abgrund der Weltgegensätzlichkeit in jedem einzelnen aufzureißen. Dem einigermaßen erwachten Verstande gegenüber versagt allerdings diese Methode, indem man die Lehre einfach nicht mehr glaubt und überdies für absurd hält. Ein solcher Verstand ist eben bloß eindeutig und bleibt bei der «ineptia mysterii» [Unbrauchbarkeit des Geheimnisses] stehen. Von Tertullianscher Antinomistik ist er himmelweit entfernt; ja, er vermöchte das Leiden einer solchen Gegensätzlichkeit überhaupt nicht zu ertragen. Die Tatsache ist nicht unbekannt, daß durch die rigorosen Exerzitien und gewisse Missionspredigten auf katholischer Seite und durch eine gewisse sündenschnüffelnde protestantische Erziehung seelische Schädigungen, die nicht zum Reiche Gottes, sondern in die ärztliche Sprechstunde führen, verursacht werden. Obschon die Einsicht in die Gegensätzlichkeit eigentlich unerläßlich ist, so kann sie doch praktisch nur von wenigen ertragen werden – ein Umstand, welcher der Beichterfahrung nicht entgangen ist. Eine palliative Reaktion darauf bildet der so oft und von verschiedenster Seite beanstandete «moralische Probabilismus», welcher die Erdrückung durch die Sünde verhindern soll[8]. Wie man über diese Erscheinung auch denken mag, so ist doch eines sicher, und das ist die Tatsache, daß darin neben anderm auch ein großes Stück Menschlichkeit und ein Verständnis für menschliche Schwäche stecken, welche die Unerträglichkeit der Antinomie kompensieren. Das ungeheuerliche Paradox der Insistenz auf der Erbsünde einerseits und der Konzession des Probabilismus anderseits ist dem Psychologen als eine notwendige Folge der oben skizzierten christlichen Gegensatzproblematik unmittelbar verständlich – sind doch im Selbst Gut und Böse einander näher als eineiige Zwillinge! Die Realität des Bösen und dessen Unvereinbarkeit mit dem Guten reißen die Gegensätze auseinander und führen unerbittlich zur Kreuzigung und Suspension alles Lebendigen. Da die «anima naturaliter christiana» [Seele von Natur aus christlich] ist, müßte diese Folge so unweigerlich eintreten, wie sie im Leben Jesu eintrat: wir alle sollten «mit Christus gekreuzigt», das heißt in einem moralischen Leiden, das der wahrhaftigen Kreuzigung entspricht, suspendiert sein. Das ist praktisch zunächst nur annähernd möglich und dann überdies dermaßen unerträglich und lebensfeindlich, daß ein gewöhnlicher Mensch nur zeitweise und möglichst selten in einen solchen Zustand zu geraten sich leisten kann. Denn wie könnte er neben einem solchen Leiden noch gewöhnlich sein! Eine mehr oder weniger probabilistische Einstellung zum Problem des Bösen ist daher unumgänglich. Somit stellt sich in concreto die Wahrheit des Selbst, nämlich die unausdenkbare Einheit Gut – Böse, in der Paradoxie heraus, daß die

Sünde zwar das Bedenklichste und Schwerste ist, aber doch nicht so schwer wiegt, daß man sich ihrer nicht mit «probabeln» Gründen entledigen könnte. Dabei ist letzteres nicht einmal unbedingt eine Laxheit oder ein Leichtsinn, sondern eine praktische Lebensnotwendigkeit schlechthin. Die Beichtpraxis verfährt wie das Leben selber, welches sich mit Erfolg dagegen sträubt, in einem unvereinbaren Gegensatz zugrundezugehen. Demgegenüber bleibt – nota bene – der Konflikt expressis verbis bestehen, was wiederum der Antinomie des Selbst entspricht, welches selber Konflikt und Einheit ist.

Das Christentum hat die Antinomie von Gut und Böse zu einem Weltproblem und durch die dogmatische Formulierung des Gegensatzes zu einem absoluten Prinzip erhoben. In diesen vorderhand ungelösten Konflikt ist der christliche Mensch hineingestellt als ein Protagonist des Guten und als Mitspieler im Weltdrama. Diese Nachfolge Christi bedeutet, wenn in tiefstem Sinne verstanden, ein Leiden, welches weitaus den meisten unerträglich ist. Die Nachfolge Christi wird daher in der Wirklichkeit nur bedingt beziehungsweise gar nicht durchgeführt, und die seelsorgerische Praxis der Kirche sieht sich sogar genötigt, das «Joch Christi zu erleichtern». Das bedeutet nun einen ganz wesentlichen Abstrich an der Härte und Schärfe des Konfliktes und damit eine praktische Relativierung von Gut und Böse. Das Gute ist gleichbedeutend mit der unbedingten Nachfolge Christi und das Böse eine Behinderung derselben. Moralische Schwäche und Trägheit des Menschen sind es, welche die Nachfolge am allermeisten behindern, und mit eben diesen hat der Probabilismus ein praktisches Einsehen, welches christlicher Duldung, Milde und Nächstenliebe entsprechen kann, gelegentlich vielleicht mehr als die Gesinnung derer, die darin nur Laxheit erblicken. Obschon man der probabilistischen Bestrebung eine Reihe christlicher Haupttugenden zusprechen muß, so ist doch nicht zu übersehen, daß sie das Leiden der Nachfolge Christi hindert und damit den Kampf des Guten gegen das Böse seiner Schärfe beraubt und bis zu einem erträglichen Maß abmildert. Damit tritt eine Annäherung an den psychischen Archetypus des Selbst ein, in welchem auch dieser Gegensatz als geeint erscheint, und zwar, wie schon erwähnt, unähnlich der christlichen Symbolik, welche den Konflikt offen läßt. Für letztere geht ein «Riß» durch die Welt: das Licht kämpft gegen die Nacht und das Obere gegen das Untere. Diese zwei sind nicht eins wie im psychischen Archetypus. Wennschon das

Dogma den Gedanken perhorresziert, daß die Zwei Eins ist, so ermöglicht, wie wir gesehen haben, die religiöse Praxis doch eine annähernde Durchführung des natürlichen psychologischen Symbols, eben des in sich geeinten Selbst. Dagegen insistiert das Dogma darauf, daß die Drei Eins sei, verwahrt sich aber dagegen, daß die Vier Eins sei. Die ungeraden Zahlen sind bekanntlich seit alters nicht nur bei uns im Westen, sondern auch in China männlich, die geraden aber weiblich. Damit ist die Trinität eine ausgesprochen männliche Gottheit, wozu die Androgynie Christi und die besondere Stellung und Erhöhung der Gottesmutter kein volles Äquivalent bieten.

Mit dieser den Leser vielleicht fremdartig anmutenden Konstatierung kommen wir zu einem zentralen Axiom der Alchemie, nämlich dem Satz der MARIA PROPHETISSA: «Die Eins wird zu Zwei, die Zwei zu Drei, und aus dem Dritten wird das Eine als Viertes.» Wie der Leser schon aus dem Titel dieses Buches [*Psychologie und Alchemie,* GW 12] ersehen hat, beschäftigt es sich mit der psychologischen Bedeutung der Alchemie, also mit einem Problem, das, abgesehen von sehr wenigen Ausnahmen, der wissenschaftlichen Erforschung bis jetzt entgangen ist. Die Wissenschaft hat sich bis vor kurzem nur mit dem chemiehistorischen Aspekt der Alchemie beschäftigt und nur in geringem Maße mit deren philosophischer und religionshistorischer Seite. Die Bedeutung der Alchemie für die Entwicklungsgeschichte der Chemie liegt auf der Hand. Ihre geistesgeschichtliche Bedeutung dagegen ist noch so unbekannt, daß es fast unmöglich erscheint, mit wenigen Worten anzugeben, worin diese besteht. In dieser Einleitung habe ich daher den Versuch gemacht, jene religionshistorische und psychologische Problematik darzustellen, in welche sich das alchemistische Thema einfügt. Die Alchemie nämlich bildet etwas wie eine Unterströmung zu dem die Oberfläche beherrschenden Christentum. Sie verhält sich zu diesem wie ein Traum zum Bewußtsein, und wie dieser die Konflikte des Bewußtseins kompensiert, so bestrebt sich jene, die Lücken, welche die Gegensatzspannung des Christentums offengelassen hat, auszufüllen. Dies drückt sich wohl am prägnantesten in jenem Axiom aus, das wie ein Leitmotiv fast die ganze, über siebzehnhundert Jahre sich erstreckende Lebensdauer der Alchemie durchzieht: eben jener oben zitierte Satz der MARIA PROPHETISSA. Hier schieben sich zwischen die ungeraden Zahlen der christlichen Dogmatik die geraden Zahlen, welche das Weibliche, die Erde, das Unterirdische, ja das Böse selber bedeuten. Ihre Personifikation ist der «serpens mercurii», der Drache, welcher sich selbst erzeugt und zerstört und die «prima materia» [Grundmaterie] darstellt. Dieser Grundgedanke der Alchemie weist zurück auf die Tehom[9], die Tiâmat mit ihrem Drachenattribut, und damit auf die matriarchale Urwelt, welche in der Theomachie des Mardukmythus von der männlichen Vaterwelt überwunden wurde. Die welthistorische Wandlung des Bewußtseins nach der «männlichen» Seite ist kompensiert zunächst durch das Chthonisch-Weibliche des Unbewußten. Schon in gewissen vorchristlichen Religionen tritt eine Differenzierung des Männlichen ein in Gestalt der Spezifikation Vater – Sohn, welche Wandlung dann im Christentum zu höchster Bedeutung gelangt. Wäre das Unbewußte bloß komplementär, so hätte es diese Bewußtseinswandlung begleitet durch die Herausstellung von Mutter und Tochter, wozu im Demeter-Persephone-Mythus das nötige Material bereit lag. Es hat aber, wie die Alchemie zeigt, den Typus Kybele – Attis in der Gestalt von «prima materia» und «filius macrocosmi» vorgezogen und damit sich nicht als komplementär, sondern als kompensierend erwiesen. So zeigt es sich, daß das Unbewußte nicht einfach gegensätzlich zum Bewußtsein sich verhält, sondern ein mehr oder weniger modifizierender Gegen- oder Mitspieler ist. Der Sohntypus ruft als Ergänzungsbild aus dem «chthonischen» Unbewußten nicht eine Tochter, sondern ebenfalls einen Sohn hervor. Diese bemerkenswerte Tatsache hängt allem Anschein nach mit der Inkarnation des rein geistigen Gottes in der irdischen Menschennatur zusammen, ermöglicht durch die Zeugung des Heiligen Geistes im Uterus der Beata Virgo. So neigt sich das Obere, Geistige, Männliche dem Unteren, Irdischen, Weiblichen zu, und dementsprechend erzeugt die der Vaterwelt vorangehende Mutter, dem Männlichen entgegenkommend, durch das Instrument des menschlichen Geistes (der «Philosophie») einen Sohn, nicht den Gegensatz zu Christus, sondern dessen chthonische Entsprechung, nicht einen Gottmenschen, sondern ein mit dem Wesen der Urmutter konformes Fabelwesen. Und wie dem oberen Sohn die Erlösung des Menschen (des Mikrokosmos) als Aufgabe zufällt, so hat der untere Sohn die Bedeutung eines «salvator macrocosmi» [Erlöser des Makrokosmos].

Dies ist in kurzen Zügen das dramatische Geschehen, welches sich in den Dunkelheiten der Alchemie abspielte. Es ist überflüssig zu bemerken, daß sich diese beiden Söhne nie einigten, außer vielleicht im Geiste und im innersten Erleben einiger weniger, besonders begabter Alchemisten. Was aber mit diesem Geschehen «bezweckt» war, ist nicht allzu schwer einzusehen: die Menschwerdung Gottes hatte den Anschein einer Annäherung des männlichen Prinzips der Vaterwelt an das weibliche Prinzip der Mutterwelt, wodurch letztere sich zu einer Angleichung an die Vaterwelt bewogen fühlte. Dies bedeutete offenbar soviel wie einen Überbrückungsversuch zur Kompensation des offenen Konfliktes.

Der Leser möge sich nicht daran stoßen, daß meine Darstellung wie ein gnostischer Mythus klingt. Wir bewegen uns hier eben in jenen psychologischen Gebieten, in denen Gnosis wurzelt. Die Aussage des christlichen Symbols ist Gnosis, und die Kompensation des Unbewußten ist es erst recht. Das Mythologem ist die ureigentlichste Sprache dieser psychischen Vorgänge, und keine intellektuelle Formulierung kann auch nur annähernd die Fülle und Ausdruckskraft des mythischen Bildes erreichen. Es handelt sich um Urbilder, die darum auch am besten und treffendsten durch eine bildhafte Sprache wiedergegeben werden.

Der hier geschilderte Vorgang weist alle charakteristischen Züge einer psychologischen Kompensation auf. Die Maske des Unbewußten ist bekanntlich nicht starr, sondern spiegelt jenes Gesicht, das man ihm zeigt. Feindseligkeit gibt ihm drohende Gestalt, Entgegenkommen mildert seine Züge. Dabei handelt es sich nicht um eine bloße optische Spiegelung, sondern um eine autonome Antwort, welche das eigenständige Wesen des Antwortenden erkennen läßt. So ist der «filius philosophorum» [Sohn der Philosophen] keineswegs ein bloßer Reflex des Gottessohnes in ungeeigneter Materie, sondern der Sohn der Tiâmat zeigt die Züge der mütterlichen Urgestalt. Er ist zwar ein ausgesprochener Hermaphrodit, hat jedoch männlichen Namen und verrät damit die Kompromißneigung der vom Geiste verworfenen und mit dem Bösen schlechthin identifizierten chthonischen Unterwelt: er ist unverkennbar eine Konzession an das Geistige und Männliche, obschon er die Schwere der Erde und die Fabulosität tierischer Urwesen an sich trägt.

Diese Antwort der Mutterwelt zeigt, daß die Kluft, die sie von der Vaterwelt trennt, nicht unüberbrückbar ist, weil das Unbewußte einen Keim der Einheit beider in sich enthält. Das Wesen des Bewußtseins ist Unterscheidung; es muß, um der Bewußtheit willen, die Gegensätze voneinander trennen, und zwar *contra naturam.* In der Natur suchen sich die Gegensätze – «les extrêmes se touchent» –, und so ist es im Unbewußten, insbesondere im Archetypus der Einheit, im Selbst. In diesem sind, wie in der Gottheit, die Gegensätze aufgehoben. Aber mit der Manifestation des Unbewußten beginnt die Spaltung derselben, wie bei der Schöpfung; denn jeder Akt der Bewußtwerdung ist ein Schöpferakt, und aus dieser psychologischen Erfahrung stammen die mannigfachen kosmogonischen Symbole.

In der Alchemie handelt es sich vornehmlich um den Keim der Einheit, welcher im Chaos der Tiâmat verborgen liegt und die Entsprechung zur Einheit der Gottheit bildet. Wie diese hat er trinitarische Eigenschaft bei der christlich beeinflußten und triadische bei der heidnischen Alchemie. Nach anderen Zeugnissen entspricht er der Einheit der vier Elemente und bildet damit eine Quaternität. Die überwiegende Mehrzahl der modernen psychologischen Befunde spricht zugunsten letzterer. Die wenigen Fälle meiner Beobachtung, welche die Dreizahl produzierten, waren charakterisiert durch einen systematischen Bewußtseinsausfall, nämlich durch ein Unbewußtsein der «minderwertigen Funktion». Die Dreizahl ist eben kein natürlicher Ganzheitsausdruck, indem die Vierzahl das Minimum der Bestimmungen eines Ganzheitsurteils darstellt. Es muß immerhin hervorgehoben werden, daß neben der deutlichen Neigung der Alchemie (wie auch des Unbewußten) zur Quaternität eine immer wieder betonte Unsicherheit zwischen Drei und Vier besteht. Schon im Axiom der MARIA PROPHETISSA ist die Quaternität verklausuliert und undeutlich. In der Alchemie gibt es vier sowohl als drei «regimina» (Verfahren), vier und drei Farben. Es gibt zwar immer vier Elemente; aber öfters sind drei zusammengefaßt, und eines hat eine Sonderstellung: bald ist es die Erde, bald das Feuer. Der «Mercurius»[10] ist zwar «quadratus», aber auch eine tricephale Schlange oder eine Triunität schlechthin. Die Unsicherheit weist auf ein Sowohl-als-Auch hin; das heißt die Zentralvorstellungen sind sowohl quaternarisch wie ternarisch. Der Psychologe kann nicht umhin, auf die Tatsache zu verweisen, daß auch die Psychologie des Unbewußten eine ähnliche Perplexität kennt: Die am wenigsten differenzierte «minderwertige» Funktion ist mit dem kollektiven Unbewußten dermaßen kontaminiert, daß sie beim Bewußtwerden neben anderen auch den Archetypus des Selbst mit sich bringt, τὸ ἓν τέταρτον, wie MARIA sagt. Vier hat die Bedeutung des Weiblichen, Mütterlichen, Physischen, Drei die des Männlichen, Väterlichen, Geistigen. Die Unsicherheit zwischen Vier und Drei bedeutet also soviel wie ein Schwanken zwischen Geistig und Physisch: ein sprechendes Beispiel dafür, daß jede menschliche Wahrheit eine vorletzte ist.

Ich bin einleitend von der Totalität des Menschen ausgegangen als jenem Ziel, zu welchem die seelische Entwicklung im psychotherapeutischen Prozeß letzten Endes führt. Diese Frage hängt mit weltanschaulichen respektive religiösen Voraussetzungen unauflöslich zusammen. Auch wenn der Patient, wie das häufig der Fall ist, sich in dieser Hinsicht unpräjudiziert glaubt, so ist doch die Voraussetzung seines Denkens, seiner Lebensführung, seiner Moral und seiner Sprache historisch bis in die Einzelheiten hinein bedingt, was ihm zwar öfters teils aus Bildungsmangel, teils aus fehlender Selbstkritik unbewußt bleibt. Die Analyse seiner Situation führt daher früher oder später zu einer Durchleuchtung seiner allgemeinen geistigen Voraussetzungen weit über die persönlichen Determinanten hinaus, und damit wird jene Problematik aufgerollt, die ich auf den vorstehenden Seiten zu skizzieren versuchte. In diese Phase des Prozesses fällt die Produktion der Einheitssymbole, der «Mandalas», die entweder in Träumen oder in Form von bildhaften visuellen Eindrücken während des Wachzustandes auftreten, öfters als deutlichste Kompensation zur Gegensätzlichkeit und Konflikthaftigkeit der bewußten Situation. Es wäre wohl unrichtig, zu sagen, daß das Offenbleiben des «Risses» (PRZYWARA)[11] in der christlichen Weltordung hierfür verantwortlich sei, indem es ein leichtes ist, nachzuweisen, wie die christliche Symbolik diese Wunde eben gerade heilt oder zu heilen sich bemüht. Es wäre wohl korrekter, das Offenbleiben des Konfliktes als ein Symptom der psychischen Situation des westlichen Menschen aufzufassen und dessen Unvermögen, den ganzen Umfang des christlichen Symbols in sich aufzunehmen, zu beklagen. Als Arzt kann ich keine Forderungen in dieser Hinsicht an den Patienten stellen, auch fehlen mir die Gnadenmittel der Kirche. Ich bin infolgedessen mit der Aufgabe konfrontiert, den einzigen mir möglichen Weg zu beschreiten, nämlich den der Bewußtmachung der archetypischen Bilder, welche in einem gewissen Sinne den dogmatischen Vorstellungen entsprechen. Dabei muß ich es meinem Patienten überlassen, sich so zu entscheiden, wie es seinen Voraussetzungen, seiner geistigen Reife, seiner Bildung, seinem Herkommen und seinem Temperament entspricht, sofern dies ohne ernstliche Konflikte möglich ist. Als Arzt ist es meine Aufgabe, dem Patienten zur Lebensfähigkeit zu verhelfen. Über seine letzten Entscheidungen kann ich mir darum kein Urteil anmaßen, weil ich aus Erfahrung weiß, daß jeder Zwang, sei es leise Suggestion oder Zureden oder sonstige Alterierungsmethoden, letzten Endes nichts bewirkt als eine Verhinderung des höchsten und entscheidenden Erlebnisses, nämlich des Alleinseins mit seinem Selbst, oder was für einen Namen man immer der Objektivität der Seele beilegen mag. Er muß schon allein sein, um zu erfahren, was ihn trägt, wenn er sich nicht mehr tragen kann. Einzig diese Erfahrung gibt ihm eine unzerstörbare Grundlage.

Diese wahrhaftig nicht leichte Aufgabe würde ich jederzeit mit Freuden dem Theologen überlassen, wenn nicht viele meiner Patienten gerade vom Theologen herkämen. Sie hätten in der kirchlichen Gemeinschaft hängen bleiben sollen, sind aber vom großen Baum wie ein welkes Blatt abgefallen und bleiben nun in der Behandlung hängen. Etwas in ihnen klammert sich an, oft mit der Kraft der Verzweiflung, wie wenn sie oder «es» ins Nichts stürzten, sollten sie sich nicht anhängen können. Sie suchen den festen Grund, auf dem sie zu stehen vermögen. Da ihnen kein äußerer Halt taugt, müssen sie ihn wohl schließlich in sich selber finden, was zugestandenermaßen eben gerade das Allerunwahrscheinlichste ist vom Standpunkt der Vernunft, aber das durchaus Mögliche vom Standpunkt des Unbewußten aus. Dies ersehen wir aus dem Archetypus der «niederen Herkunft des Erlösers».

Der Weg zum Ziel ist zunächst chaotisch und unabsehbar, und nur ganz allmählich mehren sich die Anzeichen einer Zielgerichtetheit. Der Weg ist nicht geradlinig, sondern anscheinend zyklisch. Genauere Kenntnis hat ihn als *Spirale* erwiesen: die Traummotive kehren nach gewissen Intervallen immer wieder zu bestimmten Formen zurück, die ihrer Art nach ein Zentrum bezeichnen. Und zwar handelt es sich um einen Mittelpunkt oder um eine zentrierte Anordnung, die unter Umständen schon in den ersten Träumen auftritt. Die Träume als die Manifestationen unbewußter Vorgänge rotieren oder zirkumambulieren um die Mitte und nähern sich dieser mit immer deutlicheren und umfänglicheren Amplifikationen. Wegen der Mannigfaltigkeit des symbolischen Materials ist es zunächst schwierig, überhaupt eine Ordnung irgendwelcher Art zu erkennen. Es wird ja keineswegs vorausgesetzt, daß Traumserien irgendwelchem Ordnungsprinzip unterworfen seien. Bei näherem Zusehen erweist sich aber der Entwicklungsverlauf als zyklisch respektive spiralig. Man könnte solche spiraligen Verläufe mit den Wachstumsvorgängen bei Pflanzen in Parallele setzen, wie ja auch das Pflanzenmotiv (Baum, Blume usw.) in solchen Träumen und Phantasien häufig wiederkehrt und auch spontan zeichnerisch dargestellt wird[12]. In der Alchemie ist der Baum das Symbol der hermetischen Philosophie.

Die erste der folgenden Untersuchungen beschäftigt sich mit einer Traumserie, welche reichliche Symbole der Mitte beziehungsweise des Zieles enthält. Die Entwicklung dieser Symbole ist sozusagen gleichbedeutend mit dem Heilungsvorgang. Das Zentrum respektive das Ziel hat also – im eigentlichen Sinne des Wortes – *Heils*bedeutung. Die Berechtigung einer derartigen Terminologie ergibt sich aus den Träumen selber; denn diese enthalten so viele Beziehungen zum Thema der religiösen Phänomene, daß einige davon auch zum Gegenstand meiner Schrift «*Psychologie und Religion*» [s. Grundwerk 4] werden konnten. Es scheint mir kein Zweifel daran möglich, daß es sich bei diesen Vorgängen um die religionsbildenden Archetypen handelt. Was immer die Religion sonst noch sein mag – ihr empirisch erfaßbarer, psychischer Anteil liegt unzweifelhaft in solchen Manifestationen des Unbewußten. Man hat sich allzulange bei der im Grunde unfruchtbaren Frage aufgehalten, ob die Behauptungen des religiösen Glaubens wahr seien oder nicht. Ganz abgesehen von dem Umstand, daß die Wahrheit einer metaphysischen Behauptung niemals bewiesen oder widerlegt werden kann, ist das Vorhandensein der Behauptung eine an sich evidente Tatsache, die keines weiteren Beweises bedarf, und wenn sich ein «consensus gentium» [weltweite Zustimmung] dazu gesellt, so ist damit die Gültigkeit der Aussage eben in diesem Umfang erwiesen. Erfaßbar daran ist nur das psychische Phänomen, in bezug auf welches die Kategorie der objektiven Richtigkeit oder Wahrheit inkommensurabel ist. Durch rationale Beurteilung ist ein Phänomen nie erledigt, und im religiösen Leben handelt es sich um Erscheinungen und Tatsachen und keineswegs um diskutable Hypothesen.

Die dialektische Auseinandersetzung im Prozeß der psychischen Behandlung führt konsequenterweise zur Konfrontation des Patienten mit seinem Schatten, jener dunkeln Hälfte der Seele, deren man sich je und je durch Projektion entledigt hat: entweder dadurch, daß man seinen Nachbarn in engerem oder weiterem Sinne mit all den Untugenden belastet, die man offenkundig selber hat, oder daß man seine Sünden mittels «contritio» [vollkommene Reue] oder – sanfter – der «attritio» [unvollkommene Reue][13] einem göttlichen Mittler überläßt. Man weiß zwar, daß es ohne Sünde keine Bereuung und ohne Bereuung keine erlösende Gnade gibt, ja, daß ohne «peccatum originale» [Erbsünde] der Welterlösungsakt niemals hätte in Szene gehen können. Aber man unterläßt es geflissentlich, zu untersuchen, ob nicht gerade in der Macht des Bösen ein besonderer Gotteswille liege, welchen wahrzunehmen man allen Grund hätte. Wenn man es, wie der Seelenarzt, mit Menschen zu tun hat, die ihrem schwärzesten Schatten gegenübergestellt sind, so fühlt man sich oft unmittelbar zu einer solchen Anschauung gedrängt[14]. Auf alle Fälle kann es sich der Arzt nicht leisten, mit einer ebenso billigen wie moralisch erhabenen Geste auf die Gesetzestafeln mit dem «Du sollst nicht» hinzuweisen. Er hat objektiv zu prüfen und Möglichkeiten abzuwägen; denn er weiß es, weniger aus religiöser Erziehung und Bildung als vielmehr von Natur und Erfahrung wegen, daß es etwas gibt wie eine «felix culpa» [glückliche Schuld]. Er weiß, daß man nicht nur sein Glück, sondern auch seine entscheidende Schuld versäumen kann, ohne welche ein Mensch seine Ganzheit nicht erreichen wird. Letztere ist nämlich ein Charisma, das man weder mit Kunst noch mit List verfertigen, in das man nur hineinwachsen und dessen Geschehen und Werden man nur erleiden kann. Es ist allerdings eine verzweifelte Sache, daß die Menschheit nicht einheitlich ist, sondern aus Individuen besteht, deren geistige Beschaffenheit sie auf einen Raum von mindestens zehntausend Jahren verteilt. So gibt es schlechterdings keine Wahrheit, welche nicht für die einen Erlösung, für die anderen aber Verführung und Gift bedeutet. Jeder Universalimus steckt in diesem furchtbaren Dilemma. Ich habe oben den jesuitischen Probabilismus erwähnt: er schildert wie nichts anderes die ungeheure Aufgabe der kirchlichen Katholizität. Auch Bestgesinnte haben sich darüber entsetzt; aber in der unmittelbaren Konfrontation mit der Wirklichkeit des Lebens ist schon manchem die Entrüstung oder das Lachen vergangen. Auch der Arzt muß ab- und erwägen, allerdings nicht zugunsten oder -ungunsten der Kirche, wohl aber zugunsten oder -ungunsten des Lebens und der Gesundheit. Auf dem Papier sieht der Moralkodex ja klar und sauber genug aus; aber das gleiche Dokument, geschrieben auf «fleischerne Tafeln des Herzens», ist oft ein trauriger Fetzen gerade in den Seelen jener, welche den Mund am lautesten auftun. Wenn man schon überall verkündet: «Böses ist Böses, es kann keine Zögerung im Urteil geben», so ist im individuellen Fall gerade das Böse das Allerproblematischste, welches gründlichste Erwägung erfordert. Vor allem verdient die Frage «*Wer* handelt?» die größte Aufmerksamkeit. Denn die Beantwortung dieser Frage entscheidet letztlich über den Wert des Tuns. Für die Sozietät allerdings ist zunächst das *Was* der Tat von größerer Wichtigkeit, weil unmittelbar einleuchtend. Auf lange Sicht hingegen wird sich auch das rechte Tun in der Hand des verkehrten Mannes zum Unheil auswirken. Wer Voraussicht hat, wird sich vom rechten Tun des Unrichtigen so wenig verblenden lassen wie vom unrichtigen Tun des Richtigen. Der Seelenarzt hat darum sein Augenmerk nicht auf das Was, sondern auf das *Wie* der Tat gerichtet, weil darin das ganze Wesen des Täters beschlossen ist. Das Böse will ebensosehr erwogen sein wie das Gute; denn Gut und Böse sind schließlich nichts als ideelle Verlängerungen und Abstraktionen des Handelns, welche beide zur hell-dunkeln Erscheinung des Lebens gehören. Es gibt ja schließlich kein Gutes, aus dem nicht Übles, und kein Übel, aus dem nicht Gutes hervorgehen könnte.

Die Konfrontation mit der dunkeln Hälfte der Persönlichkeit, mit dem «Schatten», ergibt sich von selbst in jeder einigermaßen gründlichen Behandlung. Dieses Problem ist so wichtig wie das der Sünde in der Kirche. Der offene Konflikt ist unvermeidlch und peinlich. Ich bin schon oft gefragt worden: «Und was tun Sie damit?» Ich tue nichts; ich kann gar nichts tun, als mit einem gewissen Gottvertrauen abwarten, bis aus einem mit Geduld und Tapferkeit ertragenen Konflikt sich diejenige von mir nicht vorauszusehende Lösung ergibt, welche diesem Menschen beschieden ist. Ich bin allerdings dabei nicht passiv oder untätig, sondern helfe dem Patienten, alle jene Dinge zu verstehen, welche das Unbewußte während der Dauer des Konfliktes produziert. Man darf es mir glauben, daß dies keine Gewöhnlichkeiten sind. Es gehört vielmehr zum Bedeutendsten, was mir jemals unter die Augen gekommen ist. Auch der Patient ist nicht untätig; denn er muß das Richtige tun, und zwar nach Kräften, um den Andrang des Bösen in sich nicht übermächtig werden zu lassen. Er braucht die «Rechtfertigung durch die Werke»; denn die «Rechtfertigung durch den Glauben» allein ist ihm leerer Schall geblieben, wie so vielen andern auch. *«Glaube» kann Ersatz für mangelnde Erfahrung sein.* In diesen Fällen bedarf es darum des wirklichen Tuns. Christus hat sich des Sünders angenommen und ihn nicht verdammt. Die wahre Nachfolge Christi wird dasselbe tun, und da man dem andern nichts tun sollte, was man sich nicht selber täte, so wird man sich auch des Sünders annehmen, welcher man selber ist. Und sowenig man Christus anklagt, daß er mit dem Bösen fraternisiere, sowenig soll man sich den Vorwurf machen, daß die Liebe zum Sünder, der man selber ist, ein Freundschaftspakt mit dem Bösen sei. Durch Liebe bessert man, durch Haß verschlechtert man, auch sich selber. Die Gefährlichkeit dieser Auffassung fällt mit der Gefährlichkeit der Nachfolge Christi zusammen; der Gerechte aber wird sich nicht im Gespräch mit Zöllnern und Huren ertappen lassen. Ich muß schon betonen, daß die Psychologie weder das Christentum noch die «imitatio» Christi erfunden hat. Ich wünsche allen, daß die Kirche ihnen die Last ihrer Sünden abnehme. Wem sie diesen Dienst aber nicht leisten kann, der muß sich in der Nachfolge Christi sehr tief bücken, um die Last seines Kreuzes auf sich zu nehmen. Die Antike konnte sich mit griechischer Urweisheit behelfen: Μηδὲν ἄγαν, τῷ καιρῷ πάντα πρόσεστι καλά. (Nichts übertreiben; im rechten Maß liegt alles Gute.) Aber welcher Abgrund trennt uns noch von der Vernunft!

Abgesehen von der moralischen Schwierigkeit besteht auch eine Gefahr, welche nicht unbeträchtlich ist und namentlich bei pathologisch disponierten Individuen zu Komplikationen führen kann: Es ist die Tatsache, daß die Inhalte des persönlichen Unbewußten (eben des Schattens) zunächst ununterscheidbar mit den archetypischen Inhalten des kollektiven Unbewußten zusammenhängen und bei der Bewußtwerdung des Schattens diese gleichsam mit heraufziehen. Dadurch kann eine unheimliche Wirkung auf das Bewußtsein entstehen; denn eine Belebung der Archetypen wird auch dem kältesten Rationalisten (und eben gerade diesem) unbehaglich. Er fürchtet nämlich die inferiore Form der Überzeugung, den Aberglauben, der sich ihm, wie er meint, aufdrängt. Bei solchen Leuten äußert sich der Aberglaube aber nur dann in seiner eigentlichsten Form, wenn sie pathologisch sind, nicht aber, wenn sie Haltung bewahren können. In letzterem Fall erscheint er dann zum Beispiel in der Gestalt der Furcht vor dem «Verrücktwerden». Denn alles, was ein modernes Bewußtsein nicht definieren kann, gilt als Geisteskrankheit. Es ist allerdings zuzugeben, daß die archetypischen Inhalte des kollektiven Unbewußten in Träumen und Phantasien oft eine grotesk-grauenhafte Gestalt annehmen. Und gegen zutiefst empfundene Angstträume oder gegen obsedierende Angstvorstellungen ist auch das rationalste Bewußtsein nicht gefeit. Die psychologische Erläuterung dieser Gebilde, die sich nicht mit Nichtwissen und Schweigen übergehen lassen, führt logischerweise in die Tiefen religionsgeschichtlicher Phänomenologie. Denn die

Religionsgeschichte im weitesten Sinne dieses Begriffes (also inklusive Mythologie, Folklore und primitiver Psychologie) stellt das Schatzhaus archetypischer Gestaltungen dar, daraus der Arzt hilfreiche Parallelen und erläuternde Vergleiche ziehen kann, bestimmt zur Beruhigung und Aufklärung des in seiner Orientierung schwer gestörten Bewußtseins. Es ist eben unbedingt nötig, den auftauchenden Phantasiebildern, die dem Bewußtsein fremdartig, ja sogar bedrohlich gegenüberstehen, sozusagen einen Kontext zu geben, um sie dem Begreifen näherzubringen. Dies geschieht, wie die Erfahrung zeigt, am besten durch das mythologische Vergleichsmaterial.

Abschnitt II dieses Bandes [Traumsymbole des Individuationsprozesses] gibt eine große Anzahl solcher Beispiele. Dem Leser wird insbesondere die Tatsache auffallen, daß reichliche Beziehungen zwischen der individuellen Traumsymbolik und der mittelalterlichen Alchemie bestehen. Dies ist nicht etwa eine Prärogative des behandelten Falles, sondern eine allgemeine Tatsache, die mir nur darum erst vor zehn Jahren aufgefallen ist, weil ich erst damals begann, mich in das Denken und die Symbolik der Alchemie ernstlich einzuarbeiten.

Abschnitt III [= Grundwerk 6] enthält eine Einführung in die Symbolik der Alchemie in ihrer Beziehung zum Christentum und zum Gnostizismus. Als bloße Einführung ist sie natürlich von einer vollständigen Darstellung dieses komplizierten und dunkeln Gebietes weit entfernt – beschäftigt sie sich doch in der Hauptsache nur mit der Christus-Lapis-Parallele. Diese Parallele allerdings gibt Anlaß zu einer Vergleichung der Zielvorstellungen des «opus alchymicum» [alchemistischen Werkes] mit christlichen Zentralvorstellungen; denn beide haben größte Bedeutung für die Auffassung und Interpretation der in den Träumen erscheinenden Bilder und für deren psychologische Wirkung. Letzteres ist für die Praxis der Psychotherapie von Wichtigkeit, indem nicht selten gerade intelligentere und gebildete Patienten, denen der Rückweg in die Kirche unmöglich ist, mit archetypischen Materialien in Berührung kommen und dadurch dem Arzt Probleme aufgeben, die mit einer bloß personalistisch orientierten Psychologie nicht mehr zu bewältigen sind. Auch genügt die bloße Kenntnis der psychischen Neurosenstruktur keineswegs; denn sobald der Prozeß die Sphäre des kollektiven Unbewußten erreicht, hat man es mit *gesundem* Material, nämlich mit den universalen Fundamenten der individuell variierten Psyche, zu tun. Zum Verständnis dieser tieferen Schichten der Psyche hilft uns einerseits die Kenntnis der primitiven Psychologie und der Mythologie, anderseits aber, und dies in ganz besonderm Maße, das Wissen um die unmittelbaren geschichtlichen Vorstufen des modernen Bewußtseins. Auf der einen Seite ist es der Geist der Kirche, welcher das heutige Bewußtsein hervorgebracht hat, auf der andern Seite aber die Wissenschaft, in deren Anfängen sich vieles verborgen hat, was in der Kirche keine Aufnahme zu finden vermochte. Es sind namentlich Reste des antiken Geistes und des antiken Naturgefühls, die nicht auszurotten waren und schließlich in der mittelalterlichen Naturphilosophie ein Asyl fanden. Als «spiritus metallorum» und als astrologische Schicksalskomponenten überdauerten die alten Planetengötter viele christliche Jahrhunderte[15]. Während in der Kirche die zunehmende Differenzierung von Ritus und Dogma das Bewußtsein von seinen naturhaften Wurzeln im Unbewußten entfernten, waren Alchemie und Astrologie unablässig damit beschäftigt, die Brücke hinüber zur Natur, das heißt zur unbewußten Seele, nicht in Verfall geraten zu lassen. Die Astrologie führte das Bewußtsein immer wieder zurück zur Erkenntnis der «heimarmene», das heißt der Abhängigkeit des Charakters und des Schicksals von bestimmten zeitlichen Momenten, und die Alchemie gab immer wieder Anlaß zur Projektion jener Archetypen, welche sich in den christlichen Prozeß nicht reibungslos einfügen konnten. Zwar bewegte sich die Alchemie einerseits andauernd auf der Grenze der Häresie und war von der Kirche verboten; aber anderseits erfreute sie sich des wirksamen Schutzes der Dunkelheit ihrer Symbolik, die jederzeit auch als harmlose Allegorik erklärt werden konnte. Der allegorische Aspekt stand für viele Alchemisten unzweifelhaft dermaßen im Vordergrund, daß sie felsenfest davon überzeugt waren, es nur mit chemischen Körpern zu tun zu haben. Aber es gab immer wieder einzelne, denen es bei der Laboratoriumsarbeit um das *Symbol* und dessen psychische Wirkung zu tun war. Wie die Texte ausweisen, waren sie sich letzterer bewußt, und zwar in solchem Maße, daß sie die naiven Goldmacher als Lügner, Betrüger und Irregeleitete verpönten. Ihren Standpunkt verkündeten sie durch Sätze wie «aurum nostrum non est aurum vulgi» [unser Gold ist nicht das Gold der großen Masse]. Ihre Beschäftigung mit dem Stoff war zwar eine seriöse Bemühung, in das Wesen der chemischen Wandlungen einzudringen; zugleich aber war sie auch – und dies in oft überwiegendem Maße – die Abbildung eines parallel laufenden *psychi-*

schen Prozesses, der um so leichter in die unbekannte Chemie des Stoffes projiziert werden konnte, als jener Prozeß ein unbewußter Naturvorgang ist, genau wie die geheimnisvolle Veränderung des Stoffes. Die oben geschilderte Problematik des Werdeprozesses der Persönlichkeit, des *Individuationsprozesses,* ist es, die sich in der alchemistischen Symbolik ausdrückt.

Während das große Anliegen der Kirche die «imitatio Christi» ist, verfällt der Alchemist, ohne es deutlich zu wissen oder gar zu wollen, in der Einsamkeit und der dunkeln Problematik seines Werkes den von Natur gegebenen, unbewußten Voraussetzungen seines Geistes und Wesens, da er sich ja nirgends an deutliche und unmißverständliche Vorbilder, wie der Christ, anlehnen kann. Die Autoren, die er studiert, versorgen ihn mit Symbolen, deren Sinn er in seiner Art zu verstehen meint, die aber in Wirklichkeit sein Unbewußtes berühren und anregen. Die Alchemisten haben, sich selber ironisierend, das Wort «obscurum per obscurius» [Obskures durch noch Obskureres] geprägt. Mit dieser Methode lieferten sie sich eben gerade jenem Prozeß aus, von welchem die Kirche sie zu erlösen strebte, indem sie ihnen in ihren dogmatischen Vorstellungen Analogien eben dieses Prozesses anbot, die aber im striktesten Gegensatz zur Alchemie vom Naturzusammenhang getrennt worden waren durch die Verbindung mit der historischen Gestalt des Erlösers. Jene Einheit der Vier, jenes philosophische Gold, jener «lapis angularis» [Eckstein], jene «aqua divina» [göttliches Wasser] waren in der Kirche das vierarmige Kreuz, an dem der Unigenitus sich einmal historisch und zugleich in aller Ewigkeit geopfert hatte. In unkirchlicher Weise zogen die Alchemisten das Suchen mit der Erkenntnis dem Gefundenhaben durch den Glauben vor, obschon sie als mittelalterliche Menschen sich gar nicht anders vorkamen denn als gute Christen. PARACELSUS ist in dieser Hinsicht ein Schulbeispiel. Es ging ihnen aber in Wirklichkeit so, wie es dem Modernen geht, der die individuelle Urerfahrung dem Glauben an das überlieferte Vorstellungsbild vorzieht oder notgedrungenerweise vorziehen muß. Das Dogma ist keine nur willkürliche Erfindung oder ein einmaliges Wunder, als welches es zu dem einleuchtenden Zwecke der Hinaushebung aus dem Naturzusammenhang geschildert wird. Die christlichen Zentralvorstellungen wurzeln in jener gnostischen Philosophie, die sich nach psychologischen Gesetzen in jener Zeit, wo die klassischen Religionen obsolet wurden, entwickeln mußte. Sie basiert auf der Wahrnehmung der Symbole des unbewußten Individuationsprozesses, der immer dann einsetzt, wenn die das menschliche Leben beherrschenden kollektiven Obervorstellungen in Zerfall geraten. In einer solchen Zeit gibt es notwendigerweise eine ganze Anzahl von Individuen, die in höherem Maße von den numinosen Archetypen ergriffen sind, welche sich, um neue Dominanten zu bilden, an die Oberfläche drängen. Die Ergriffenheit zeigt sich sozusagen ausnahmslos in der Tatsache, daß die Ergriffenen sich mit ihren Inhalten identifizieren und, die ihnen aufgedrängte Rolle nicht als Wirkung der neuen, noch zu erkennenden Inhalte verstehend, dieselben durch ihr Leben vorbildlich darstellen, wodurch sie zu Propheten und Reformatoren werden. Insofern der archetypische Gehalt des christlichen Dramas das beunruhigte und drängende Unbewußte der Vielen befriedigend auszudrücken vermochte, erhob es der «consensus omnium» [Zustimmung aller] zur allgemeinverbindlichen Wahrheit, allerdings nicht durch einen Urteilsakt, sondern durch die weit wirksamere irrationale Ergriffenheit. Damit wurde Jesus zum Schutzbild gegen jene archetypischen Mächte, die jeden zu ergreifen drohten. Die frohe Botschaft verkündete: Es ist geschehen, es wird euch nicht mehr geschehen, sofern ihr an Jesus, den Sohn Gottes, glaubt! Es konnte aber und es kann und wird jedem geschehen können, sofern ihm die christliche Dominante zerfällt. Darum hat es immer Menschen gegeben, die unter der Decke und auf Nebenwegen, zu ihrem Verderben oder zu ihrem Heil, sich mit der Dominante des Bewußtseinslebens nicht begnügten, sondern nach jener Urerfahrung der ewigen Wurzeln suchten und, der Faszination des beunruhigten Unbewußten folgend, sich nach jener Wüste aufmachten, wo sie, wie Jesus, mit dem Sohn der Finsternis, dem ἀντίμιμον πνεῦμα [Gegenspieler], zusammenstießen. So bittet ein Alchemist (und er ist ein Kleriker!): «Horridas nostrae mentis purga tenebras, accende lumen sensibus!» [Die entsetzlichen Finsternisse unseres Geistes reinige, entzünde unseren Sinnen ein Licht!] Daraus spricht wohl die Erfahrung der «nigredo» [Schwärze], der ersten Stufe des Werkes, welche als «melancholia» empfunden wurde und psychologisch dem Zusammentreffen mit dem Schatten entspricht.

Wenn daher die moderne Psychotherapie wieder auf die belebten Archetypen des kollektiven Unbewußten stößt, so wiederholt sich damit jenes Phänomen, das man in großen religiösen Zeitwenden schon öfter beobachten konnte, das aber auch bei einem Individuum eintritt, welchem die herrschenden Obervorstellungen nichts mehr bedeuten. Ein solches Beispiel ist der im *«Faust»* dargestellte «descensus ad inferos» [Abstieg in die Unterwelt], welcher, bewußt oder unbewußt, ein «opus alchymicum» [alchemistisches Werk] bedeutet.

Die durch den Schatten hervorgerufene Gegensatzproblematik spielt in der Alchemie eine große und entscheidende Rolle – führt sie doch schließlich im Verlaufe des Werkes zur Vereinigung der Gegensätze in der archetypischen Form des Hierosgamos [Heiligen Hochzeit], nämlich der «chymischen Hochzeit». In dieser werden die supremen Gegen-

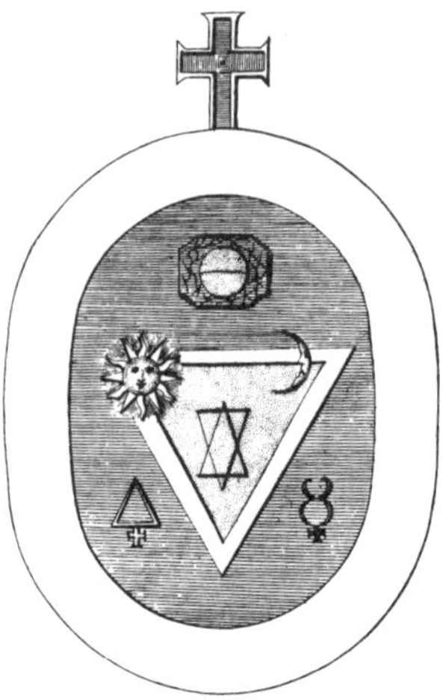

Abb. 3 Symbol des alchemistischen Werkes.
(1752)

sätze in der Gestalt des Männlichen und des Weiblichen (wie im chinesischen Yang und Yin) zu einer Einheit verschmolzen, welche keine Gegensätze mehr enthält und damit inkorruptibel ist. Die Voraussetzung dazu ist allerdings, daß sich der «artifex» [Meister] nicht mit den Gestalten des «opus» [Werk] identifiziert, sondern sie in ihrer objektiv unpersönlichen Form verharren läßt. Solange sich die Alchemie im Laboratorium mit dem Werk abmühte, befand sie sich in einem seelisch günstigen Zustand. Denn solange dies der Fall war, hatte der Alchemist schon gar keine Gelegenheit, sich mit den auftauchenden Archetypen zu identifizieren, da letztere alle in den chemischen Stoff projiziert waren. Der Nachteil dieser Situation war allerdings der, daß der Alchemist gebunden war, die inkorruptible Substanz als chemischen Körper darzustellen, was ein unmögliches Unterfangen war, an dem die Laboratoriumsalchemie schließlich auch zugrunde ging und durch die Chemie abgelöst wurde. Der seelische Teil des Werkes verschwand aber nicht, sondern er erzwang sich neue Interpreten, wie wir am Beispiel des «*Faust*» und an der bedeutungsvollen Beziehung der modernen Psychologie des Unbewußten zur alchemistischen Symbolik sehen.

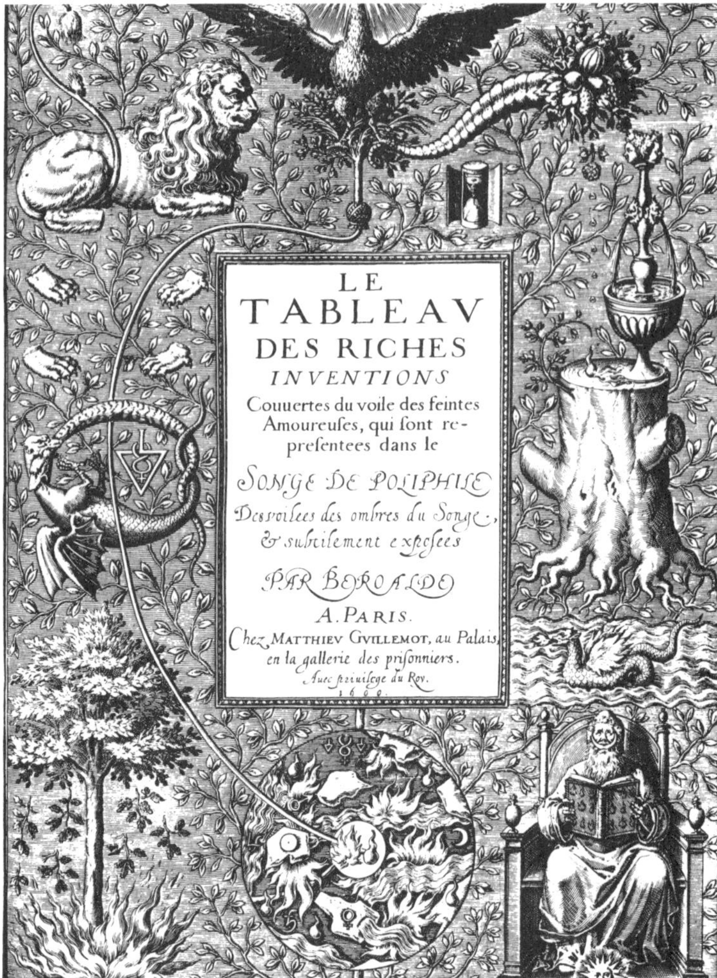

Abb. 4 Darstellung des symbolischen Prozesses, der im Chaos beginnt und mit der Phönix-(Licht-)Geburt endet.

(1600)

Traumsymbole des Individuationsprozesses

EIN BEITRAG ZUR KENNTNIS
DER IN DEN TRÄUMEN SICH KUNDGEBENDEN
VORGÄNGE DES UNBEWUSSTEN

...facilis descensus Averni;
noctes atque dies patet atri ianua Ditis –:
sed revocare gradum superasque evadere ad auras,
hoc opus, hic labor est.

VERGIL, *Aeneis,* VI, 126–129

Leicht und mühlos ist's, zu steigen   abwärts in der Hölle Tiefen,
Denn die finstre Grabespforte   stehet offen Tag und Nächte;
Doch die Wiederkehr nach oben,   an des Himmels lichte Lüfte
Führt auf leidensschwerer Bahn.

I. Einführung

A. DAS MATERIAL

Traumsymbole des Individuationsprozesses sind im Traum auftretende Bilder archetypischer Natur, welche den Zentrierungsvorgang beziehungsweise die Herstellung eines neuen Persönlichkeitszentrums schildern. Das Allgemeine dieses Vorgangs ist dargestellt in meiner Schrift *«Die Beziehungen zwischen dem Ich und dem Unbewußten»* [s. Grundwerk 3]. Aus gewissen dort erwähnten Gründen bezeichne ich dieses Zentrum auch als das Selbst, worunter die Totalität des Psychischen überhaupt verstanden sein soll. Das Selbst ist nicht nur der Mittelpunkt, sondern

Abb. 5 Die sich wandelnden sieben Jungfrauen.
(1600)

auch jener Umfang, der Bewußtsein und Unbewußtes einschließt; es ist das Zentrum dieser Totalität, wie das Ich das Bewußtseinszentrum ist.

Die Symbole, welche ich hier behandle, betreffen nicht die mannigfachen Stufen und Wandlungen des Individuationsprozesses, sondern jene Bilder, welche sich ausschließlich und direkt auf die Bewußtwerdung des neuen Mittelpunktes beziehen. Diese Bilder gehören in eine bestimmte Kategorie, die ich als *Mandalasymbolik* bezeichne. Im *«Geheimnis der Goldenen Blüte»* habe ich gemeinsam mit RICHARD WILHELM diese Symbolik des näheren geschildert. In vorliegender Untersuchung möchte ich eine individuelle Serie solcher Symbole in chronologischer Reihenfolge zur Darstellung bringen. Mein Material besteht aus über tausend Träumen und visuellen Eindrücken eines wissenschaftlich gebildeten jüngeren Mannes [1]. Zum Zwecke meiner vorliegenden Untersuchung habe ich die 400 ersten Träume bearbeitet. Sie verteilen sich über annähernd zehn Monate. Um jede Beeinflussung zu vermeiden, hat in meinem Auftrag eine meiner Schülerinnen, eine Ärztin, die damals Anfängerin war, die Beobachtung des Prozesses unternommen. Dies geschah während fünf Monaten. Dann hat der Träumer seine Beobachtungen während dreier Monate allein fortgesetzt. Außer einer kurzen Besprechung am Anfang, vor Beginn der Beobachtung, habe ich den Träumer in den ersten acht Monaten überhaupt nicht gesehen. So kam es, daß 355 von den 400 Träumen außerhalb jeglichen persönlichen Kontaktes mit mir geträumt wurden. Nur die letzten 45 Träume ereigneten sich unter meiner Beobachtung. Es wurden keine nennenswerten Deutungen vorgenommen, da der Träumer infolge seiner ausgezeichneten wissenschaftlichen Schulung und Begabung keinerlei Nachhilfe bedurfte. Für unvoreingenommene Beobachtung und Registrierung waren die Bedingungen daher geradezu ideal.

Zunächst will ich nun die *Initialträume,* im ganzen 22, auszugsweise darstellen, um zu zeigen, wie die schon frühzeitig auftretende Mandalasymbolik in das übrige Traummaterial eingebettet ist. Später wähle ich dann diejenigen Träume in chronologischer Reihenfolge aus, welche sich speziell mit dem Mandala [2] beschäftigen.

Sämtliche Träume bis auf wenige Ausnahmen sind gekürzt, indem jeweils entweder jener Teil, der den Hauptgedanken trägt, herausgezogen oder der ganze Text auf das Wesentliche verdichtet wurde. Diese vereinfachende Operation hat nicht nur Längen gekürzt, sondern auch persönliche Anspielungen und Komplikationen entfernt. Letzteres mußte aus

Gründen der Diskretion geschehen. Ich habe bei diesem nicht unbedenklichen Eingriff nach bestem Wissen und Gewissen jede sinnstörende Willkürlichkeit vermieden. Dieselben Rücksichten mußte ich auch bei der Deutung nehmen, weshalb gewisse Traumstellen scheinbar übergangen werden. Hätte ich dieses Opfer an absoluter Vollständigkeit nicht gebracht, so wäre ich nicht in der Lage gewesen, diese – meines Erachtens – an Intelligenz, Klarheit und Folgerichtigkeit kaum übertreffbare Serie zu veröffentlichen. Es ist mir darum ein besonderes Vergnügen, an dieser Stelle dem «Autor» meine aufrichtige Dankbarkeit für den der Wissenschaft geleisteten Dienst auszusprechen.

B. DIE METHODE

In meinen Arbeiten und Vorlesungen habe ich stets betont, daß man bei der Analyse und Deutung der objektiv-psychischen[3] («unbewußten») Inhalte auf vorgefaßte Meinungen verzichten müsse. Man ist bis jetzt noch nicht im Besitz einer allgemeinen Traumtheorie, die es einem straflos gestatten würde, deduktiv zu verfahren, sowenig wie wir uns einer allgemeinen Theorie des Bewußtseins, die deduktive Schlüsse erlauben würde, erfreuen. Die Äußerungen des Subjektiv-Psychischen, des Bewußtseins also, sind nur zum allergeringsten Teil berechenbar, und es gibt keinerlei theoretische Beweisführung, welche die Notwendigkeit eines angeblichen Kausalnexus zwingend dartäte. Wir haben ganz im Gegenteil mit einer nahezu hundertprozentigen Willkürlichkeit und «Zufälligkeit» der komplexen Bewußtseinsreaktionen und -aktionen zu rechnen. Ebenso besteht kein empirischer und noch weniger theoretischer Grund zur Annahme, daß für die Äußerungen des Unbewußten nicht dasselbe gälte. Letztere sind so mannigfaltig, so unvoraussehbar und so willkürlich wie erstere und müssen deshalb ebensovielen verschiedenen Betrachtungsweisen unterworfen werden wie jene. Bei bewußten Äußerungen ist man in der vorteilhaften Lage, angesprochen zu sein und einen als erkennbar beabsichtigten Inhalt vorgesetzt zu bekommen; bei «unbewußten» Manifestationen hingegen besteht keine in unserem Sinne gerichtete und angepaßte Sprache, sondern bloß ein psychisches Phänomen, das anscheinend nur die losesten Beziehungen zu bewußten Inhalten hat. Sollte die Bewußtseinsäußerung unverständlich sein, so kann man immer nach der Meinung fragen. Das Objektiv-Psychische ist aber auch dem Bewußtsein, in welchem es sich ausdrückt, fremd. Man muß daher notgedrungenerweise jene Methode anwenden, welche die Lesung eines fragmentierten Textes oder eines solchen, der unbekannte Wörter enthält, erfordert: man untersucht den Kontext. Aus der Vergleichung einer Reihe von Textstellen, in denen das unbekannte Wort vorkommt, ergibt sich vielleicht, was es bedeuten könnte. Der psychologische Kontext von Trauminhalten besteht aus jenem Assoziationsgewebe, in welches der Traumausdruck natürlicherweise eingebettet ist. Theoretisch kann man dieses nie voraus wissen; praktisch ist es gelegentlich möglich, große Erfahrung und Übung vorausgesetzt. Aber eine sorgfältige Analyse wird sich nie zuviel auf Handwerksregeln verlassen; denn die Gefahr der Täuschung und der Suggestion ist zu groß. Namentlich bei der Analyse isolierter Träume ist dieses Vorauswissen und Voraussetzen auf Grund praktischer Erwartungen und einer allgemeinen Wahrscheinlichkeit geradezu verwerflich. Es soll darum unbedingt als Regel gelten, daß man jeden Traum und jeden Teil des Traumes zunächst als unbekannt voraussetzt und erst nach Aufnahme des Kontextes einen Versuch der Deutung macht, indem man den durch die Feststellung des Kontextes gefundenen Sinn in den Traumtext einsetzt und versucht, ob dadurch eine flüssige Lesung ermöglicht wird, beziehungsweise ob dadurch ein befriedigender Sinn entsteht. Man darf aber unter keinen Umständen erwarten, daß dieser Sinn irgendeiner subjektiven Erwartung entspreche; denn möglicherweise, ja sogar sehr oft, sagt der Traum etwas verblüffend anderes, als was man erwartet hätte. Entspricht der gefundene Traumsinn der Erwartung, so ist dies sogar ein Grund zu Mißtrauen; denn in der Regel ist der Standpunkt des Unbewußten komplementär oder kompensatorisch zum Bewußtsein[4] und daher unerwartet «anders». Ich bestreite keineswegs die Möglichkeit «paralleler» Träume, das heißt solcher, deren Sinn mit der Einstellung des Bewußtseins zusammenfällt beziehungsweise letztere unterstützt. Aber sie sind, nach meiner Erfahrung wenigstens, relativ selten.

Dieser prinzipiellen Haltung dem Traum gegenüber scheint nun die Methode, die ich in dieser Untersuchung verfolge, direkt ins Gesicht zu schlagen. Es hat den Anschein, als ob die Träume «gedeutet» würden

Abb. 6 Eine den Schicksalsgöttinnen übergeordnete mütterliche Figur.
(16. Jh.)

Abb. 7 Ouroboros als Symbol des Äon.
(1597)

ohne die leiseste Rücksicht auf den Kontext. In der Tat habe ich nirgends den Kontext aufgenommen; denn die Traumserie fand überhaupt (wie oben bemerkt) gar nicht unter meiner Beobachtung statt. Ich verfahre gewissermaßen so, wie wenn ich selber die Träume gehabt hätte und deshalb imstande wäre, den Kontext selber zu liefern.

Dieses Vorgehen wäre, auf *isolierte* Träume eines mir persönlich so gut wie Unbekannten angewendet, ein grober Kunstfehler. Hier handelt es sich aber nicht um isolierte Träume, sondern um zusammenhängende *Serien*, in deren Verlauf sich der Sinn allmählich von selber gewissermaßen herauswickelt. Die Serie nämlich ist der Kontext, den der Träumer selber liefert. Es ist, wie wenn uns nicht *ein* Text, sondern viele vorlägen, welche die unbekannten Termini von allen Seiten beleuchten, so daß die Lektüre aller Texte an sich schon genügt, um die Sinnschwierigkeiten jedes einzelnen aufzuklären. Zudem handelt es sich im dritten Kapitel dieser Untersuchung um einen bestimmten Archetyus, der uns aus andern Quellen schon längst bekannt ist, wodurch die Deutung wesentlich erleichtert wird. Gewiß ist die Deutung jedes einzelnen Stückes wesentlich Konjektur; aber der Verlauf der Gesamtserie gibt uns alle nötigen Handhaben, um etwaige Irrtümer bei vorhergehenden Stücken zu korrigieren.

Es ist selbstverständlich, daß der Träumer, als er unter Beobachtung meiner Schülerin war, nichts von diesen Deutungen erfahren hat und deshalb in keinerlei Weise durch irgendwelche Auffassungen präjudiziert war. Übrigens bin ich auf Grund reichlicher Erfahrung der Meinung, daß die Möglichkeit und Gefahr des Präjudizes überschätzt wird. Das Objektiv-Psychische ist erfahrungsgemäß in höchstem Maße unabhängig. Wenn es dies nicht wäre, so könnte es auch seine ihm eigentümliche Funktion, nämlich die Kompensation des Bewußtseins, nicht ausüben. Das Bewußtsein läßt sich wie ein Papagei dressieren, nicht aber das Unbewußte. Deshalb hat auch AUGUSTIN Gott gedankt, daß er ihn nicht verantwortlich gemacht hat für seine Träume. Das Unbewußte ist ein Psychisches, das nur scheinbar und dann sehr zum Nachteil des Bewußtseins einexerziert werden kann. Es ist und bleibt jeder subjektiven Willkür entzogen, ein Bereich nicht zu verbessernder und nicht zu verderbender Natur und ihres Geheimnisses, das wir nur belauschen, aber nicht befingern können.

II. Die Initialträume

1. Traum:
Der Träumer ist in einer Gesellschaft, wo er sich beim Abschied statt des seinigen einen fremden Hut aufsetzt.

Der Hut als das den Kopf Bedeckende hat im allgemeinen die Bedeutung des den Kopf *Einnehmenden.* Wie man bei der Subsumption «alle Begriffe unter *einen* Hut bringt», so überdeckt der Hut wie eine Obervorstellung die ganze Persönlichkeit und teilt dieser ihre Bedeutung mit. Die Krönung erteilt dem Herrscher die göttliche Sonnennatur, der Doktorhut die Gelehrtenwürde, ein *fremder* Hut eine fremde Natur. Meyrink verwendet dieses Motiv im *«Golem»*, wo der Held den Hut des Athanasius Pernath aufsetzt und infolgedessen in ein fremdes Erleben versetzt wird. Es ist deutlich genug im *«Golem»*, daß es das Unbewußte ist, welches den Helden in phantastische Erlebnisse verstrickt. Hypothetischerweise soll hier schon die Bedeutung der Golemparallele hervorgehoben werden: Es ist der Hut eines Athanasius, eines Unsterblichen, eines Zeitlosen, als welcher ein allgemeingültiger, immer existierender Mensch, der sich vom einmaligen, sozusagen zufälligen Individuum unterscheidet, anzusehen ist. Der Hut, der den Kopf umfängt, ist rund wie der Sonnenkreis der Krone und enthält deshalb die erste Anspielung auf das Mandala. Der 9. Mandalatraum [S. 115] wird das Attribut der unvergänglichen Dauer und der 35. Traum [S. 195] die Mandalanatur des Hutes bestätigen. Als allgemeine Folge der Hutumtauschung dürfen wir wohl eine ähnliche Entwicklung wie im *«Golem»*, das heißt ein Hervortreten des Unbewußten, erwarten. Das Unbewußte steht schon wie ein Schatten mit seinen Figuren hinter ihm und drängt in die Bewußtheit.

2. Traum:
Fährt in der Eisenbahn, und indem er sich breit vor das Fenster stellt, versperrt er den Mitreisenden die Aussicht. Er muß sie ihnen freigeben.

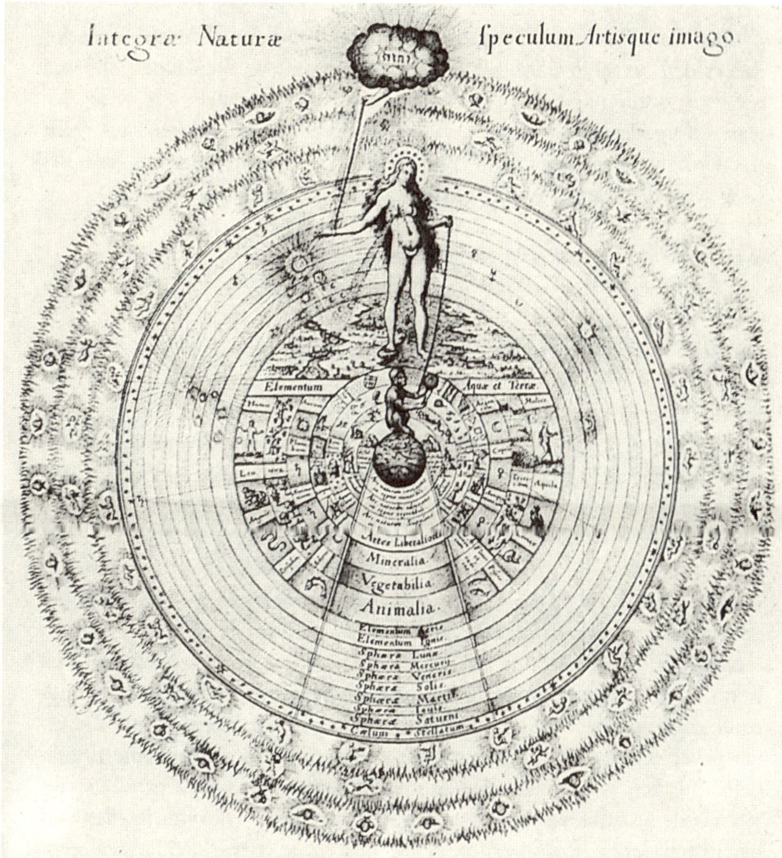

Abb. 8 Die weibliche Figur
ist die von Gott geleitete (lunare)
«anima mundi», die ihrerseits
den Menschen führt.
(1617)

Der Prozeß ist in Bewegung gekommen, und der Träumer entdeckt, daß er den *hinter ihm Stehenden*, nämlich den unbewußten Komponenten seiner Persönlichkeit, das Licht wegnimmt. Hinten haben wir keine Augen; infolgedessen ist «hinten» die Region des Unsichtbaren, das heißt des Unbewußten. Gibt der Träumer den Weg zum Fenster, zum Bewußtsein, frei, dann wird der unbewußte Inhalt bewußt.

3. HYPNAGOGISCHER, VISUELLER EINDRUCK:
An der Meeresküste. Das Meer bricht, alles überflutend, ins Land herein. Dann sitzt er auf einsamer Insel.

Das Meer ist das Symbol des kollektiven Unbewußten, weil es unter spiegelnder Oberfläche ungeahnte Tiefen verbirgt[1]. Die hinter ihm Stehenden, die schattenhafte Personifikation des Unbewußten, sind wie eine Flut in die terra firma des Bewußtseins eingebrochen. Solche Einbrüche sind unheimlich, weil irrational und dem Betroffenen unerklärlich. Sie bedeuten eine schwerwiegende Alteration der Persönlichkeit, indem sie sofort ein peinliches persönliches Geheimnis bilden, welches den betroffenen Menschen von seiner Umgebung entfremdet und ihn gegen diese isoliert. Es ist etwas, «was man niemandem sagen kann». Man fürchtet, der geistigen Abnormität geziehen zu werden; mit einem gewissen Recht, weil bei Geisteskranken ja ganz Ähnliches passiert. Immerhin ist es noch ein weiter Weg von einem intuitiv erfaßten Einbruch bis zur pathologischen Überwältigung; aber ein Laie weiß das nicht. Die Folge einer psychischen Isolierung durch Geheimnis ist in der Regel eine Ersatzbelebung der psychischen Atmosphäre an Stelle des verlorenen Kontaktes mit den Mitmenschen. Es ist ein Anlaß zu einer Aktivierung des Unbewußten, woraus dann etwas Ähnliches entsteht wie die Einsamkeitsillusionen und -halluzinationen der Wüstenwanderer, Seefahrer und Heiligen. Der Mechanismus dieser Erscheinungen ist wohl energetisch zu erklären. Die normalen Beziehungen zu den Objekten der Umwelt werden durch einen bestimmten Aufwand an Energie unterhalten. Wird die Beziehung zum Objekt abgeschnitten, so entsteht eine «Retention» der Energie, welche nun ihrerseits eine äquivalente Ersatzbildung erzeugt. Wie zum Beispiel die Verfolgungsidee aus einer durch Mißtrauen gekränkten Beziehung hervorgeht, so entsteht, als Ersatz für die normale Belebtheit der Umwelt, eine illusorische Wirklichkeit, in welcher an Stelle von Menschen sich unheimliche, gespenstische Schatten bewegen.

Daher kommt es, daß einsame, wüste Orte für den primitiven Menschen von «Teufeln» und ähnlichem Spuk belebt sind.

4. TRAUM:

Er ist umgeben von vielen unbestimmten Frauengestalten (Abb. 33). *Eine Stimme in ihm sagt: «Ich muß erst weg vom Vater.»*

Hier ist eine Belebung der psychischen Atmosphäre durch, wie man mittelalterlich sagen würde, «succubi» eingetreten. Man erinnert sich an die Visionen des ägyptischen Antonius, die FLAUBERT[2] so gelehrt geschildert hat. Das halluzinatorische Element macht sich im *Lautwerden des Gedankens* bemerkbar. Das «erst weg» verlangt einen Nachsatz, der mit «um dann» beginnt. Vermutlich lautet er etwa: «um dann dem Unbewußten, das heißt der Lockung der Frauen, folgen zu können» (Abb. 9). Der Vater als Vertreter des traditionellen Geistes, wie er sich in Religion und allgemeiner Weltanschauung äußert, steht ihm im Wege. Er verhaftet den Träumer ans Bewußtsein und dessen Werte. Die traditionelle männliche Welt mit ihrem Intellektualismus und Rationalismus macht sich als Hindernis bemerkbar, woraus man schließen muß, daß das Unbewußte, welches an ihn herantritt, in bedeutendem Gegensatz zu den Tendenzen des Bewußtseins steht und daß der Träumer trotz diesem Gegensatz bereits eine beträchtliche Neigung zur Seite des Unbewußten hat. Das Unbewußte soll also nicht dem rationalistischen Urteil des Bewußtseins untergeordnet werden, sondern soll vielmehr ein Erlebnis sui generis sein. Das will natürlich dem Intellekt nicht leicht eingehen; denn damit ist, wenn auch nicht ein gänzliches, doch wenigstens ein teilweises «sacrificium intellectus» [Opfer des Verstandes] verlangt. Überdies ist das hierdurch aufgeworfene Problem dem modernen Menschen schwer faßlich; denn er kann das Unbewußte zunächst nur als ein unwesentliches und wie unwirkliches Anhängsel des Bewußtseins, nicht aber als eigentümliche Erlebnissphäre autonomer Art verstehen. Im Verlauf der späteren Träume wird dieser Konflikt noch vielfach auftauchen, bis endlich die richtige Formel für die Korrelation Bewußt-Unbewußt gefunden und der Persönlichkeit die korrekte mittlere Stellung angewiesen wird. Auch läßt sich ein solcher Konflikt nicht durch Verstehen, sondern nur durch Erleben lösen. Jede Stufe des Prozesses muß durchlebt werden. Es gibt keine Deutung und kein sonstiges Kunststück, das einen um diese Schwierigkeit herum betrügen könnte. Denn nur

Abb. 9 Vermutlich die Auferweckung des schlafenden Königs in Form des Paris-Urteils; dabei Hermes als Psychopompos.
(1520)

stufenweise kann die Vereinigung von Bewußtsein und Unbewußtem gelingen.

Der Widerstand des Bewußtseins gegen das Unbewußte sowohl wie dessen Unterschätzung ist eine historische Entwicklungsnotwendigkeit, denn sonst hätte sich das Bewußtsein überhaupt nie vom Unbewußten differenzieren können. Das Bewußtsein des modernen Menschen hat sich aber etwas zu weit von der Tatsache des Unbewußten entfernt. Man hat sogar vergessen, daß die Psyche keineswegs unsere Absicht, sondern größtenteils autonom und unbewußt ist. Daher veranlaßt beim Kulturmenschen die Annäherung des Unbewußten einen panischen Schrecken, nicht zum geringsten Teil wegen der bedrohlichen Analogie mit Geistesstörung. Das Unbewußte als ein passives Objekt zu «analysieren», hat für den Intellekt nichts Bedenkliches; im Gegenteil entspräche eine solche Tätigkeit der rationalen Erwartung. Das Unbewußte aber geschehen lassen und es erleben wie eine Wirklichkeit, das übersteigt Mut sowohl wie Können des Durchschnittseuropäers. Er zieht es vor, dieses Problem einfach nicht zu verstehen. Für die Schwachen im Geiste ist es auch besser so; denn dieses Ding ist nicht ungefährlich.

Das Erleben des Unbewußten ist ein persönliches Geheimnis, das nur schwer und nur den wenigsten mitteilbar ist; darum isoliert es, wie schon oben gesagt wurde. Isolierung aber bewirkt kompensatorische Belebung der psychischen Atmosphäre, und das ist unheimlich. Die erscheinenden Gestalten hier sind weiblich. Damit ist hingewiesen auf die weibliche Natur des Unbewußten. Es sind Feen oder lockende Sirenen und Lamien (Abb. 10, 11, 12 und Abb. 157: Grundwerk 6), welche den einsamen Wanderer betören und in die Irre führen. In ähnlicher Weise treten im Beginn der nekyia[3] des Poliphile die verführerischen Jungfrauen auf[4] (Abb. 33). Eine ähnliche Figur ist die Melosina des PARACELSUS[5].

5. VISUELLER EINDRUCK:
Eine Schlange beschreibt einen Kreis um den Träumer. Er steht wie ein Baum am Boden festgewachsen.

Die Beschreibung eines bannenden Kreises (Abb. 13) ist jenes uralte magische Mittel, dessen sich jeder bedient, der ein absonderliches und geheimes Vorhaben hat. Er schützt sich damit gegen die von außen drohenden «perils of the soul», die jeden befallen, der durch Geheimnis isoliert

Abb. 10
Melusine

Abb. 11
Doppelköpfige
Melusine
(1760)

Abb. 12
Fischjungfrau mit
Maske

ist. Umgekehrt bedient man sich auch seit alters dieses Mittels, um ein Gebiet als heilig und unverletzlich abzutrennen, indem man darum den «sulcus primigenius» zog, zum Beispiel bei Städtegründungen[6] (Abb. 31). Daß der Träumer angewurzelt in der Mitte steht, ist eine Kompensation seines fast unüberwindlichen Dranges, vor dem Unbewußten davonzulaufen. Er hat nach dieser Vision ein angenehmes Gefühl der Erleichterung; mit Recht, denn es ist ihm gelungen, ein geschütztes τέμενος[7], einen Tabubezirk, zu schaffen, in welchem es ihm möglich wird, das Unbewußte zu erleben. Damit wird die sonst unheimliche Isolierung zur Absicht erhoben, mit zweckhaftem Sinn begabt und dadurch ihres angsterregenden Charakters entkleidet.

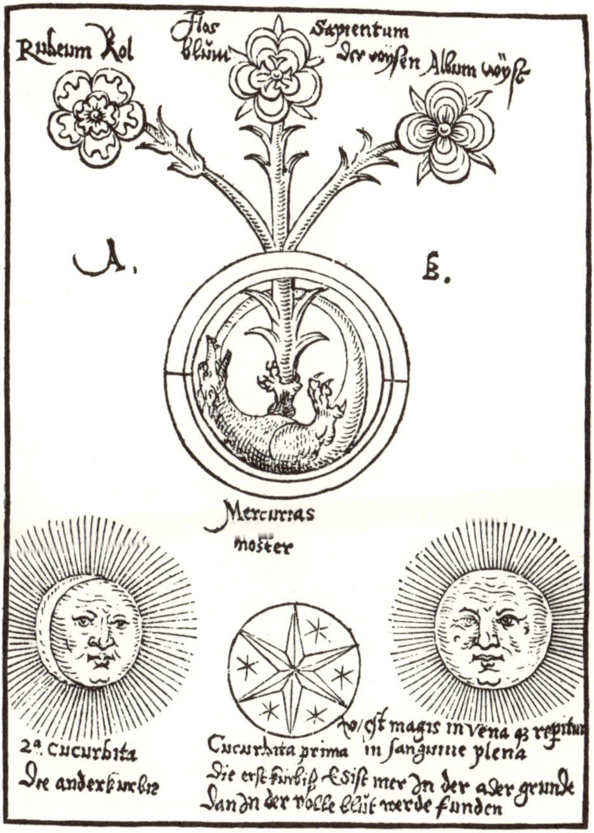

Abb. 13 Der «Schwanzfresser» (Ouroboros)
als Ausgangsstoff des alchemistischen Prozesses
mit der rot-weißen Rose, dem «flos sapientum»;
unten: «coniunctio solis et lunae»;
in der Mitte: der «lapis philosophorum» als der Sohn.
(1588)

6. Visueller Eindruck (unmittelbar an 5 anschließend):
Eine verhüllte Frauengestalt sitzt auf einer Treppe.

Das Motiv der unbekannten Frau, die wir technisch als Anima bezeichnen[8], tritt hier zum erstenmal auf, und zwar als Personifikation der belebten psychischen Atmosphäre, wie früher die vielen unbestimmten Frauengestalten (Traum 4). Von nun an kehrt die Gestalt der unbekannten Frau in vielen Träumen wieder. Personifikation bedeutet immer autonome Tätigkeit des Unbewußten. Tritt eine persönliche Figur auf, so heißt das, daß das Unbewußte zu agieren anfängt. Die Tätigkeit solcher Figuren hat sehr oft *antizipierenden* Charakter; das heißt eine Tätigkeit, die der Träumer später selber ausüben wird, wird vorweggenommen. In diesem Fall ist die Treppe angedeutet, womit auf ein Hinauf- oder Hinuntergehen hingewiesen ist (Abb. 14).

Da der in solchen Träumen ablaufende Prozeß seine historische Analogie in den *Initiationsriten* hat, so dürfte es nicht überflüssig sein, darauf hinzuweisen, daß dort die siebenstufige Planetentreppe eine beträchtliche Rolle spielt, wie wir zum Beispiel aus Apuleius wissen. Die Initiationen des spätantiken Synkretismus, die schon stark mit Alchemie durchsetzt sind (so die Zosimosvisionen [s. Grundwerk 9])[9], beschäftigen sich besonders mit dem «Hinaufgehen», nämlich der *Sublimation*. Das Hinaufgehen wird auch öfters durch die *Leiter* dargestellt (Abb. 15); daher die ägyptische Grabbeigabe einer kleinen Leiter für den Ka der Toten[10]. Die Idee des Hinaufgehens durch die sieben Planetenkreise bedeutet die Rückkehr der Seele zur Sonnengottheit, wo sie ihren Ursprung genommen hat, wie wir zum Beispiel auch aus Firmicus Maternus wissen[11]. Das Isismysterium, das uns Apuleius[12] schildert, gipfelt daher auch in dem, was die frühmittelalterliche (durch arabische Überlieferung direkt auf alexandrinisches Geistesgut[13] zurückgehende) Alchemie als «solificatio» [sonnenhafte Verwandlung] bezeichnet: der Initiant wird als Helios gekrönt.

7. Visueller Eindruck:
Die verhüllte Frau entschleiert ihr Gesicht. Es leuchtet wie die Sonne.

An der Anima vollzieht sich die «solificatio». Dieser Vorgang entspricht wohl der «illuminatio», der Erleuchtung. Diese sozusagen mystische Vorstellung steht nun in strengem Gegensatz zur rationalistischen Einstellung des Bewußtseins, welches als höchste Form des Verstehens

Abb. 14 Jakobs Traum.
Aquarell von BLAKE

Abb. 15 Die «scala lapidis», die Stufen des alchemistischen Prozesses darstellend.
(17. Jh.)

und der Einsicht nur die intellektuelle Durchleuchtung kennt. Natürlich rechnet diese Einstellung nie mit der Tatsache, daß wissenschaftliche Erkenntnis nur für die Gegenwartsspitze der Persönlichkeit befriedigend ist, nicht aber für die in graue Vorzeit zurückreichende kollektive Psyche[14], welche immer eines besonderes Ritus bedarf, um an das Gegenwartsbewußtsein angeschlossen zu werden. Es wird also offenbar eine *Erhellung des Unbewußten* vorbereitet, welche weit eher den Charakter der «illuminatio» als den der rationalen «Erklärung» hat. Die «solificatio» steht dem Bewußtsein unendlich fern, dem sie wie chimärisch erscheint.

8. VISUELLER EINDRUCK:
Ein Regenbogen sollte als Brücke benützt werden. Man soll aber nicht darüber, sondern unten durchgehen. Wer darübergeht, fällt zu Tode.

Nur Götter beschreiten die Regenbogenbrücke mit Erfolg; Sterbliche fallen dabei zu Tode, denn der Regenbogen ist nur ein schöner Schein, der sich über den Himmel spannt; aber er ist kein Weg für körperverhaftete Menschen. Solche müssen «unten durch» (Abb. 16). Unter Brücken aber fließt das *Wasser* durch, das seinem Gefälle folgt. Dieser Hinweis wird sich im späteren bestätigen.

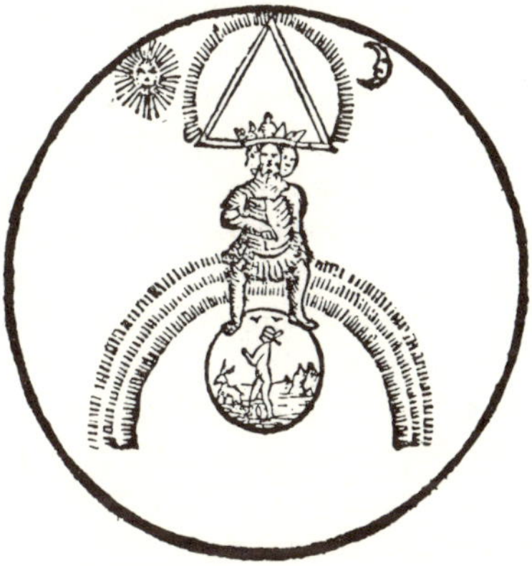

Abb. 16 Der «mercurius tricephalus» als Anthropos; unten: der vom Tier geführte Mensch mit verbundenen Augen.
(1676)

9. Traum:

Ein grünes Land, wo viele Schafe weiden. Es ist das «Schafland».

Dieses merkwürdige, zunächst undurchsichtige Stück dürfte aus Kindheitseindrücken stammen, insbesondere aus religiösen Vorstellungen (welche in diesem Zusammenhang nicht zu fern liegen), zum Beispiel «Der Herr weidet mich auf einer grünen Aue», oder der frühchristlichen Allegorik der Schafe und des Hirten[15] (Abb. 18). Das nächste Stück weist in diese Richtung.

10. Visueller Eindruck:

Im Schafland steht die unbekannte Frau und weist den Weg.

Die Anima, welche die «solificatio» bereits antizipiert hat, tritt hier auf als Psychopompos [Seelengeleiter], der den Weg weist[16] (Abb. 19.). Der Weg beginnt im Kinderland, das heißt in jener Zeit, wo sich das rationale Gegenwartsbewußtsein noch nicht von der historischen Seele, dem kollektiven Unbewußten, getrennt hat. Die Trennung ist zwar unvermeidlich, führt aber zu einer solchen Entfernung von jener dämmerhaften Vorzeitpsyche, daß ein Instinktverlust eintritt. Die Folge davon ist Instinktlosigkeit und damit Desorientierung in allgemein menschlichen Situationen. Die Abtrennung hat aber auch zur Folge, daß das «Kinderland» definitiv infantil bleibt und damit zu einer beständigen Quelle kindlicher Neigungen und Impulse wird. Natürlich sind diese Eindringlinge dem Bewußtsein höchst unwillkommen, und es verdrängt sie deshalb folgerichtigerweise. Die Folgerichtigkeit der Verdrängung dient aber bloß zur Herstellung einer noch größeren Entfernung vom Ursprung und vermehrt daher die Instinktlosigkeit bis zur Seelenlosigkeit. Infolgedessen wird das Bewußtsein entweder von Kindischkeit völlig überschwemmt, oder es muß sich ständig mit zynischer Greisenhaftigkeit oder mit verbitterter Resignation fruchtlos gegen sie verteidigen. Es muß daher eingesehen werden, daß die vernünftige Einstellung des Gegenwartsbewußtseins trotz ihren unleugbaren Erfolgen in vielen menschlichen Hinsichten kindisch unangepaßt und darum lebenswidrig geworden ist. Das Leben ist vertrocknet und gehemmt und verlangt infolgedessen nach der Auffindung der Quelle. Die Quelle aber kann nicht aufgefunden werden, wenn sich das Bewußtsein nicht dazu bequemt, ins «Kinderland» zurückzukehren, um dort, wie früher, die Weisungen vom Unbewußten zu empfangen. Kindisch ist nicht nur, wer zu lange Kind bleibt,

Abb. 17 Der Artifex (bzw. Hermes) als Hirt von «Aries» und «Taurus», welche die Frühlingstriebe, den Beginn des «opus», darstellen. (1520)

sondern auch wer sich von der Kindheit trennt und meint, daß das, was er nicht sieht, nicht mehr existiere. Wer aber ins «Kinderland» zurückkehrt, verfällt der Angst, kindisch zu werden, weil er nicht weiß, daß alles ursprünglich Seelische ein doppeltes Gesicht hat. Das eine schaut vorwärts, das andere zurück. Es ist zweideutig und darum symbolisch, wie alle lebendige Wirklichkeit.

Im Bewußtsein stehen wir auf einem Gipfel und meinen kindischerweise, der weitere Weg nach größeren Höhen führe über den Gipfel hin-

Abb. 18 Christus als Hirte.
Mosaik aus dem Mausoleum der Galla Placidia, Ravenna (zwischen 424 und 451)

aus. Das ist die chimärische Regenbogenbrücke. Um zum nächsten Gipfel zu gelangen, geht man zuvor hinunter in jenes Land, wo die Wege erst anfangen, sich zu scheiden.

11. TRAUM:
Eine Stimme sagt: «Du bist ja noch ein Kind.»

Dieser Traum erzwingt die Anerkennung, daß auch eine differenzierte Bewußtheit keineswegs mit dem Kindischen aufgeräumt hat und daß deshalb eine Rückkehr in die Kindheitswelt nötig wird.

12. TRAUM:
Eine gefährliche Wanderung mit Vater und Mutter über viele Leitern auf und ab.

Das kindhafte Bewußtsein ist immer mit Vater und Mutter verbunden und nie allein. Rückkehr in die Kindheit ist immer Heimkehr zu Vater und Mutter, zur ganzen Belastung mit dem durch die Eltern vertretenen psychischen Non-Ego und dessen langer, schwerwiegender Geschichte. Regression bedeutet Auflösung in die geschichtlichen, hereditä-

Abb. 19 Die «Seele» als wegweisende Führerin.
Aquarell von Blake zu Dantes *Purgatorio,* canto IV

ren Determinanten, deren Umklammerung man sich nur mit größter Mühe entziehen kann. Die psychische Vorgeschichte ist recht eigentlich der Geist der Schwere, welcher der Stufen und Leitern bedarf, weil er nicht, wie der körper- und schwerelose Intellekt, gegebenenfalls auch fliegen kann. Die Auflösung in das Vielerlei der geschichtlichen Determinanten ist wie ein In-die-Irre-Gehen, wie eine Richtungslosigkeit, in welcher auch das Richtige wie ein besorgniserregender Irrtum aussieht.

Wie schon oben erwähnt, weist das Motiv der Stufen und Leitern (Abb. 14 und 15) auf den seelischen *Wandlungsprozeß* und dessen Peripetien. Ein klassisches Beispiel hierfür gibt uns ZOSIMOS mit seinem Auf- und Abstieg über die fünfzehn Stufen von Licht und Finsternis[17].

Man kann sich natürlich von der Kindheit nicht befreien, ohne daß man sich ausgiebig mit ihr beschäftigt, wie man aus den FREUDSCHEN Forschungen schon lange weiß. Mit einem bloß intellektuellen Wissen ist es dabei nicht getan, sondern wirksam ist nur eine Wiedererinnerung, die zugleich ein *Wiedererleben* ist. Vieles bleibt wegen des raschen Flusses der Jahre und des überwältigenden Einströmens der eben entdeckten Welt unerledigt zurück. Davon hat man sich nicht *befreit,* sondern bloß *entfernt.* Kehrt man also aus späteren Jahren wieder zur Kindheitserinnerung zurück, so findet man dort noch lebendige Stücke der eigenen Persönlichkeit, die sich umklammernd an einen anschließen und einen mit dem Gefühl der früheren Jahre wieder durchströmen. Jene Stücke sind aber noch im Kindheitszustand und deshalb stark und unmittelbar. Nur wenn sie mit dem erwachsenen Bewußtsein wieder verbunden werden, können sie ihren infantilen Aspekt verlieren und korrigiert werden. Dieses «persönliche Unbewußte» muß immer zuerst erledigt, das heißt bewußtgemacht werden, sonst kann der Eingang zum kollektiven Unbewußten nicht eröffnet werden. Die Reise mit Vater und Mutter, die über viele Leitern auf- und abführt, entspricht dieser Bewußtmachung infantiler, noch nicht integrierter Inhalte.

13. TRAUM:
Der Vater ruft besorgt: «Das ist der Siebente!»

Bei der Wanderung über die vielen Leitern ist offenbar ein Ereignis eingetreten, das als «der Siebente» angesprochen wird (Abb. 20). Die «Sieben» entspricht der höchsten Stufe und wäre darum im Sinne der Initiation das Ersehnte und Gewünschte (Abb. 28). Im Sinne des traditio-

Abb. 20 Die sechs Planeten, geeint im siebenten, dem Merkur, als Ouroboros und rot-weißer (hermaphroditischer) Doppeladler dargestellt.
(1520)

nellen Geistes aber ist die «solificatio» eine abenteuerliche, mystische und darum an Wahnsinn grenzende Vorstellung, weil man solchen Unsinn nur früher, in den dunkeln Zeiten dunstigen Aberglaubens, gedacht hat, während die klare, geläuterte Geisteswelt unserer aufgeklärten Zeit solche Nebelhaftigkeiten schon längst überwunden hat, und zwar bis zu dem Grade, daß nur noch das Irrenhaus Illuminaten solcher Art beherbergt. Kein Wunder, daß der Vater ängstlich besorgt ist, wie das Huhn, das Enteneier ausgebrütet hat und nunmehr durch die aquatischen Neigungen seiner Nachkommenschaft in Verzweiflung gerät. Wenn diese Deutung, daß «der Siebente» die höchste Stufe der Erleuchtung bedeute, zu Recht besteht, so müßte damit der Prozeß der Integrierung des persönlichen Unbewußten eigentlich im Prinzip abgeschlossen sein. Danach würde die Eröffnung des kollektiven Unbewußten beginnen, und das würde die Besorgnis des Vaters als des Vertreters des traditionellen Geistes hinlänglich erklären.

Immerhin bedeutet die Rückkehr in das Anfangsdämmer des Unbewußten nicht, daß man sich nun der kostbaren Errungenschaft der Väter, nämlich der intellektuellen Differenzierung des Bewußtseins, völlig begeben müsse. Es handelt sich darum, daß der *Mensch* an Stelle des Intellektes tritt, aber nicht jener, den sich der Träumer vorstellt, sondern ein mehr abgerundeter oder vollständiger. Das bedeutet aber, daß allerhand in den Umfang der Persönlichkeit aufgenommen werden muß, was ihm jetzt noch peinlich oder gar unmöglich erscheint. Der Vater, der so ängstlich ruft: «Das ist der Siebente!», ist eine psychische Komponente des Träumers, und deren Besorgnis ist darum seine eigene. Infolgedessen muß die Deutung berücksichtigen, daß mit dem «Siebenten» nicht nur etwa ein Gipfel, sondern auch etwas Ungünstiges gemeint sein kann. Wir begegnen diesem Motiv zum Beispiel im Märchen vom Däumling und dem Menschenfresser. Der Däumling ist der siebente von sechs Brüdern. Seine zwerghafte Gestalt und seine Pfiffigkeit sind zwar harmlos; aber er ist derjenige, der seine Brüder in die Hütte des Menschenfressers führt, womit er seine gefährliche Doppelnatur als Glück- und Unglückbringer erweist; mit andern Worten, er ist selber auch der Menschenfresser. Die «Sieben» sind seit alters die sieben Planetengötter (Abb. 20); sie formieren das, was die Pyramidentexte als «paut neteru», eine Göttergesellschaft[18] (Abb. 21 und 23), bezeichnen. Obschon nun eine Gesellschaft als die «Neun» bezeichnet wird, zeigt es sich öfters, daß es gar nicht

Abb. 21 Die sieben Planetengötter im Hades.
(1622)

neun, sondern zehn sind und gelegentlich auch mehr. MASPERO[19] sagt daher, daß insbesondere der erste und der letzte der Serie entwicklungsfähig ist, respektive verdoppelt werden kann, ohne der Neunzahl Eintrag zu tun. Etwas Ähnliches geschah auch dem klassischen «paut» der griechisch-römischen respektive babylonischen Götter in der nachklassischen Zeit, als sich die Götter teils in die fernen Gestirne, teils in die Metalle des Erdinnern, zu Dämonen degradiert, zurückgezogen hatten. Da erwies es sich nämlich, daß Hermes-Mercurius als chthonischer Offenbarungsgott und als Geist des Quecksilbers eine Doppelnatur besaß, um derentwillen er als hermaphroditisch aufgefaßt wurde (Abb. 22). Als Merkur ist

Abb. 22 Merkur im «Ei der Philosophen» (alchemistisches Gefäß), steht als «filius» auf Sonne und Mond, womit auf seine Doppelnatur hingewiesen ist. Die Vögel deuten die Vergeistigung an; die sengenden Sonnenstrahlen bewirken die Ausreifung des «homunculus» im Gefäß.

(1702)

er der Sonne am nächsten, daher auch dem Gold am meisten verwandt. Als Quecksilber aber löst er das Gold auf und löscht damit dessen sonnenhaften Glanz aus. Durch das ganze Mittelalter hindurch war er daher der rätselvolle Gegenstand naturphilosophischer Spekulation: bald war er ein dienstbarer, hilfreicher Geist, ein πάρεδρος (wörtlich: Beisitzer, Genosse) oder «familiaris»; bald war er der «servus» oder «cervus fugitivus» (der flüchtige Sklave oder Hirsch), ein den Alchemisten zur Verzweiflung treibender, evasiver, täuschender und neckender Kobold[20], dessen mannigfache Attribute der Teufel mit ihm gemeinsam hat: so zum Beispiel Drache, Löwe, Adler, Rabe – um nur die hauptsächlichsten zu nennen. In der alchemistischen Götterreihe ist er als «prima materia» [Grundmaterie] der unterste und als «lapis philosophorum» [Stein der Weisen] der oberste. Der «spiritus mercurialis» (Abb. 23) ist der Führer (Hermes psychopompos; Abb. 146: Grundwerk 6) und der Verführer des Alchemisten; er ist dessen Glück und Verderben. Seine Doppelnatur befähigt ihn dazu, nicht nur der Siebente, sondern auch der Achte zu sein, nämlich jener Achte im Olymp, «an den noch niemand dachte» (*«Faust»*, 2. Teil).

Es mag dem Leser vielleicht sonderbar erscheinen, daß wir hier ein so entlegenes Gebiet wie die mittelalterliche Alchemie herbeiziehen. Die «schwarze Kunst» ist aber längst nicht so weit weg, wie wir denken; denn als gebildeter Mann hat der Träumer doch wohl *«Faust»* gelesen. Dieser aber ist ein alchemistisches Drama von Anfang bis Ende, wennschon der Gebildete von heutzutage dies auch nur dämmerhaft ahnt. Obgleich unser Bewußtsein längst nicht alles versteht, so merkt sich doch das Unbewußte die «uralt heil'gen» Absonderlichkeiten, um sie bei passender Gelegenheit in Erinnerung zu rufen. Es ist unserm Träumer mit dem *«Faust»* wohl so gegangen wie dem jungen GOETHE zur Leipziger Zeit, als er mit Fräulein von Klettenberg THEOPHRASTUS PARACELSUS studierte[21]. Dort hat sich ihm das geheimnisvolle Quidproquo von Sieben und Acht eingeprägt, ohne daß es sich seinem Bewußtsein enträtselt hätte – wie wir wohl annehmen dürfen. Daß die Erinnerung an *«Faust»* nicht abwegig ist, wird der folgende Traum zeigen.

14. TRAUM:
Der Träumer ist in Amerika und sucht sich einen Angestellten mit einem Spitzbart. Es heißt, alle Leute hätten einen solchen Angestellten.

Amerika ist das Land der praktischen, geraden Linien und europäischer Überstiegenheit unverdächtig. Dort würde man sich praktischerweise den Intellekt als Angestellten halten. Das klingt zwar wie eine Majestätsbeleidigung und könnte darum bedenklich sein. Es ist also beruhigend zu wissen, daß alle Leute (wie das in Amerika der Fall ist) dasselbe tun. Der «Spitzbart» ist der altbekannte Mephisto, den Faust «angestellt» hat, und dem es nicht erlaubt war, endgültig über ihn zu triumphieren, obschon er, Faust, sich ins düstere Chaos der historischen Seele hinabwagte und jenes wechselvolle und nicht unbedenkliche Leben, welches der Fülle des Chaos entstieg, auf sich nahm.

Wie nachträgliche Befragung ergab, hat der Träumer selber im «Spitzbart» das zugleich mephistophelische Wesen erkannt. Die Versatilität des Verstandes sowohl wie dessen Erfindungsgabe und wissenschaftliche Neigung sind Attribute des astrologischen Mercurius. Der Spitzbart stellt daher den Intellekt dar, welcher hier vom Traum als eigentlicher «familiaris», das heißt als dienstbarer, obschon etwas gefährlicher Geist, eingeführt wird. Damit ist eben der Intellekt von der zuerst innegehabten obersten Stellung in den zweiten Rang versetzt und zugleich mit dem Mal der Dämonie gebrandmarkt. Nicht daß er damit etwa erst dämonisch geworden wäre – er war es schon vorher, aber der Träumer hatte nicht gemerkt, daß er vom Intellekt als einer stillschweigend anerkannten obersten Instanz besessen war. Jetzt hat er eine Möglichkeit, diese Funktion, welche zuvor als eine unumstrittene und entscheidende Dominante seines seelischen Lebens aufgetreten war, sich etwas aus der Nähe zu besehen. Er könnte mit Faust sagen: «Das also war des Pudels Kern!» Mephistopheles ist der diabolische Aspekt jeder psychischen Funktion, die sich aus der Hierarchie des Ganzen bis zur Unabhängigkeit und absoluten Herrschaft befreit (Abb. 36). Aber dieser Aspekt wird erst wahrgenommen, wenn, wie in diesem Traum, eine Abtrennung und Objektivation respektive Personifikation der Funktion erfolgt.

Amüsanterweise kommt der *Spitzbart* auch in der alchemistischen Literatur vor, und zwar im *«Güldenen Tractat vom Philosophischen Stein»* [22] von 1625, das heißt in einer darin enthaltenen «Parabola», welche HERBERT SILBERER [23] psychologisch bearbeitet hat: In der Gesellschaft der alten, weißbärtigen Philosophen befindet sich ein junger mit einem schwarzen Spitzbart. SILBERER ist nicht sicher, ob er in dieser Gestalt den Teufel vermuten soll.

Mercurius als Quecksilber eignet sich vorzüglich zur Charakterisierung des «liquiden», das heißt beweglichen Verstandes (Abb. 24). Bei den Alchemisten ist daher der Mercurius bald ein «Geist», ein «spiritus», bald ein «Wasser», die «aqua permanens», welche nichts anderes ist als das «argentum vivum» (Quecksilber).

Abb. 23 Das mystische Gefäß, in welchem sich die zwei Naturen einen (Sol und Luna, Caduceus), woraus der «filius hermaphroditus», der Hermes Psychopompos, hervorgeht; auf der Seite die sechs Planetengötter.
(18. Jh.)

Abb. 24 Alle dem Merkur unterstellten Tätigkeiten.
Tübinger Handschrift (um 1400)

15. TRAUM:

Die Mutter gießt Wasser von einem Becken ins andere. (Erst anläßlich des 28. Traumes erinnert sich der Träumer, daß dieses Becken das der Schwester war.) *Diese Handlung wird mit großer Feierlichkeit vollzogen; denn sie hat auch größte Bedeutung für die Umwelt. Dann wird der Träumer vom Vater verstoßen.*

Wir begegnen hier wiederum dem Vertauschungsmotiv (siehe 1. Traum). Eines wird an die Stelle eines andern gesetzt. Der «Vater» ist erledigt; nun beginnt die Aktion der «Mutter». Wie der Vater das kollektive Bewußtsein, den traditionellen Geist repräsentiert, so die Mutter das

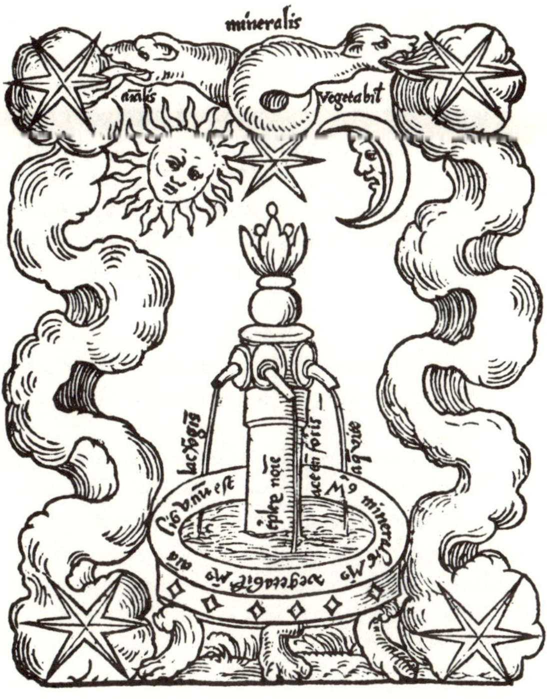

Abb. 25 Der Lebensbrunnen als «fons mercurialis».
(1550)

kollektive Unbewußte, die Quelle des *Lebenswassers*[24] (Abb. 25). (Vgl. die mütterliche Bedeutung der πηγή[25], des «fons signatus» [versiegelter Quell][26], als Marienattribut usw.: Abb. 26.) Das Unbewußte vertauscht die Lokalisation der Lebenskräfte, womit eine Standpunktveränderung angedeutet ist. Die nachträgliche Erinnerung des Träumers ermöglicht uns zu erkennen, wer nun Ursprung der Lebensquelle wird: es ist die «Schwester». Die Mutter ist dem Sohn übergeordnet, die Schwester aber beigeordnet. Die Degradation des Intellektes befreit also von der Übermacht des Unbewußten und damit vom Infantilismus. Die Schwester ist zwar noch Vergangenheitsrelikt; aber aus späteren Träumen wissen wir definitiv, daß sie Trägerin des Animabildes war. Wir dürfen darum wohl annehmen, daß die Überleitung des Lebenswassers auf die Schwester im Grunde genommen die *Ersetzung der Mutter durch die Anima*[27] bedeutet.

Damit wird nun die Anima zum lebensspendenden Faktor, zu einer seelischen Wirklichkeit, welche der Vaterwelt unverträglich gegenübersteht. Wer vermöchte ohne Gefährdung seiner geistigen Gesundheit die Wegleitung des Unbewußten für seine Lebensführung als verbindlich zu erklären, vorausgesetzt, daß es überhaupt jemand gibt, der sich darunter etwas vorstellen kann! Wer sich aber darunter etwas vorstellen kann, der wird auch ohne weiteres begreifen, welch ungeheuerliche Beleidigung eine solche Umstellung für den traditionellen Geist bedeutet, namentlich und in erster Linie für jenen Geist, der in der Kirche einen irdischen Leib angezogen hat. Diese subtile psychische Standpunktsverschiebung war es, die zum Beispiel die alten Alchemisten zur absichtlichen Heimlichtuerei veranlaßt und allen möglichen Ketzereien zu Gevatter gestanden hat. Darum ist es logisch, daß ihn der Vater daraufhin verstößt, was nichts anderes heißt als *Exkommunikation.* (Der Träumer ist nämlich katholisch.) Wer aber die Psyche in ihrer Wirklichkeit anerkennt und sie mindestens zum mitbestimmenden, ethischen Faktor macht, beleidigt den hergebrachten Geist, welcher seit vielen Jahrhunderten das seelische Wesen von außen reglementiert hat durch Institutionen sowohl wie durch Vernunft. Nicht daß der vernunftlose Instinkt eo ipso gegen festgefügte Ordnung rebellierte – ist er doch selber durch seine innere Gesetzmäßigkeit das festgefügteste Gebilde, und ist er doch überdies der schöpferische Urgrund aller gebundenen Ordnung. Aber eben weil dieser Grund schöpferisch ist, so ist auch alle aus ihm hervorgehende Ordnung – auch in ihrer «göttlichsten» Form – Übergang und Vorübergehen. Auf-

Abb. 26 Maria, umgeben von ihren Attributen. (Der umzäunte Viereckgarten, der Rundtempel, der Turm, das Tor, der Ziehbrunnen und der Springbrunnen sowie die Palme und die Zypresse [Lebensbäume] sind sämtlich Symbole des Weiblichen.)

Devotionsbildchen aus dem 17. Jh.

stellen der Ordnung und Auflösung des Gefügten sind aber trotz allem äußeren Anschein vom Gegenteil im Grunde menschlicher Willkür entzogen. Das Geheimnis ist, daß nur *das* Leben hat, was sich auch selber wiederum aufheben kann. Es ist gut, daß diese Dinge schwer verständlich sind und sich aus diesem Grunde einer heilsamen Verborgenheit erfreuen; denn schwache Geister werden von ihnen nur allzuleicht betört und in Verwirrung gestürzt. Demgegenüber bietet das Dogma, sei es nun kirchlicher, philosophischer oder wissenschaftlicher Natur, wirksamen Schutz, und die Exkommunikation ist daher eine notwendige und nützliche Folge, vom sozialen Standpunkt aus gesehen.

Das Wasser, welches die Mutter, das Unbewußte, in das Becken der Anima gießt, ist ein treffliches Symbol für das Lebendige des seelischen Wesens (siehe auch Abb. 152: Grundwerk 6). Die alten Alchemisten wurden nicht müde, ausdrucksvolle Synonyme dafür zu ersinnen. Sie nannten die «aqua nostra» auch den «mercurius vivus», das «argentum vivum», das «vinum ardens», die «aqua vitae», den «succus lunariae» usw., womit sie, im Gegensatz zur obligaten Körperlosigkeit des abstrakten Geistes, ein lebendiges Wesen, dem Stofflichkeit nicht fremd ist, charakterisieren wollten. Der Ausdruck «succus lunariae» [Saft der Mondnacht] weist mit genügender Deutlichkeit auf die Nächtlichkeit des Ursprungs, und «aqua nostra» [unser Wasser] wie «mercurius vivus» (Quecksilber) auf die Erdhaftigkeit der Quelle hin (Abb. 27). Das «acetum fontis» ist ein mächtiges Scheidewasser, das einerseits alle gewordenen Dinge löst und dadurch anderseits zum dauerhaftesten aller Gebilde führt: nämlich zum geheimnisvollen «lapis» [Stein].

Diese Analogien scheinen wohl recht weit hergeholt zu sein. Ich verweise aber hier schon auf die Träume 13 und 14 im nächsten Abschnitt, wo diese Symbolik wiederaufgenommen wird[28]. Die in unserm Traum vom Träumer selbst wahrgenommene Wichtigkeit der Handlung «für die Umwelt» weist auf die kollektive Reichweite des Traumes hin; ebenso die Tatsache, daß damit eine die Einstellung des Träumers in hohem Maße beeinflussende Entscheidung gegeben ist.

Daß «extra ecclesiam nulla salus» [außerhalb der Kirche kein Heil] zu finden ist, beruht darauf, daß eine Institution ein gesicherter, gangbarer Weg ist, mit sicht- oder angebbarem, gewissem Ziel, und daß mithin außerhalb keine Wege und keine Ziele auffindbar sind. Man darf die erschütternde Bedeutung dieser Verlorenheit im Chaos nicht unterschät-

Abb. 27 Der lebenserneuernde Einfluß der Sonne-Mond-Konjunktion auf das Bad.

Biblioteca Ambrosiana Codex I

zen, auch wenn man weiß, daß sie die conditio sine qua non [unabdingbare Bedingung] jeder Erneuerung des Geistes und der Persönlichkeit ist.

16. TRAUM:
Ein Treff-As liegt da. Daneben erscheint eine Sieben.

Das As ist als 1 die niederste und an Wert die höchste Karte. Das Treff-As weist mit seiner Kreuzform auf das christliche Symbol hin[29]. Im Schweizerdeutschen heißt Treff daher auch «Chrüüz» (Kreuz). Zugleich enthält die Dreiblättrigkeit eine Andeutung der Dreiheit des *einen* Gottes. Niederstes und Höchstes ist Anfang und Ende, das A und Ω.

Nach und nicht vor dem Treff-As erscheint die Sieben. Der Satz lautet demnach wohl: Christlicher Gottesbegriff, danach die sieben (Stufen). Die sieben Stufen symbolisieren die Wandlung (Abb. 28). Diese beginnt beim Kreuz-Trinitäts-Symbol und würde nach der früheren archaisierenden Andeutung in den Träumen 7 und 13 in der «solificatio» gipfeln. Diese Lösung ist hier aber nicht angedeutet. Wir kennen nun aus dem Mittelalter einen andern Übergang als die Regression zum antiken Helios, welche noch von JULIAN, dem Apostaten, erfolglos versucht wurde. Es ist dies der Übergang zur *Rose,* ausgedrückt durch die Formel «per crucem ad rosam» [durch das Kreuz zur Rose] und verdichtet zum spätmittelalterlichen «Rosenkreuz», wobei der Charakter der Sonnenhaftigkeit vom himmlischen Sol [Sonne] in die Antwort der Erde auf das Sonnenantlitz, nämlich in die Blume, hinuntersteigt (Abb. 29). (Die Solarqualität ist im Symbol der «goldenen Blüte» der chinesischen Alchemie noch erhalten[30].) Ein letzter sentimentaler Nachklang der «Rose» dürfte die «blaue Blume» der Romantiker sein, die zwar echt romantisch nach dem Mittelalter verfallener Kreuzgänge zurückschaut, aber in ihrer holden Irdischkeit zugleich auch ein bescheidenes Novum ist. Aber auch das goldene Leuchten der Sonne mußte sich zum Abstieg bequemen und fand seine Analogie im Leuchten des irdischen Goldes, das als «aurum nostrum» [unser Gold], für feinere Geister wenigstens, der groben Materialität des Metalles entrückt war[31]. Für diese war es unzweifelhaft symbolischer Natur und deshalb ausgezeichnet durch Attribute wie «vitreum» [gläsern] oder «philosophicum». Seine zu deutlich solare Analogie war es wahrscheinlich auch, die ihm die Erreichung der höchsten philosophischen Würde versagte, welche nämlich dem «lapis philosophorum»

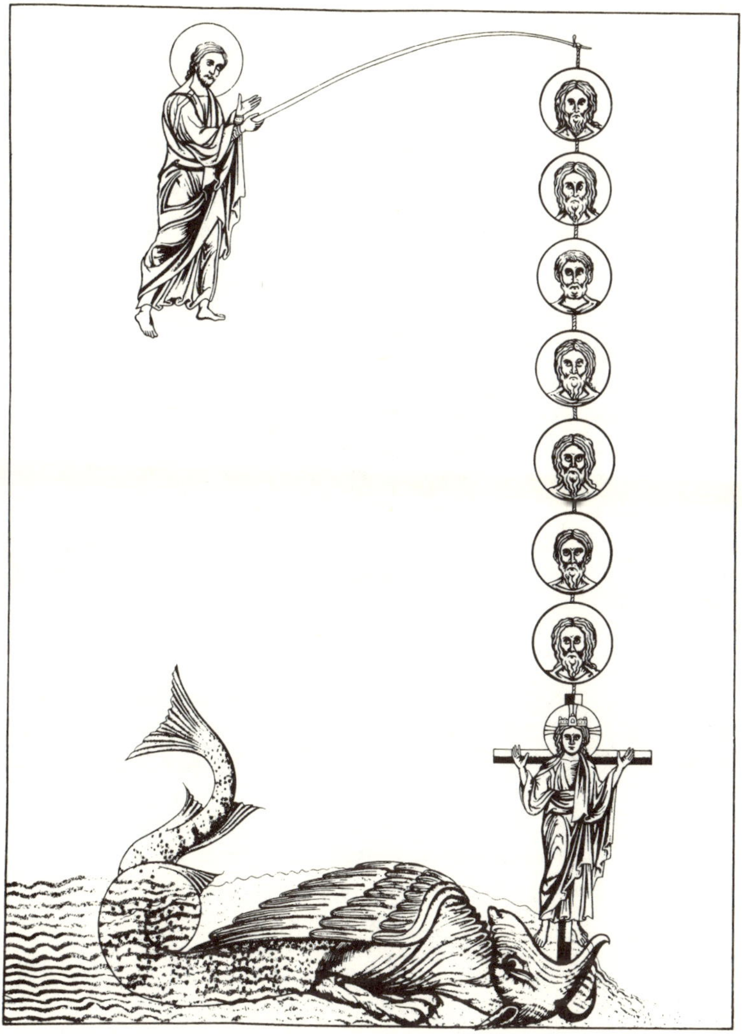

Abb. 28 Fang des Leviathan mit der siebenteiligen Angelrute des Stammes Jesse mit dem Crucifixus als Köder.

HERRAD VON LANDSBERG, *Hortus deliciarum* (ca. 1180)

Abb. 29 Siebenblättrige Rose als Allegorie der sieben Planeten, der sieben Verwandlungsstufen usw.
(1629)

[Stein der Weisen] zufiel. Denn höher als der Gewandelte stand das Verwandelnde, welches eine der magischen Qualitäten des wunderbaren Steines darstellt. Das *«Rosarium»* sagt: «Denn unser Stein, das heißt das westliche Quecksilber, das sich dem Gold übergeordnet und dieses übertroffen hat, ist das, was tötet und lebendig macht»[32]. In bezug auf die «philosophische» Bedeutung des «lapis» ist folgende Textstelle aus einem dem HERMES zugeschriebenen Traktat besonders erleuchtend: «Verstehet, Söhne der Weisen, was dieser überaus kostbare Stein sagt: ... und mein Licht übertrifft jedes Licht, und meine Vorteile sind allen Vorteilen überlegen... Ich erzeuge das Licht, aber auch die Finsternis gehört zu meiner Natur...»[33]

17. TRAUM:
Eine lange Wanderung. Er findet am Weg eine blaue Blume.

Die Wanderung ist die Begehung zielloser Wege, darum zugleich ein Suchen und eine Wandlung, und da blüht ihm am Wege, absichtslos, ein zufälliges Kind der Natur, eine blaue Blume entgegen, freundlich an Romantisch-Lyrisches erinnernd, das einmal knospte in einer Jugendzeit, wo sich das wissenschaftliche Weltbild vom wirklichen Welterlebnis noch nicht schmerzlich getrennt hatte, oder – eher – wo die Trennung eben anfing und der rückwärts gewandte Blick schon Vergangenes schaute. Es ist in der Tat wie ein freundlicher Wink, ein Numen des Unbewußten, welches dem des sicheren Weges und der Zugehörigkeit zu dem, was den Menschen Heil bedeutet, Beraubten den historischen Ort zeigt, wo er Freunde und Brüder im Geiste antrifft und wo er jenen Keim, der sich auch in ihm entfalten möchte, findet. Noch ahnt aber der Träumer nichts vom Sonnengold, welches die unschuldige Blume rückwärts mit den Anstößigkeiten der Alchemie und mit dem heidnischen Frevel der «solificatio» verbindet. Die «Goldblume der Alchemie» (Abb. 30) ist nämlich gelegentlich auch eine *blaue* Blume, «die saphirische Blume des Hermaphroditen»[34].

18. TRAUM:
Ein Mann bietet ihm auf der flachen Hand Goldmünzen an. Der Träumer aber wirft sie entrüstet zu Boden und bereut seine Handlung unmittelbar hernach aufs tiefste. Dann findet auf abgegrenztem Platz eine Variétévorstellung statt.

Hier hat die blaue Blume ihre Geschichte bereits nach sich gezogen. Das «Gold» bietet sich an, und entrüstet wird es abgewiesen. Die Mißdeutung des «aurum philosophicum» ist allerdings begreiflich. Aber kaum ist sie geschehen, tritt auch schon die Reue darüber ein, daß das kostbare Geheimnis verworfen und damit die Sphinxfrage unrichtig beantwortet wurde. Dem Helden des *«Golem»* von MEYRINK ging es ja ähnlich, als das Gespenst ihm eine Handvoll Körner anbot und er sie verwarf. Die grobe Materialität des gelben Metalls mit seinem odiosen Beigeschmack der Währungsgrundlage und die Unansehnlichkeit der Körner machen die Verwerfung zwar begreiflich; darum ist es ja so schwer, den «lapis» [Stein] zu finden, weil er «exilis», unansehnlich, ist, weil «man ihn auf die Straße weggeworfen findet», weil er das Billigste ist, das überall vorkommt, «in der Ebene, auf den Bergen und in Gewässern»[35]. Diesen «ordinären» Aspekt hat er mit SPITTELERS Kleinod[36] in *«Prometheus und Epimetheus»* gemeinsam, weshalb es auch von allen weltklugen Leuten nicht erkannt wird. Aber der «lapis in via eiectus» [auf die Straße geworfene Stein] könnte auch zum «angularis» [Eckstein] werden, und die Ahnung dieser Möglichkeit verursacht dem Träumer heftigste Reue.

Es gehört zur Banalität des äußeren Aspektes, daß das Gold gemünzt, das heißt geformt, abgestempelt und bewertet ist. Auf Seelisches angewendet, wäre es das, was NIETZSCHE im *«Zarathustra»* verwirft: nämlich den Tugenden Namen zu geben. Durch Formung und Benennung wird das seelische Wesen in gemünzte und bewertete Einheiten aufgelöst. Dies ist aber nur darum möglich, weil es auch ein angeborenes Vielerlei, eine Zusammenhäufung von nicht integrierten Erbeinheiten ist. Der natürliche Mensch ist kein Selbst, sondern Massenpartikel und Masse, ein Kollektivum bis zu dem Grade, daß er seines Ich nicht einmal sicher ist. Darum bedarf er schon seit uralten Zeiten der Wandlungsmysterien, die ihn zu «etwas» machen und damit der tierähnlichen Kollektivpsyche, die ein bloßes Vielerlei ist, entreißen.

Wird aber das unansehnliche Vielerlei des «gegebenen» Menschen verworfen, so wird auch seine Integrierung, die Selbstwerdung, verunmöglicht[37]. Und das ist geistiger Tod. Nicht daß Leben an und für sich geschieht, sondern daß es auch gewußt werde, das ist wirkliches Leben. Nur die geeinte Persönlichkeit kann Leben erfahren, nicht aber jenes in Teilaspekte aufgespaltene Ereignis, das sich auch Mensch nennt. Das gefährliche Vielerlei, auf das schon Traum 4 anspielt, wird durch Traum 5 kompensiert, wo nämlich die Schlange den schützenden Bannkreis zieht und damit den Tabubezirk (vgl. auch Abb. 13), ein Temenos (Abb. 31), abgrenzt. In ähnlicher Weise tritt in ähnlicher Situation hier das Symbol des Temenos auf, welches nun die «Vielen» zu einheitlicher Handlung

Abb. 30 Die rot-weiße Rose, die «Goldblume» der Alchemie, als Geburtsstätte des «filius philosophorum». (1588)

zusammenfaßt: eine im oberflächlichen Aspekt ergötzliche Versammlung, die aber ihren vergnüglichen Charakter demnächst verlieren wird. Das Bocksspiel wird zur «Tragödie». Das Satyrspiel ist nach aller Analogie eine Mysterienhandlung, von der man wohl annehmen darf, daß ihr Zweck, wie überall, die Rückverbindung des Menschen mit der natürlichen Ahnenreihe und so mit der Lebensquelle war, etwa ähnlich wie man annahm, daß das Zotenerzählen, die αἰσχρολογία der atheniensischen Damen in den eleusinischen Mysterienhandlungen, für die Fruchtbarkeit der Erde gut sei[38]. (Vgl. auch HERODOTS Bericht[39] von den Exhibitionen anläßlich der Isisfeiern zu Bubastis.)

Der Hinweis auf die kompensatorische Bedeutung des Temenos bleibt aber dem Träumer vorderhand schattenhaft. Die Gefahr des geistigen Todes, welche durch die Verwerfung der historischen Zusammenhänge heraufbeschworen wird, beschäftigt ihn begreiflicherweise viel mehr.

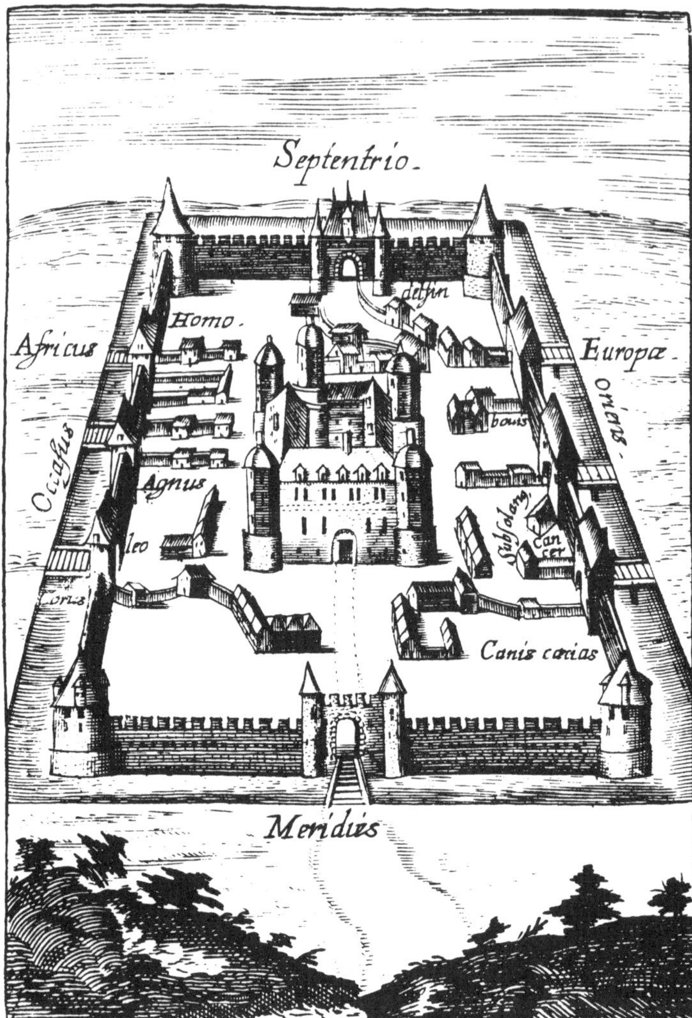

Abb. 31 Die symbolische Stadt als Zentrum der Erde stellt mit ihren schützenden, im Viereck angeordneten Mauern ein Temenos dar. (1651)

19. VISUELLER EINDRUCK:
Ein Totenkopf. Er will ihn wegtreten, kann aber nicht. Allmählich verwandelt sich der Schädel in eine rote Kugel, dann in einen Frauenkopf, der Licht aussendet.

Fausts und Hamlets Schädelmonologe erinnern an die erschütternde Sinnlosigkeit des menschlichen Daseins, wenn nur «des Gedankens Blässe» darüber verbreitet wird. Hergebrachte Meinungen und Urteile waren es ja, die den Träumer dazu brachten, das mißverständliche oder unansehnliche Anerbieten auszuschlagen. Indem er aber versucht, sich der unheimlichen Vision zu erwehren, verwandelt sich der Totenschädel in die rote Kugel, die wir wohl als Andeutung einer aufgehenden Sonne ansprechen dürfen, denn sie verwandelt sich alsbald in den leuchtenden Frauenkopf, der unmittelbar an Vision 7 erinnert. Offenbar hat hier eine *Enantiodromie* [Gegenentwicklung][40] stattgefunden: nach der Verwerfung tritt das Unbewußte nur um so stärker hervor, zunächst mit dem antiken Symbol der Einheit und Göttlichkeit des Selbst, der Sonne, dann übergehend in das Motiv der unbekannten Frau, welche das Unbewußte personifiziert. Darin liegt natürlich nicht nur der Archetypus der Anima, sondern auch die Beziehung zur wirklichen Frau, welche einerseits menschliche Persönlichkeit, anderseits Gefäß seelischen Wesens ist. («Becken der Schwester» siehe Traum 15.)

Die Seele hat in der neuplatonischen Philosophie ausgesprochene Beziehung zur Kugelgestalt. Die Substanz der Seele ist um die konzentrischen Sphären der vier Elemente gelagert über dem Feuerhimmel[41].

20. VISUELLER EINDRUCK:
Ein Globus; darauf steht die unbekannte Frau und betet die Sonne an.

Dieser Eindruck ist eine Erweiterung von Vision 7. Die Verwerfung bedeutet offenbar eine Vernichtung der ganzen bis Traum 18 reichenden Entwicklung. Deshalb treten jetzt wieder die Anfangssymbole auf, allerdings in amplifizierter Form. Solche Enantiodromien sind für Traumserien überhaupt charakteristisch. Ohne Intervention des Bewußtseins würde das Unbewußte in ergebnisloser Wellenbewegung verharren, wie es vom Schatz heißt, daß er während neun Jahren, neun Monaten und neun Nächten emporblüht, und wenn er in der letzten Nacht nicht gefunden wird, so sinkt er wieder hinunter, um das Spiel von vorne zu beginnen.

Der Globus dürfte aus der Idee der roten Kugel hervorgehen. Während diese die Sonne ist, ist der Globus eher ein Bild der Erde, auf welcher die Anima steht und die Sonne anbetet (Abb. 32). Damit sind Anima und Sonne unterschieden, womit auf die Tatsache hingewiesen wird, daß die Sonne ein von der Anima verschiedenes Prinzip bezeichnet. Letztere nämlich ist eine Personifikation des Unbewußten. Die Sonne aber ist ein Symbol der Lebensquelle und der endgültigen Ganzheit des Menschen (wie in der «solificatio» angedeutet). Nun ist aber die Sonne ein antikes Symbol, das uns noch sehr nahesteht. Wir wissen auch, daß die Christen der ersten Jahrhunderte einige Mühe hatten, den ἥλιος ἀνατολῆς (die aufgehende Sonne) von Christus zu unterscheiden[42]. Die Anima des Träumers scheint noch eine Sonnenanbeterin zu sein; das heißt, sie ist wesentlich antik, und zwar aus dem Grunde, weil das rationalistisch eingestellte Bewußtsein sich wenig oder gar nicht mit ihr beschäftigte und ihr daher keine Modernisierung (besser: Christianisierung) ermöglichte. Es scheint sogar, daß die aus dem christlichen Mittelalter dank dem scholastischen Training hervorwachsende Differenzierung des Intellektes die Anima veranlaßt hat, in die Antike zu regredieren. Beweistümer hierfür gibt uns die Renaissance genug; das allerdeutlichste ist die «Hypnerotomachie» des Poliphile[43], welcher seine Anima, die Dame Polia, bei der Königin Venus antrifft, unbeschwert von aller Christlichkeit, aber begnadet mit allen «virtutes» der Antike. (Mit Recht hat jenes Jahrhundert den *«Poliphile»* für ein Mysterienbuch gehalten[44].) Mit dieser Anima tauchen wir also in die Antike ein. Ich würde es nicht als Irrtum ansehen, wenn jemand die vorhin beschriebene Enantiodromie ex effectu als ein Ausweichen vor der bedenklichen und unwahrscheinlichen Regression in die Antike erklärte. Wesentliche Grundlehren der alchemistischen Philosophie gehen ja in ihren Texten direkt in den spätantiken Synkretismus zurück, wie dies zum Beispiel RUSKA für die *«Turba»* hinlänglich erwiesen hat[45]. Alchemistische Andeutung läßt daher ohne weiteres Antike wittern und darum auch Regression auf heidnische Vorstufen vermuten.

Es ist wohl nicht überflüssig, an dieser Stelle mit allem Nachdruck hervorzuheben, daß der Träumer bewußt von allen diesen Dingen keine Ahnung hat. Im Unbewußten aber ist er in solche, sich auch geschichtlich ausdrückende Zusammenhänge eingetaucht und benimmt sich darum in seinen Träumen so, wie wenn er ein Kenner dieser sonderbaren

Abb. 32 Die «coniunctio solis et lunae».
Die weiße Jungfrau steht auf dem Mond (?).
(1582)

Abb. 33 Poliphile, von Jungfrauen umringt.
(1600)

geistesgeschichtlichen Erscheinungen wäre. In Wirklichkeit ist er unbewußterweise ein Exponent der autonomen seelischen Entwicklung, wie der mittelalterliche Alchemist oder der antike Neuplatoniker. Man könnte daher aus seinem Unbewußten «cum grano salis» ebensogut Geschichte schreiben wie aus den objektiv vorhandenen Texten.

21. Visueller Eindruck:
Er ist umgeben von Nymphen. Eine Stimme sagt: «Wir waren ja immer da. Du hast uns nur nicht bemerkt.» (Abb. 33)

Hier geht die Regression weiter zurück zu unmißverständlichen antiken Vorstellungen. Zugleich wird die Situation von Traum 4 wieder auf-

Abb. 34 Der «Schwarze» (nigredo), auf dem «Runden» (sol niger) stehend. (1622)

genommen und damit auch die Verwerfungssituation von Traum 18, welche zur vorbeugenden Enantiodromie in Traum 19 geführt hatte. Allerdings ist das Bild amplifiziert durch die halluzinatorische Erkenntnis, daß es sich um einen stets vorhandenen, bisher aber unbeachteten Tatbestand handle. Mit dieser Feststellung wird die unbewußte Psyche dem Bewußtsein als koexistent angeschlossen. Das Phänomen der «Stimme» hat beim Träumer immer den endgültigen und indiskutablen Charakter des αὐτὸς ἔφα (er selber sagte [es])[46]; das heißt, die Stimme spricht eine Wahrheit oder eine Bedingung aus, die nicht mehr ernstlich in Zweifel gezogen werden kann. Die Tatsache, daß Fühlung mit fernen Zeiten, das heißt mit tiefen Schichten der Psyche, eingetreten ist, wird von der unbewußten Persönlichkeit des Träumers angenommen und teilt sich als relatives Sicherheitsgefühl auch dem Bewußtsein mit.

Die Vision in Traum 20 stellt die Anima als Sonnenanbeterin dar. Sie ist dort gleichsam aus der Kugel (oder Kugelform) herausgetreten (Abb. 32). Die erste Kugelform aber ist der Schädel. Nach alter Anschauung ist der Kopf, respektive das Gehirn, der Sitz der «anima intellectualis». Daher soll das alchemische Gefäß rund sein wie der Kopf, damit das, was aus dem Gefäß entsteht, ebenfalls «rund», nämlich einfach und vollkommen sei, wie die «anima mundi» [Weltseele][47]. Die Krönung des Werkes ist die Herstellung des «Runden», welches am Anfang (als «materia globosa»: Abb. 34; auch Abb. 115, 164, 165: Grundwerk 6) und am Ende steht (als Gold). Darauf dürfte sich die Andeutung des schon immer Dagewesenen beziehen. Der regressive Charakter der Vision bekundet sich auch darin, daß wiederum wie in Traum 4 die vielen Frauengestalten auftreten. Diesmal aber sind sie als antik charakterisiert, was auf eine historische Regression hinweist (wie die Sonnenanbetung in Traum 20). Der Zerfall der Anima in viele bedeutet soviel eine Auflösung ins Unbestimmte, das heißt ins Unbewußte, daher zu vermuten ist, daß mit der historischen Regression eine relative Auflösung des Bewußtseins parallel geht (ein Vorgang, den man in höchstem Maße bei Schizophrenie beobachten kann). Die Auflösung des Bewußtseins, das «abaissement du niveau mental» – um mit PIERRE JANET zu reden –, nähert sich einem primitiven Geisteszustand. Eine Parallele zu dieser Nymphenszene ist die Paracelsische «regio nymphidica», welche im Traktat *«De vita longa»* als Ursprungs- und Anfangssituation des Individuationsprozesses erwähnt ist[48].

22. VISUELLER EINDRUCK:

Im Urwald. Ein Elefant ist etwas bedrohlich. Dann ein großer Menschenaffe oder Bär oder Höhlenmensch mit Keule, der den Träumer anzufallen droht (Abb. 35). *Plötzlich ist der «Spitzbart» da und fixiert den Angreifer so, daß dieser davon gebannt wird. Der Träumer ist aber in großer Angst. Die Stimme sagt: «Es muß alles vom Licht regiert werden.»*

Die Vielheit der Nymphen hat sich in noch primitivere Komponenten auseinandergelegt; das heißt, die Belebung der psychischen Atmosphäre hat sich ganz erheblich gesteigert, weshalb man schließen muß,

Abb. 35 Der «wilde Mann» in mittelalterlicher Auffassung.
(15. Jh.)

daß die Isolierung des Individuums gegen seine Zeitgenossen proportional zugenommen hat. Die vermehrte Isolierung ist unschwer auf Traum 21 zurückzuführen, wo die Verbindung mit dem Unbewußten als tatsächlich festgestellt und angenommen wurde. Diese vom Bewußtsein aus gesehen höchst irrationale Tatsache bildet ein ängstlich zu hütendes Geheimnis, über dessen Daseinsberechtigung man sich natürlich mit keinem sogenannt vernünftigen Menschen verständigen könnte. Sollte es mitgeteilt werden, so wäre man damit zum vollendeten Narren gestempelt. Das Abfließen der Energie auf die Umgebung ist darum bedeutend eingeschränkt, und es ergibt sich ein energetisches Plus auf der unbewußten Seite: daher die abnorme Steigerung der Autonomie der unbewußten Figuren bis zu Aggression und wirklicher Angst. Das früher ergötzliche Variété unbewußter Gestalten fängt an ungemütlich zu werden. Antike Nymphen können dank ästhetischen Hilfskonstruktionen noch leicht zugegeben werden, da man ja hinter diesen graziösen Figuren das dionysische Geheimnis der Antike, das Satyrspiel und seine tragische Implikation, die blutige Zerreißung des Tier gewordenen Gottes keineswegs ahnt – brauchte es doch einen NIETZSCHE, um die europäische Gymnasiastenanschauung von der Antike in ihrer ganzen Schwächlichkeit bloßzustellen! Und was hat ihm Dionysos bedeutet! Man muß wohl ernst nehmen, was er selber darüber sagt – noch mehr: was ihm selber zustieß. Unzweifelhaft wußte er im Prodromalstadium seiner fatalen Krankheit, daß ihm das düstere Schicksal des Zagreus beschieden war. Dionysos bedeutet den Abgrund der leidenschaftlichen Ablösung aller menschlichen Besonderung in die tierhafte Göttlichkeit der uranfänglichen Seele – ein segensreiches und furchtbares Erlebnis, dem eine wohlumhegte Kulturmenschheit entronnen zu sein glaubt, bis es ihr wieder gelingt, einen neuen Blutrausch zu entfesseln, worüber sich dann alle Wohlgesinnten verwundern, um das Großkapital, die Rüstungsindustrie, die Juden und die Freimaurer dafür anzuklagen[49].

Als hilfreicher «deus ex machina» erscheint dem Träumer im letzten Augenblick Freund Spitzbart auf der Bühne und bannt die drohende Vernichtung durch den ereignishaften Affenmenschen. Wer weiß, wieviel Faustens gelassene Neugier gegenüber dem antiken Walpurgisnachtspuk der hilfreichen Gegenwart des Mephisto mit seinem Matter-of-fact-Standpunkt verdankt! Es wäre wohl manchem zu wünschen, daß er sich noch im rechten Moment der wissenschaftlichen oder philosophischen Refle-

Abb. 36 Der Teufel als Luftgeist und widergöttlicher Intellekt.
DELACROIX (1789–1863)

xion, des vielbescholtenen Intellektes entsänne. Wer diesen beschimpft, steht im Verdacht, noch nie jenes erlebt zu haben, das ihm zeigen konnte, wozu der Intellekt gut ist und warum die Menschheit mit unerhörter Anstrengung diese Waffe geschmiedet hat. Es gehört eine sonderbare Lebensferne dazu, solches nicht zu merken. Wohl ist der Intellekt der Teufel (Abb. 36); aber dieser ist «des Chaos wunderlicher Sohn», dem man am ehesten die Fähigkeit zutrauen kann, mit seiner Mutter wirksam zu verfahren. Das dionysische Erlebnis gibt dem Teufel, der Arbeit sucht, genug zu tun; denn die nun folgende Auseinandersetzung mit dem Unbewußten wiegt die Arbeiten des Herakles bei weitem auf – wie mir scheint: eine Welt von Problemen, mit denen der Intellekt auch in Jahrhunderten nicht fertig wird, weswegen er schon öfters Ferien genommen hat, um sich an leichteren Aufgaben zu erholen. Deshalb wohl geriet die Seele so häufig und so lange in Vergessenheit, und deshalb wohl bedient sich der Intellekt so häufig der apotropäischen Zauberworte «okkult» und «mystisch» und will auch kluge Leute damit meinen machen, er hätte etwas gesagt.

Abb. 37 Die siebenblättrige Blume.
(1702)

Die Stimme erklärt endgültig: «Es muß alles vom Licht regiert werden», womit wohl das Licht des *einsichtigen* Bewußtseins, der wirklichen und ehrlich erworbenen «illuminatio», gemeint ist. Die finsteren Gründe des Unbewußten sollen nicht mehr mit Ignoranz und Vernünftelei aus schlecht verhehlter, ordinärer Angst geleugnet oder gar mit pseudowissenschaftlichen Rationalisierungen wegerklärt, sondern es soll zugegeben werden, daß es Dinge in der Seele gibt, um die wir ungenügend oder gar nicht wissen, und die zum mindesten jenen Grad von Wirklichkeit besitzen wie alle jene Dinge der physikalischen Welt, welche wir auch nicht im letzten Grunde verstehen und die trotzdem unsere Körper aufs nachhaltigste affizieren. Noch nie hat ein Forschen, das von seinem Gegenstand behauptete, er sei uneigentlich und «nichts als...», zur Erkenntnis geführt.

Mit dem aktiven Eingreifen des Intellektes hebt ein neuer Abschnitt im unbewußten Prozeß an: nämlich die Auseinandersetzung des Bewußtseins mit den Figuren der unbekannten Frau (Anima), des unbekannten Mannes («Schatten»), des alten Weisen («Manapersönlichkeit»)[50] und den Symbolen des Selbst. Mit diesen letzteren soll sich das folgende Kapitel beschäftigen.

Abb. 38 Mercurius als Jungfrau, auf dem Gold-(Sol-) und Silber-(Luna-)Brunnen stehend, mit dem Drachen als Sohn.
(1520)

III. Die Mandalasymbolik

A. ÜBER DAS MANDALA

Wie bereits erwähnt, habe ich aus einer zusammenhängenden Serie von 400 Träumen alle jene zusammengestellt, welche ich als Mandalaträume auffasse. Der Terminus Mandala wurde gewählt, weil dieses Wort den rituellen oder magischen Kreis bezeichnet, welcher besonders im Lamaismus und sodann auch im Tantrischen Yoga als Yantra, als Instrument der Kontemplation (Abb. 39), gebraucht wird. Die östlichen Mandalas sind in ihrem kultischen Gebrauch traditionell festgelegte Gebilde, die nicht nur gezeichnet oder gemalt, sondern auch körperhaft geformt werden, und zwar bei besonderen Festen[1].

Ich hatte 1938 die Gelegenheit, im Kloster von Bhutia Busty[2] mit einem lamaistischen Rimpotche namens LINGDAM GOMCHEN über das Mandala (khilkor) zu sprechen. Er erklärte es als ein «dmigs-pa» (sprich: migpa), ein geistiges Bild (imago mentalis), welches nur von einem unterrichteten Lama durch Imagination aufgebaut werden kann. Kein Mandala sei wie das andere; sie seien individuell verschieden. Auch hätten die Mandalas, die man in Klöstern und Tempeln sehe, keine besondere Bedeutung, da es nur äußere Darstellungen seien. Das wahre Mandala sei immer ein inneres Bild, welches durch (aktive) Imagination allmählich konstruiert wird, und zwar dann, wenn eine Störung des seelischen Gleichgewichts vorhanden ist oder ein Gedanke nicht aufgefunden werden kann und deshalb gesucht werden muß, weil er in der heiligen Doktrin nicht enthalten ist. Wie treffend diese Erklärung ist, wird sich im Verlauf meiner weitern Ausführungen zeigen. Die angeblich freie und individuelle Gestaltung ist sehr cum grano salis zu verstehen, indem bei allen lamaistischen Mandalas nicht nur ein gewisser unmißverständlicher Stil, sondern auch eine traditionelle Struktur vorwaltet. So zum Beispiel

Abb. 39 Schrî-Yantra.

ist es stets ein quaternarisches System, eine «quadratura circuli» [Quadratur des Kreises], und dessen Inhalte entstammen stets der lamaistischen Dogmatik. Es gibt Texte wie das Shrì-Chakra-Sambhāra-Tantra[3], welche Anweisungen zur Herstellung des «geistigen Bildes» enthalten. Vom «khilkor» wird streng geschieden das «sidpe-korlo», das Weltrad (Abb. 40), welches den Ablauf der menschlichen Existenzformen nach

Abb. 40 Tibetanisches «Weltrad» (sidpe-korlo).

buddhistischer Auffassung darstellt. Im Gegensatz zum «khilkor» besteht das Weltrad aus einem ternarischen System, indem sich im Mittelpunkt die drei Weltprinzipien befinden, nämlich der Hahn = Wollust, die Schlange = Haß oder Neid, und das Schwein = Unwissenheit respektive Unbewußtheit (avidyā). Wir stoßen hier auf das *Dilemma von Drei und Vier,* welches auch im Buddhismus eine Rolle spielt. Wir werden diesem Problem im weiteren Verlauf der Traumserie nochmals begegnen.

Es steht für mich außer Frage, daß im Osten diese Symbole ursprünglich aus Träumen und Visionen entstanden und nicht von irgendeinem Mahāyāna-Kirchenvater erfunden wurden. Sie gehören im Gegenteil zu den ältesten religiösen Symbolen der Menschheit (Abb. 41, 42, 43, 44) und sind vielleicht schon im Paläolithikum anzutreffen. (Vgl. die rhodesischen Felszeichnungen.) Auch sind sie von universaler Verbreitung, auf welcher ich hier nicht weiter insistieren will. In diesem Abschnitt möchte ich bloß an einem empirischen Material zeigen, wie die Mandalas zustande kommen.

Die Mandalas in ihrem kultischen Gebrauch sind von großer Bedeutung, indem ihr Zentrum in der Regel eine Figur von höchstem religiösem Wert enthält: entweder Shiva selber, öfters in der Umarmung mit der Shakti, oder Buddha, Amitabha, Avalokiteshvara, oder einen der großen Mahāyānalehrer oder auch einfach das Dorje, das Symbol aller gesammelten göttlichen Kräfte schöpferischer und zerstörerischer Natur (Abb. 43). Der Text der *«Goldenen Blüte»,* welcher dem taoistischen Synkretismus entstammt, gibt noch spezielle «alchemistische» Eigenschaften dieses Zentrums an im Sinne der «Lapis»-Qualitäten sowie der des «elixir vitae», also eines φάρμακον ἀθανασίας [Heilmittel zur Unsterblichkeit] [4].

Diese hohe Bewertung zu kennen, ist nicht unwesentlich; denn sie stimmt überein mit der zentralen Bedeutung der individuellen Mandalasymbole, welchen dieselben Qualitäten sozusagen «metaphysischer» [5] Natur eigen sind – bedeuten sie doch, wenn nicht alles täuscht, ein psychisches Persönlichkeitszentrum, das mit dem «Ich» nicht identisch ist. Ich habe diese Vorgänge und Gebilde während zwanzig Jahren an einem verhältnismäßig großen empirischen Material beobachtet. Ich habe während vierzehn Jahren darüber weder geschrieben noch vorgetragen, um meine Beobachtungen nicht zu präjudizieren. Als aber 1929 RICHARD

Abb. 41 Der mexikanische «Große Kalenderstein».

WILHELM mir den Text der *«Goldenen Blüte»* vorlegte, entschloß ich mich, meine Beobachtungsresultate wenigstens andeutungsweise zu publizieren. Man kann ja in diesen Dingen nicht vorsichtig genug sein; denn der Nachahmungstrieb einerseits und eine geradezu krankhafte Gier anderseits, sich fremder Federn zu bemächtigen und sich damit exotisch aufzuputzen, verleitet allzu viele Menschen dazu, derartige «magi-

Abb. 42 Kreuztragendes Christuskind im Mandala.
Wandmalerei von ALBERTUS PICTOR, Kirche von Härkeberga, Schweden
(ca. 1480)

Abb. 43 Lamaistisches Vajramandala.

Abb. 44 Mexikanischer Kalender.

sche» Motive aufzugreifen und sie äußerlich wie eine Salbe zu gebrauchen. Man tut ja alles, auch das Absurdeste, um der eigenen Seele zu entgehen. Man betreibt indischen Yoga jeglicher Observanz, beobachtet Speisegebote, lernt Theosophie auswendig, betet mystische Texte der ganzen Weltliteratur nach – alles, weil man mit sich selbst nicht auskommt und weil einem jeglicher Glaube fehlt, daß aus der eigenen Seele irgend etwas Nützliches kommen könnte. So ist allmählich die Seele zu jenem Nazareth geworden, von dem nichts Gutes kommen kann [Joh. 1,46], und darum holt man es aus allen vier Winden: je weiter her und je ausgefallener, desto besser. Ich möchte solche Leute bei ihren Lieblingsbeschäftigungen keineswegs stören; wenn aber jemand, der ernst genommen sein will, ebenso verblendet ist und meint, daß ich Yogamethoden und Yogalehren anwende, womöglich Mandalas zeichnen

Abb. 45 Hermes als Seelenführer.
Römische Ringgemme

lasse, um meine Patienten auf den «richtigen Punkt» hinzuführen, dann muß ich Protest erheben und diesen Leuten vorwerfen, daß sie meine Schriften mit einer geradezu sträflichen Unachtsamkeit lesen. Die Lehre, daß aus dem Herzen alle bösen Gedanken kommen und daß die menschliche Seele das Gefäß aller Bosheit sei, muß diesen Leuten zutiefst in den Knochen sitzen. Wenn dem so wäre, so hätte ja ein Gott himmeltraurige Schöpferarbeit geleistet, und dann wäre es wirklich höchste Zeit, zu MARKION, dem Gnostiker, abzuschwenken und dem unfähigen Demiurgen den Laufpaß zu geben. Allerdings ist es ethisch über alle Maßen bequem, Gott die alleinige Fürsorge für ein solches Idioten-Kinderheim zu überlassen, wo keiner imstande ist, sich selber den Löffel in den Mund zu stecken. Der Mensch ist es wert, daß er sich um sich selbst bekümmere, und er hat in der eigenen Seele, woraus etwas werden kann[6]. Es lohnt sich, geduldig zu beobachten, was in der Seele im stillen geschieht, und es geschieht das Meiste und Beste, wenn es nicht von außen und oben hineinreglementiert wird. Ich gestehe es gerne: ich habe eine solche Hochachtung vor dem, was in der menschlichen Seele geschieht, daß ich mich scheuen würde, das stille Walten der Natur durch täppische Zugriffe zu stören und zu entstellen. Darum habe ich in diesem Fall sogar auf eigene Beobachtung verzichtet und diese Aufgabe einem von meinem Wissen nicht beschwerten Anfänger anvertraut, alles, um ja nicht zu stören. Die Resultate, die ich vorlege, sind reine, gewissenhafte und genaue Selbstbeobachtungen eines Menschen von unbeirrtem Intellekt, dem niemand etwas angegeben hat und der sich auch nichts hätte angeben lassen. Wirkliche Kenner psychischer Materialien werden darum ohne Schwierigkeit die Echtheit und Unmittelbarkeit der Resultate erkennen.

B. DIE MANDALAS IN DEN TRÄUMEN

Der Vollständigkeit halber erwähne ich nochmals die Mandalasymbolik in den bereits besprochenen Initialträumen:

1. Visueller Eindruck 5: *Schlange, die einen Kreis um den Träumer beschreibt.*
2. Traum 17: *Blaue Blume.*
3. Traum 18: *Mann mit Goldmünzen auf der Hand. Abgegrenzter Platz für Variétévorstellung.*
4. Visueller Eindruck 19: *Rote Kugel.*
5. Traum 20: *Globus.*

[Das nächste Mandalasymbol kommt im ersten Traum der neuen Serie vor.]

6. TRAUM:

Eine unbekannte Frau verfolgt ihn. Er läuft immer im Kreis herum.

Die Schlange im Mandalatraum 1 war antizipatorisch, wie es häufig der Fall ist, daß eine Figur, welche das Unbewußte unter einem gewissen Aspekt personifiziert, jenes Handeln oder Erleiden, welches das Subjekt später selber erlebt, vorausnimmt. Die Schlange deutet eine Kreisbewe-

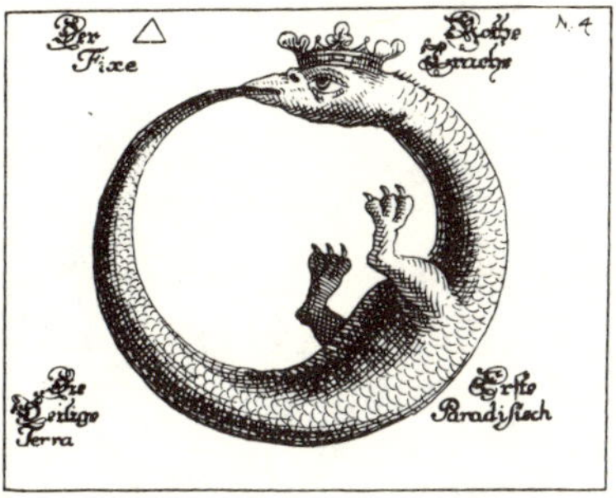

Abb. 46
Gekrönter Drache als Schwanzfresser.

Abb. 47
Kreis, von zwei Drachen gebildet; in den vier Ecken: die Zeichen der vier Elemente.

(1760)

gung an, in welche das Subjekt später selber verwickelt wird; das heißt, es findet im Unbewußten etwas statt, das als Kreisbewegung aufgefaßt wird, und dieses Geschehen drängt nun dermaßen ins Bewußtsein, daß das Subjekt selber davon erfaßt wird. Die unbekannte Frau oder Anima repräsentiert das Unbewußte, welches den Träumer so lange bedrängt, bis er in Kreisbewegung gerät. Dadurch ist ohne weiteres ein potentieller Mittelpunkt gegeben, der mit dem Ich nicht identisch ist. Letzteres rotiert um die Mitte.

7. Traum:

Die Anima wirft ihm vor, er bekümmere sich zu wenig um sie. Es ist eine Uhr da, auf der es fünf Minuten vor… (?) ist.

Die Situation ist ähnlich: das Unbewußte bedrängt ihn wie eine anspruchsvolle Frau. Daraus entsteht die Uhr, bei welcher der Zeiger im Kreis herumläuft. Fünf Minuten vor … bedeutet für jeden Menschen, der nach der Uhr lebt, einen gewissen Spannungszustand; denn wenn die fünf Minuten um sind, muß man dies oder das tun. Man ist vielleicht sogar pressiert. (Das Kreislaufsymbol – vgl. Abb. 13 – ist, wie unten deutlich wird, stets mit einem Spannungsgefühl verbunden.)

Abb. 48 Die «putrefactio», ohne welche das «Ziel» des «opus» nicht erreicht werden kann. (Daher das Scheibenschießen.)
(1624)

8. Traum:
Auf Schiff. Er beschäftigt sich mit einer neuen Methode der Ortsbestimmung. Er ist bald zu weit, bald zu nah: der richtige Ort ist in der Mitte. Eine Karte ist da, auf der ein Kreis mit dem Mittelpunkt eingezeichnet ist.

Die hier gestellte Aufgabe ist offenbar die, den Mittelpunkt, den richtigen Ort, festzustellen. Dies ist der Mittelpunkt eines Kreises. Dem Träumer fiel bei der Niederschrift der Traumes ein, daß er kurz zuvor von Scheibenschießen (Abb. 48) geträumt hatte; er schoß bald zu hoch, bald zu tief. Das richtige Ziel lag in der Mitte. Beide Träume kamen ihm als sehr bedeutsam vor. Die Scheibe ist ein Kreis mit einem Mittelpunkt. Der Ort auf See wird bestimmt nach den scheinbar um die Erde rotierenden Gestirnen. Der Traum schildert demnach eine Tätigkeit, welche darauf zielt, ein objektives Zentrum zu konstruieren oder zu bestimmen. Es ist ein Mittelpunkt außerhalb des Subjektes.

9. TRAUM:
Eine Pendeluhr, die immer läuft, ohne daß die Gewichte tiefer sinken.

Es ist eine Art von Uhr, deren Zeiger unaufhörlich laufen, und da offenbar kein Reibungsverlust stattfindet, ist sie ein perpetuum mobile, eine ewige Kreisbewegung. Hier treffen wir nun auf ein «metaphysisches» Attribut. Wie schon gesagt, gebrauche ich dieses Wort vom psychologischen Standpunkt aus, also als uneigentlich. Damit ist gemeint, daß die Qualität der Ewigkeit eine Aussage des Unbewußten ist und nicht eine Hypostase. Für die wissenschaftliche Urteilskraft des Träumers ist die Aussage des Traumes selbstverständlich anstößig, was aber eben gerade das Mandala mit einer besondern Bedeutsamkeit ausstattet. Sehr bedeutsame Dinge werden häufig darum verworfen, weil sie der Vernunft zu widersprechen scheinen und letztere dadurch auf eine zu harte Probe stellen. Die Bewegung ohne Reibungsverlust kennzeichnet die Uhr als kosmisch, ja transzendent, womit auf alle Fälle eine Qualität in Frage kommt, welche die Raumzeitlichkeit des im Mandala sich ausdrükkenden psychischen Phänomens in Frage stellen würde. Damit ist ein schwer zu überbrückender Unterschied zum empirischen Ich gekennzeichnet; das heißt jenes andere Persönlichkeitszentrum liegt auch auf einer andern Ebene als das Ich, denn es hat im Unterschied zu diesem die Eigenschaft der «Ewigkeit» respektive einer relativen Unzeitlichkeit.

10. TRAUM:
Auf der Peterhofstatt in Zürich befinden sich der Träumer, der Arzt, der Spitzbart und die Puppenfrau. Diese ist eine unbekannte Frau, die nicht spricht, und zu der nicht gesprochen wird. Zweifel, zu wem von den dreien die Frau gehört.

Der Turm von St. Peter in Zürich hat ein auffallend großes Zifferblatt. Die Peterhofstatt ist ein abgegrenzter Platz, ein Temenos in des Wortes eigentlichster Bedeutung, ein zur Kirche gehöriger Raum. In diesem Raum befinden sich die vier. Der Kreis der Uhr ist nach Vierteln geteilt, wie der Horizont. Der Träumer repräsentiert sein Ich, der Spitzbart den «angestellten» Intellekt (Mephisto), die «Puppenfrau» die Anima. Die Puppe ist das Objekt des Kindes; daher ein trefflicher Ausdruck für die Non-Ego-Natur der Anima, die als Objekt auch dadurch gekennzeichnet ist, daß man «zu ihr nicht spricht». Die Negation weist (wie früher in den Träumen 6 und 7 [Seite 112 und 113]) auf die mangelnde Beziehung zwischen Bewußtsein und Unbewußtem hin; ebenso der Zweifel, zu wem die «Unbekannte» gehört. Zum Non-Ego [Nicht-Ich] gehört auch der «Arzt», der wohl einen leisen Hinweis auf mich selber enthält, obschon der Träumer damals in keinerlei Beziehung zu mir stand[7]. Der Spitzbart hingegen gehört zum Ego. Diese Situation erinnert unmittelbar an die Verhältnisse im *Funktionenschema* (Abb. 49). Wenn wir uns die Bewußtseinsfunktionen[8] auf einem Kreise angeordnet denken, so ist in der Regel die meistdifferenzierte Funktion der Ichträger; zu dieser gehört ebenso regelmäßig eine Auxiliärfunktion. Die «minderwertige» oder inferiore Funktion dagegen ist unbewußt und daher in ein Non-Ego projiziert. Zu ihr gehört ebenfalls eine Auxiliärfunktion. Es wäre daher nicht unmöglich, daß die vier Personen die vier Funktionen darstellten, und zwar als Komponenten der Gesamtpersönlichkeit (das heißt inklusive Unbewußtes). Die Totalität ist Ego plus Non-Ego. Der Mittelpunkt des Kreises als Ausdruck einer Ganzheit würde daher nicht mit dem Ich, sondern mit dem Selbst als Inbegriff der Gesamtpersönlichkeit zusammenfallen. (Das Zentrum mit dem Kreis ist auch eine sattsam bekannte Allegorie für das Wesen Gottes.) In der Upanishad-Philosophie ist das Selbst zunächst der persönliche Atman, der aber zugleich kosmisch-metaphysische Qualität als überpersönlicher Atman hat[9].

Auch in der Gnosis begegnen wir ähnlichen Vorstellungen. Ich erwähne die Idee des Anthropos, des Pleroma, der Monade und des Lichtfunkens (spinthēr) in einem Traktat des *Codex Brucianus: «Er* ⟨Monogenēs⟩ ist derselbe, der in der Monade wohnt, die im Sētheus ist und von dem Orte kam, von dem niemand sagen kann, wo er ist... Von ihm kam die Monade, wie ein *Schiff,* beladen mit allem Guten, und wie ein *Feld*, gefüllt oder bepflanzt mit jeglicher Art von Bäumen, und wie eine *Stadt,* voll von allen Rassen der Menschheit... Dies ist die Art der Monade, da all das in ihr vorhanden ist: es befinden sich zwölf Monaden als Krone auf ihrem Haupt... Und was ihren Schleier betrifft, der sie zum Schutz umgibt, so hat er zwölf Tore... Dieselbe ist die Mutter-Stadt des Einzig-Gezeugten[10].»

Zur Erläuterung füge ich bei: Sētheus ist ein Gottesname, den Schöpfer bezeichnend. Der Monogenēs ist der Gottsohn. Der Vergleich der Monas mit einem Feld und einer Stadt entspricht der Idee des Temenos

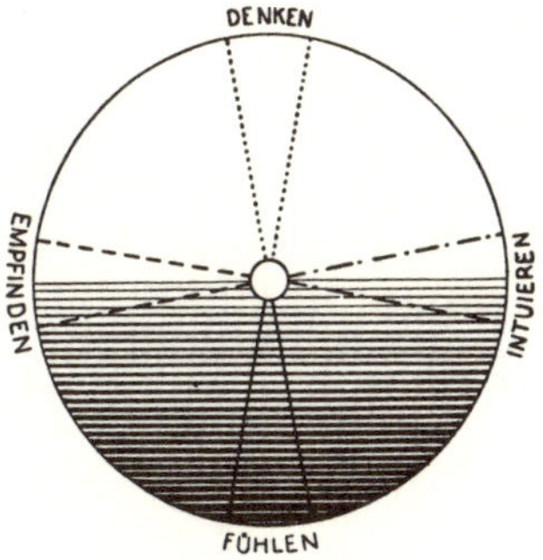

Abb. 49 Schematische Darstellung der vier Bewußtseinsfunktionen. Hier ist das Denken als Hauptfunktion angenommen und darum in der Mitte des Lichten, das Fühlen dagegen als minderwertige Funktion des dunkeln Halbkreises, während die zwei Hilfsfunktionen teils licht, teils dunkel sind.

(Abb. 50). Die Monas ist auch gekrönt (vgl. dazu «Hut» in Traum 1 [S. 54] und Traum 35 [S. 195]). Die Monas ist als Metropolis weiblich, ähnlich dem Padma (Lotus), der Grundform des lamaistischen Mandalas (chinesisch: goldene Blüte; westlich: Rose und Goldblume). In ihr wohnt der Gottsohn, der gewordene Gott[11]. In der Apokalypse finden wir das Lamm in der Mitte des himmlischen Jerusalem. In unserem Text ist auch gesagt, daß Sētheus im Allerheiligsten des Pleroma, einer Stadt mit vier Toren, wohne (ähnlich im Indischen: die Stadt Brahmans auf dem Weltberg Meru). In jedem Tor befindet sich eine Monade[12]. Die Glieder des aus dem Autogenēs (= Monogenēs) hervorgegangenen Anthropos entsprechen den vier Toren der Stadt. Die Monade ist ein Lichtfunke (spinthēr) und ein Bild des Vaters, identisch mit dem Monogenēs. Eine Anrufung lautet: «Du bist das Haus und der Bewohner des Hauses[13].» Der Monogenēs steht auf einer Tetrapeza[14], einem Tisch oder Podium mit vier Säulen, entsprechend der Quaternität der vier Evangelisten[15].

Die Idee des Lapis [Stein] hat nicht wenige Beziehungen zu diesen Vorstellungen. So sagt der Lapis bei Hermes: «Es kann nichts Besseres

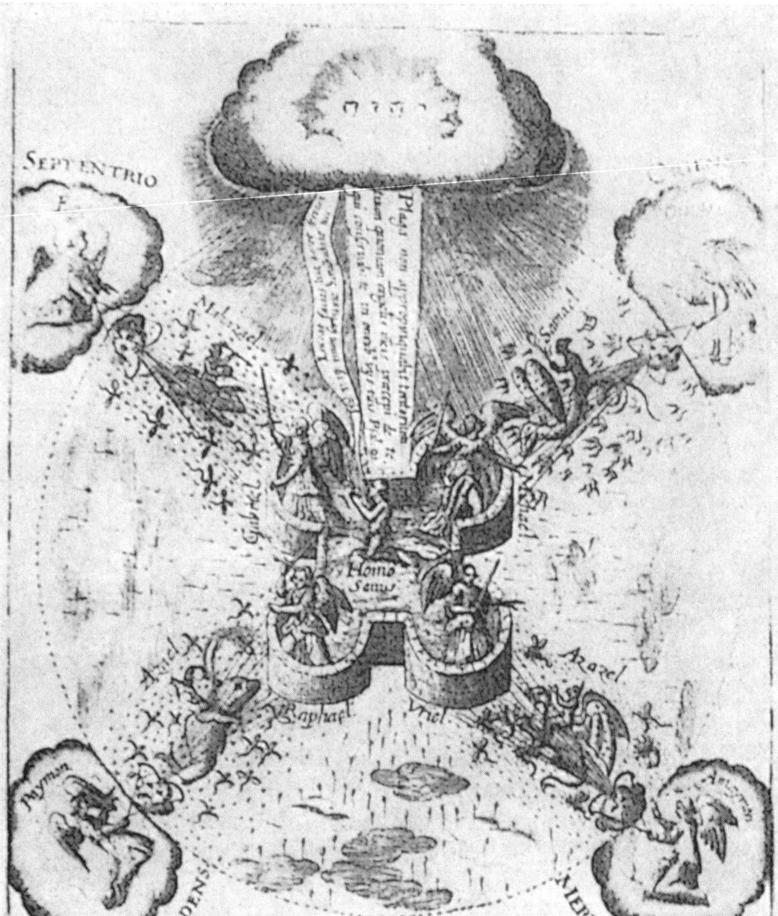

Abb. 50 Die gegen Krankheitsgeister schützende Burg.
(1629)

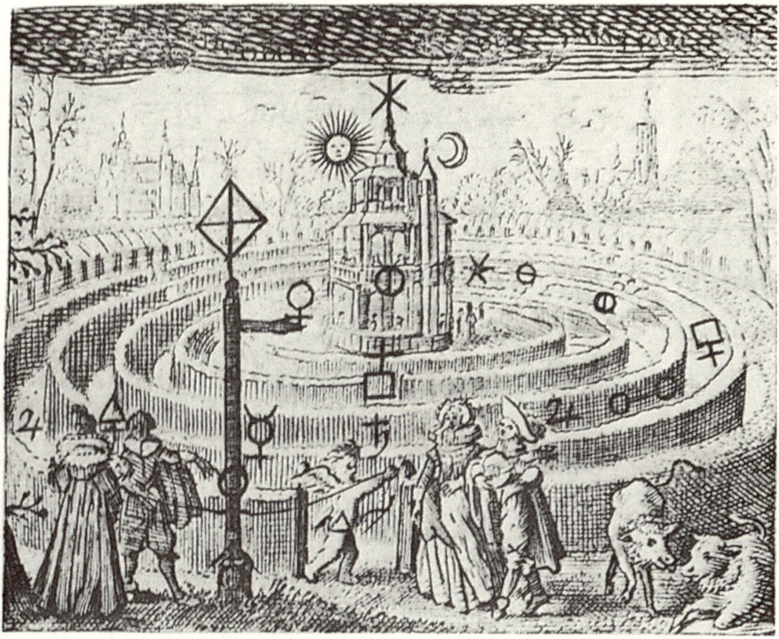

Abb. 51 Das von den Planetenkreisen umgebene Sanctuarium des Lapis. Es stellt zu gleicher Zeit ein Labyrinth dar. (1672)

und Verehrungswürdigeres in der Welt geschehen als die Vereinigung meiner selbst mit meinem Sohne[16].» Der Monogenēs wird auch das «dunkle Licht» genannt[17]. Das *«Rosarium»* läßt den HERMES sagen: «Ich <der Stein> bringe das Licht hervor, aber die Finsternis gehört zu meiner Natur[18].» Ebenso kennt die Alchemie den «sol niger», die schwarze Sonne[19] (vgl. Abb. 34).

Eine interessante Parallele zum Monogenēs, der im Schoße der Mutterstadt wohnt und identisch ist mit der gekrönten Monas, umhüllt vom Schleier, ist folgende Stelle im *«Tractatus aureus»*, Kapitel IV: «Der König aber herrscht, wofür seine Brüder Zeugnis ablegen, (und) spricht:

Abb. 52 Harpokrates, auf dem Lotus sitzend.
Gnostische Gemme

‹Ich werde gekrönt und mit dem Diadem geschmückt, und ich werde mit euerem Reiche ausgestattet und bringe den Herzen Freude, und ich, gefesselt an die Arme und die Brust meiner Mutter und an deren Substanz, mache, daß meine Substanz zusammenhält und ruht, und ich setze das Unsichtbare aus dem Sichtbaren zusammen; dann wird das Verborgene erscheinen, und alles, was die Philosophen verborgen haben, wird aus uns erzeugt. Verstehet, bewahret, meditiert diese Worte, o ihr Zuhörer, und forschet nach nichts anderem. Der Mensch wird von Anfang an durch die Natur erzeugt, deren Eingeweide Fleisch sind, und aus keiner anderen Substanz.›»

Der «König» bezieht sich auf den Lapis. Der Lapis ist der «Herr», wie aus folgender Stelle des *«Rosarium»*[20] hervorgeht: «Und so ist der Philosoph nicht der Meister des Steines, sondern eher sein Diener.» Ebenso wird die endgültige Herstellung des Lapis in der Gestalt des gekrönten Hermaphroditen als «Aenigma Regis» [Rätsel vom König] bezeichnet[21]. Ein deutscher Vers, auf das Aenigma bezogen lautet[22]:

Hie ist geboren der Keyser aller ehren
Kein höher mag uber jn geboren werden.
Mit kunst oder durch die natur
Von keiner lebendigen creatur.
Die Philosophy heisen jn jhren Suhn
Er vermag alles was sie thun. (Abb. 54)

Abb. 53 Der Tetramorph als Reittier der Kirche.
Kreuzigung (ca. 1180)

Die zwei letzten Zeilen könnten sich direkt auf das obige HERMES-Zitat beziehen.

Es ist, wie wenn den Alchemisten der Gedanke aufgedämmert wäre, daß der nach antiker (und christlicher) Auffassung dem Vater ewig innewohnende und als Gottesgeschenk der Menschheit sich offenbarende Sohn etwas sei, das der Mensch, allerdings mit dem Beistand Gottes («Deo concedente»), selber aus seiner eigenen Natur erzeugen könne. Die Häresie dieses Gedankens ist einleuchtend.

Die weibliche Natur der inferioren Funktion rührt von deren Kontamination mit dem Unbewußten her. Weil das Unbewußte weibliches Vorzeichen hat, ist es durch die Anima personifiziert (nämlich beim Manne, umgekehrt bei der Frau)[23].

Nehmen wir nun an, daß mit diesem und den vorangegangenen Träumen wirklich etwas gemeint sei, was mit Recht dem Träumer ein Gefühl von großer Bedeutsamkeit verursacht, und nehmen wir ferner an, daß diese Bedeutsamkeit etwa den im Kommentar beigezogenen Gesichtspunkten entspreche, so hätten wir hier einen Höhepunkt der introspektiven Intuition erreicht, der an Kühnheit nichts zu wünschen übrigläßt. Für ein unvorbereitetes Bewußtsein jedenfalls ist schon die ewige Pendeluhr ein schwer verdaulicher Brocken, der leicht einen allzu hohen Gedankenflug lähmen könnte.

11. TRAUM:
Der Träumer, der Arzt, ein Pilot und die unbekannte Frau sind in einem Flugzeug auf der Fahrt. Plötzlich zertrümmert eine Krocketkugel den Spiegel, ein notwendiges Navigationsinstrument, und das Flugzeug stürzt ab. Auch hier wieder der Zweifel, zu wem die Unbekannte gehört.

Arzt, Pilot und Unbekannte sind als zum Non-Ego gehörend charakterisiert. Sie sind alle drei fremd. Der Träumer ist also nur noch im Besitz der das Ich tragenden, differenzierten Funktion: das heißt das Unbewußte hat beträchtlich an Boden gewonnen. Die Krocketkugel gehört zu jenem Spiel, wo die Kugel unter dem Bogen durchgetrieben wird. In Traum 8 [S. 65] heißt es, man dürfe nicht über den Regenbogen (fliegen?), sondern man müsse *unten durch*. Wer darüber geht, fällt herunter. Es scheint, als ob der Flug doch zu hoch gegangen sei. Das Krocketspiel wird auf der Erde gespielt und nicht in der Luft. Man soll nicht mit «geistigen» Intuitionen sich über die «Erde», das heißt über die harte Wirk-

Ænigma Regis.

Hie iſt geboren der Keyſer aller ehren/
Kein höher mag vber jn geboren werden.

Abb. 54 Der Hermaphrodit mit den drei Schlangen und der einen Schlange; unten: der trikephale Merkurdrache. (1593)

lichkeit, erheben und ihr damit davonlaufen, wie das so häufig geschieht, wenn man glänzende Intuitionen hat. Man ist ja nie auf der Höhe seiner Ahnung und soll sich daher auch nie mit dieser identifizieren. Nur Götter gehen über die Regenbogenbrücke; die Sterblichen aber wandeln auf der Erde und sind deren Gesetzen unterworfen (Abb. 16). Gewiß ist die Irdischkeit des Menschen in Ansehung seiner Ahnungsmöglichkeiten eine beklagenswerte Unvollkommenheit. Aber eben diese Unvollkommenheit gehört zu seinem angeborenen Wesen, zu seiner Wirklichkeit. Er besteht ja nicht nur aus seinen besten Ahnungen, höchsten Ideen und Strebungen, sondern auch aus seinen odiosen Gegebenheiten, wie Heredität und jener unauslöschlichen Reihe von Erinnerungen, welche ihm zurufen: «Das hast du getan, und so bist du auch!» Den altertümlichen Saurierschwanz hat der Mensch zwar verloren; dafür hängt seiner Seele eine Kette an, die ihn an die Erde bindet: eine nicht weniger als homerische Kette[23a] von «Gegebenheiten», die so schwerwiegend sind, daß man besser mit ihnen verbunden bleibt, auf die Gefahr hin, kein Held und kein Heiliger zu werden. (Die Geschichte gibt uns einige Berechtigung, diesen Kollektivnormen kein absolutes Gewicht beizumessen.) Die Erdverbundenheit bedeutet ja nicht, daß man nicht wachsen kann; im Gegenteil: sie ist in diesem Sinne sogar eine conditio sine qua non. Aber kein hochgewachsener, edler Baum hat je auf seine dunklen Wurzeln verzichtet. Er wächst sogar nicht nur nach oben, sondern auch nach unten. Sicher ist es überaus wichtig, wohin man geht; aber ebenso wichtig scheint mir die Frage: Wer geht wohin? Dieses Wer führt aber immer zum Woher. Zum dauernden Besitz der Höhe gehört Größe. Sich überheben aber kann mancher. Die richtige Mitte zu treffen (siehe Traum 8 [S. 114]), ist schwer. Unerläßlich dazu ist die Bewußtheit der zwei Seiten der menschlichen Persönlichkeit, ihrer Ziele und ihrer Herkunft. Diese beiden Aspekte dürfen sich nie in Hybris oder in Feigheit trennen.

Der «Spiegel» als «notwendiges Navigationsinstrument» dürfte sich wohl auf den Intellekt beziehen, welcher denken kann und stets dazu überredet, daß man sich mit seinen Einsichten («Spiegelungen») identifiziert. «Spiegel» ist bei SCHOPENHAUER eine beliebte Metapher für den Intellekt. Er ist trefflich gekennzeichnet durch den Ausdruck «Navigationsinstrument»; denn er ist der unentbehrliche Führer des Menschen auf pfadlosen Meeren. Wenn er aber den Boden unter den Füßen verliert und zu spekulieren anfängt, verführt durch die ins Grenzenlose schweifende Intuition, dann wird die Sache gefährlich (Abb. 55).

Der Träumer bildet auch hier wieder eine Quaternität mit den drei Traumpersonen. Die unbekannte Frau, die Anima, stellt jeweils die

Abb. 55 Faust vor dem Zauberspiegel.
Radierung von REMBRANDT (um 1652)

«minderwertige», das heißt undifferenzierte Funktion dar, im Falle unseres Träumers also das *Gefühl.* Die Krocketkugel gehört zum Motiv des «Runden» und ist daher ein Symbol der Ganzheit, das heißt des Selbst, welches sich hier als dem Intellekt (dem Spiegel) *feindlich* erweist. Der Träumer «navigiert» offenbar zuviel mit dem Intellekt und stört damit den Individuationsprozeß. Im Traktat *«De vita longa»* des PARACELSUS sind die vier als «Scaiolae» bezeichnet, das Selbst aber als «Adech» (von Adam = Urmensch). Wie PARACELSUS hervorhebt, bereiten beide dem «Werke» Schwierigkeiten, so daß man beinahe von einer Feindseligkeit des Adech sprechen kann [24].

12. TRAUM:
Der Träumer befindet sich mit Vater, Mutter und Schwester in sehr gefährlicher Lage auf einer Tramplattform.

Auch hier bildet der Träumer mit den Traumpersonen eine Vierheit. Der Sturz führt also bis in die Kindheit hinunter, wo der Mensch bei weitem noch nicht im Besitze seiner Ganzheit ist. Seine Familie stellt die Ganzheit dar, indem deren Komponenten noch auf die Familienmitglieder projiziert und durch diese personifiziert sind. Dieser Zustand ist aber für den erwachsenen Menschen, weil regressiv, gefährlich; denn er bedeutet eine Aufspaltung seiner Persönlichkeit, die der Primitive als bedrohlichen «Seelenverlust» empfindet. Bei der Aufspaltung werden die mühsam integrierten Persönlichkeitsteile wieder nach außen gezogen. Man verliert seine Schuld und tauscht dagegen infantile Unschuld ein; dafür ist dann wiederum der böse Vater an dem und die lieblose Mutter an jenem schuld, und man hängt in dieser unleugbaren, kausalen Verknüpfung wie eine Fliege im Spinnennetz und merkt nicht, daß man seine moralische Freiheit verloren hat [25]. Was immer die Eltern und Voreltern am Kinde gesündigt haben, erklärt der *erwachsene* Mensch als seine *Gegebenheit,* mit der er zu rechnen hat. Nur einen Dummkopf interessiert die Schuld des anderen, an der sich nichts ändern läßt. Nur von der eigenen Schuld lernt der Kluge. Er wird sich die Frage vorlegen: Wer bin ich, dem all das geschieht? Er wird in seine eigene Tiefe blicken, um dort die Antwort auf diese Schicksalsfrage zu finden.

Wie im vorigen Traum das Vehikel ein Flugzeug ist, so hier die Straßenbahn. Die Art des Vehikels im Traume schildert die Art der Bewegung, respektive den Modus, nach dem man sich in der Zeit fortbewegt –

Abb. 56 Jungbrunnen aus dem *Codex de Sphaera.*
(15. Jh.)

mit andern Worten: wie man seelisch lebt, ob individuell oder kollektiv, ob aus eigenen oder fremden, geborgten Mitteln, ob spontan oder mechanisch. Im Flugzeug ist er vom Piloten geführt, der ihm unbekannt ist; das heißt, er ist von Intuitionen unbewußter Herkunft getragen. (Der Fehler dabei ist, daß zuviel nach dem «Spiegel» gesteuert wird.) Hier ist er in einem Kollektivvehikel, der Tram, wo jedermann mitfahren kann; das heißt, er bewegt sich oder benimmt sich wie jedermann. Immerhin ist er auch hier zu vieren, was heißen will, daß er sich, wegen seines unbewußten Strebens nach der Ganzheit, in beiden Vehikeln vorfindet.

13. TRAUM:
Im Meere liegt ein Schatz. Man muß durch eine enge Öffnung tauchen. Es ist gefährlich; aber man wird unten einen Gefährten finden. Der Träumer wagt den Sprung ins Dunkle und entdeckt dort unten einen schönen, regelmäßig angelegten Garten mit einem Springbrunnen in der Mitte (Abb. 56).

Im Meer des Unbewußten ist die «schwer erreichbare Kostbarkeit» verborgen, welche nur der Mutige erlangt. Ich mache die Konjektur, daß das Juwel auch der «Gefährte» sei, einer, der neben und mit uns durchs Leben geht – wohl eine nächste Analogie zum einsamen Ich, dem sich im Selbst ein Du gesellt; denn «Selbst» ist zunächst fremdes Non-Ego [Nicht-Ich]. Dies ist das Motiv des zauberischen Weggefährten. Ich nenne drei berühmte Beispiele: die Jünger auf dem Weg nach Emmaus, die *Bhagavadgîta* (Krishna und Arjuna) und die 18. Sure des *Koran* (Moses und Chidher)[26]. Ich mache ferner die Konjektur, daß der Schatz im Meer, der Gefährte und der Garten mit dem Springbrunnen eine und dieselbe Sache seien: nämlich das Selbst. Der Garten nämlich ist wiederum das Temenos, und der Springbrunnen ist der Quell «lebendigen Wassers», den wir aus *Johannes* 7,38 kennen, und den auch der Moses des *Koran* suchte und fand und mit und bei diesem Chidher[27] einen «Unserer Diener, den wir mit Unserer Gnade und Weisheit ausgerüstet hatten» (18. Sure). Und wie die Sage geht, blühte auch rund um Chidher der Boden der Wüste mit Frühlingsblumen. Das Bild des Temenos mit der Quelle hat sich, in Anlehnung an frühchristliche Baukunst, in der islamischen zum Moscheehof und zum rituellen Waschhaus in der Mitte entwickelt (zum Beispiel Achmed Ibn Tulûn in Kairo). Ähnliches sehen wir im abendländischen Kreuzgang mit dem Brunnen im Garten. Dies ist auch der «Rosengarten der Philosophen», den wir aus den Traktaten

Abb. 57 Kaiserliches Bad mit dem wundertätigen Quellwasser unter dem Einfluß von Sonne und Mond.
Biblioteca Angelica (14. Jh.)

Abb. 58 Christus als Feuerquelle mit den «flammenden» Wundmalen.
Glasfenster aus dem Chor der Kirche des ehemaligen Klosters Königsfelden, Schweiz (14. Jh.)

der Alchemie kennen und der später öfters in schönen Kupfern dargestellt wurde. «The Dweller in the House» (vgl. Kommentar zu Traum 10 [S. 116 f.]) ist der «Gefährte». Die Mitte und der Kreis, hier als Brunnen und Garten dargestellt, sind Analogien des Lapis [Stein], der unter anderem auch ein belebtes Wesen ist. (Abb. 25 und 26) HERMES läßt ihn (im *«Rosarium»*) sprechen: «Beschütze mich, und ich werde dich beschützen. Schenke mir, was mir zukommt, damit ich dir helfe»[28]. Der Lapis ist hier also soviel wie ein guter Freund und Helfer, der einem hilft, wenn man ihm hilft, womit eine Kompensationsbeziehung angedeutet ist. (Ich erinnere hier an das im Kommentar zu Traum 10 [S. 116 ff.] Gesagte, besonders an die Parallele Monogenēs-Lapis-Selbst.)

Der Sturz auf die Erde führt also bis in die Tiefe des Meeres, eben des Unbewußten, und damit erreicht der Träumer den Schutz des Temenos gegenüber der Persönlichkeitsspaltung in der Regression zum Infantilen. Die Situation ist daher etwas ähnlich wie in den Träumen 4 und 5 [S. 57 und 59], wo der Bannkreis gegen die Attraktion der Vielheit des Unbewußten schützen mußte. (In ganz ähnlicher Weise treten die Versuchungsgefahren an Poliphile heran zu Beginn seiner Nekyia.)

Der Lebensquell ist wie Chidher ein guter Gefährte, aber nicht ohne Bedenklichkeiten, wovon laut *Koran* der alte Moses einige peinliche Proben zu kosten bekam – ist dieser Quell doch das Symbol der stetig sich erneuernden Lebenskraft (Abb. 57; auch 25, 26, 27 und 84), der nie ablaufenden Uhr. Ein nichtkanonisches Herrenwort sagt: «Wer mir nahe ist, ist nahe dem Feuer»[29]. Wie dieser esoterische Christus ein Feuerquell (Abb. 58) ist, wohl nicht ohne Bezug auf das πῦρ ἀεὶ ζῶον [immer lebendige Feuer] HERAKLITS, so ist auch nach der Auffassung der alchemistischen Philosophen die «aqua nostra» [unser Wasser] «ignis» [Feuer][30]. Der Quell ist nicht nur das Fließen des Lebens, sondern auch seine Wärme, ja seine Hitze, das Geheimnis der Leidenschaft, die ja stets Feuersynonyme hat[31]. Die «aqua nostra», die alles auflöst, ist ein unerläßliches Ingrediens bei der Herstellung des Lapis. Die Quelle aber kommt von unten, und deshalb führt der Weg unten durch. Nur *unten* ist der feurige Quell des Lebens zu finden. Dieses Unten ist die Naturgeschichte des Menschen, seine Kausalverknüpfung mit der Instinktwelt. (Abb. 16) Ohne diese Verbindung kann kein Lapis und kein Selbst werden.

14. TRAUM:

Geht mit dem Vater in eine Apotheke. Dort sind wertvolle Sachen zu billigem Preis zu haben, vor allem ein besonderes Wasser. Der Vater erzählt ihm vom Lande, wo das Wasser herkommt. Darauf fährt er mit einem Zug über den Rubikon.

In der traditionellen «Apotheke» mit ihren Gläsern und Töpfen, ihren Wässern, ihrem «lapis divinus» und «infernalis» [«göttlichen» und «höllischen» Stein] und ihren Magisterien ist noch ein letzter sinnenfälliger Rest der alchemistischen Sudelküche jener erhalten, welche im «donum spiritus sancti», der «köstlichen Gab», nichts erblickten als die Chimäre der Goldmacherei. Das «besondere Wasser» ist sozusagen wörtlich die «aqua nostra», «non vulgi»[32]. Daß ihn der Vater zur Lebensquelle führt, ist leicht verständlich, da jener ja der natürliche Erzeuger seines Lebens ist. Der Vater repräsentiert sozusagen das Land oder den Boden, aus dem die Quelle seines Lebens sprang. Er ist aber figürlich der «lehrende Geist», der in den Sinn des Lebens einführt und dessen Geheimnisse nach den Lehren der Alten erklärt. Er ist ein Vermittler der Traditionsweisheit. Der väterliche Erzieher in unserer Zeit erfüllt diese Aufgabe allerdings nur noch im Traum des Sohnes in der archetypischen Gestalt des Vaters, des «alten Weisen».

Das Lebenswasser ist billig zu haben; denn jeder besitzt es, allerdings ohne seinen Wert zu kennen. «Spernitur a stultis»: es wird von den Dummen verachtet, weil sie annehmen, daß alles Gute stets außen und anderswo sei, und daß der Quell in ihrer eigenen Seele nichts anderes sei als... Es ist wie der Lapis «pretio quoque vilis», von geringem Preis, und deshalb wie in SPITTELERS *«Prometheus»* vom Hohenpriester und der Akademie herunter bis zum Bauern «in viam eiectus», auf die Straße «geschmettert», wo Ahasver das Kleinod in die Tasche steckt. Der Schatz ist wieder ins Unbewußte versunken.

Der Träumer aber hat etwas gemerkt und fährt mit energischem Entschluß über den Rubikon. Er hat es verstanden, daß jenes Fließen und jenes Feuer des Lebens nicht zu unterschätzen, sondern unerläßlich zur Verwirklichung seiner Ganzheit sind. Über den Rubikon aber gibt es kein Zurück.

15. TRAUM:

Vier Personen fahren einen Fluß hinunter: der Träumer, der Vater, ein bestimmter Freund und die unbekannte Frau.

Insofern der «Freund» eine bestimmte, ihm wohlvertraute Persönlichkeit ist, gehört er zu seiner bewußten Ichwelt, wie der Vater. Damit ist etwas sehr Wesentliches geschehen: im 11. Traum [S. 122] war das Unbewußte drei gegen eins; jetzt ist das Verhältnis umgekehrt: der Träumer ist drei gegen eins (die unbekannte Frau). Das Unbewußte ist also depotenziert. Der Grund hierfür liegt darin, daß durch das Untertauchen das Untere dem Oberen angeschlossen wurde, das heißt daß sich der Träumer entschlossen hat, nicht nur als körperloses Gedankenwesen zu leben, sondern auch den Körper und die Instinktwelt, die Wirklichkeit des Liebes- und Lebensproblems, anzunehmen und in die Tat umzusetzen[33]. Das war der Rubikon, der überschritten wurde. Die Individuation, die Selbstwerdung, ist eben nicht nur ein geistiges Problem, sondern das Lebensproblem überhaupt.

16. TRAUM:
Es sind viele Leute da. Alle gehen linksläufig im Quadrat herum. Der Träumer ist nicht in der Mitte, sondern auf einer Seite. Es heißt, man wolle den Gibbon rekonstruieren.

Hier tritt zum erstenmal das Quadrat auf. Es dürfte aus dem Kreise vermittels der vier Personen hervorgehen. (Dies wird sich später bestätigen.) Das Problem der Quadratur des Zirkels hat, wie der Lapis, die «tinctura rubea» und das «aurum philosophicum», die mittelalterlichen Geister beschäftigt. Die Quadratur des Zirkels ist ein Symbol des «opus alchymicum» (Abb. 59), indem sie die anfängliche, chaotische Einheit in die vier Elemente auflöst und diese dann wiederum zusammensetzt zu einer höheren Einheit. Die Einheit ist dargestellt durch den Zirkel, die vier Elemente durch das Quadrat. Die Herstellung des Einen aus der Vier erfolgte durch einen Destillations- respektive Sublimationsprozeß, welcher in «zirkulärer» Form verlief; das heißt das Destillat wurde verschiedenen Destillationen unterworfen[34], damit die «Seele» oder der «Geist» in reinster Gestalt herausgezogen wurde. In der Regel wird das Resultat als Quintessenz bezeichnet, was aber durchaus nicht der einzige Name des stets erhofften und nie geglückten «Einen» ist. Es hat, wie die Alchemisten sagen, «tausend Namen», wie die «materia prima». Über die zirkuläre Destillation sagt HEINRICH KHUNRATH in seiner «Confession»[35]: «Durch Circumrotation oder Circularische Philosophische umblauffung des Quaternarii... widerumb bracht werden zur höchsten und aller reinsten Simplicitet oder Einfalt... Monadis Catholicae plusquamperfectae... Aus dem unreinen groben Eins wird ein höchstreines subtiles Eins» usw. Vom Körper müssen Seele und Geist abgeschieden werden, was einem Tod gleichkomme: «Dahero sagt auch Paulus Tarsensis: Cupio dissolvi, et esse cum Christo[36]. ... darumb, mein lieber Philosophe, mustu allhier den Geist und die Seele Magnesiae[37] auffangen». Der Geist (respektive Geist und Seele) ist der Ternarius (Dreizahl), der zuerst von seinem Körper getrennt und nach dessen Reinigung diesem wieder eingeflößt wird[38]. Der Körper ist offenbar das vierte. Daher bezieht sich KHUNRATH auf das PSEUDO-ARISTOTELES-Zitat[39], wo aus dem Dreieck im Viereck wieder der Kreis entsteht[40]. Dieses Kreisgebilde stellt, neben dem Ouroboros, dem vom Schwanz her sich auffressenden Drachen, das grundlegende alchemistische Mandala dar.

Das östliche, insbesondere das lamaistische Mandala enthält in der Regel einen quadratischen Stupagrundriß (Abb. 43). Daß dieser wirklich ein Gebäude bedeutet, sieht man an den körperhaft ausgeführten Mandalas. Dort ist mit der Figur des Quadrates auch die Idee des Hauses oder Tempels respektive eines inneren, ummauerten Raumes, gegeben[41] (vgl. unten). Stupas müssen rituell immer rechtsläufig zirkumambuliert werden, weil Linksläufigkeit von Übel ist. Links (sinister) bedeutet die unbewußte Seite. Die Linksläufigkeit der Bewegung bedeutet daher soviel wie eine Bewegung in Richtung des Unbewußten, während Rechtsläufigkeit «korrekt» ist und nach der Bewußtheit zielt. Insofern durch lange Übung im Osten diese unbewußten Inhalte allmählich zu bestimmten Formen, welche das Unbewußte ausdrücken, geworden sind, müssen sie als solche vom Bewußtsein übernommen und festgehalten werden. In ähnlicher Weise verfährt auch der Yoga, soweit uns dieser als festgelegte Praxis bekannt ist. Er prägt dem Bewußtsein feste Formen ein. Daher sind seine bedeutendste westliche Parallele die *«Exercitia spiritualia»* des IGNATIUS VON LOYOLA, welche ebenso die festgelegten Heilsvorstellungen der Psyche aufprägen. Diese Praxis ist insofern «richtig», als das Symbol den unbewußten Tatbestand noch gültig ausdrückt. Die psychologische Richtigkeit des Yoga im Osten sowohl wie im Westen hört erst dann auf, wenn sich der unbewußte Prozeß, welcher zukünftige Bewußtseinsveränderungen antizipiert, so weit entwickelt hat, daß er Nuancen aufweist, die mit dem traditionellen Symbol nicht mehr genügend ausgedrückt respektive mit demselben nicht mehr ganz verträglich sind. Insofern, und nur insofern, kann man dann sagen, daß das Symbol seine «Richtigkeit» eingebüßt habe. Dieser Prozeß ist wohl eine langsame säkulare Verschiebung des unbewußten Weltbildes und hat mit intellektualistischen Bekrittelungen desselben gar nichts zu tun. Religiöse Symbole sind Lebens-

Abb. 59 «Alle Ding stehn nur in den dreyen / In vieren thun sie sich erfrewen» (Quadratur des Kreises). (1625)

phänomene, Tatsachen schlechthin und nicht Meinungen. Wenn die Kirche soundso lang daran festhält, daß die Sonne um die Erde rotiert, im 19. Jahrhundert aber diesen Standpunkt verläßt, so kann sie sich dafür auf die psychologische Wahrheit berufen, daß für viele Millionen Menschen die Sonne eben um die Erde rotierte und erst im 19. Jahrhundert eine größere Anzahl Menschen jene Sicherheit der intellektuellen Funktion erreicht hat, um die Beweise für die planetare Natur der Erde auch einsehen zu können. Es gibt leider keine Wahrheit ohne Menschen, welche sie einsehen.

Die linksläufige «circumambulatio» um das Quadrat dürfte darauf hinweisen, daß die Quadratur des Zirkels auf dem Wege zum Unbewußten durchlaufen wird, daß sie also mithin ein instrumenteller Durchgangspunkt ist, welcher die Erreichung eines dahinter liegenden, noch nicht formulierten Zieles vermittelt. Es ist einer jener Wege zum Zentrum des Non-Ego, welche auch von der mittelalterlichen Nachforschung beschritten wurden: nämlich bei der Herstellung des Lapis. Das *«Rosarium philosophorum»*[42] sagt: «Mache aus Mann und Frau einen runden Kreis und ziehe aus diesem das Viereck und aus dem Viereck das Dreieck aus. Mach einen runden Kreis, und du wirst den Stein der Philosophen haben[43]» (Abb. 60; auch Abb. 59).

Solche Dinge bedeuten für den modernen Intellekt natürlich ausgemachten Unsinn. Dieses Werturteil aber beseitigt die Tatsache keineswegs, daß solche Ideenverbindungen vorkommen und sogar eine bedeutende Rolle während vieler Jahrhunderte gespielt haben. Der Psychologie liegt es ob, diese Dinge zu verstehen und es dem Laien zu überlassen, über Unsinn und Obskurantismus zu schimpfen. (Viele meiner Kritiker, die sich als «wissenschaftlich» ausgeben, verfahren nämlich genau so wie jener Bischof, der die Maikäfer wegen ungebührlicher Vermehrung mit dem Kirchenbann belegte.)

Wie die Stupas in ihrem Innersten Reliquien des Buddha enthalten, so findet sich im Innern des lamaistischen Quadrates, so gut wie im chinesischen Viereck der Erde, das Allerheiligste oder magisch Wirksame: nämlich die kosmische Energiequelle, der Gott Shiva, der Buddha, ein Bodhisattva oder ein großer Lehrer; im Chinesischen ist es Kiän, der Himmel mit seinen vier ausstrahlenden kosmischen Kräften (Abb. 61). Auch im westlichen, mittelalterlich-christlichen Mandala thront die Gottheit in der Mitte, häufig in der Gestalt des triumphierenden Erlösers mit den vier symbolischen Figuren der Evangelisten (Abb. 62). Mit diesen höchsten metaphysischen Vorstellungen kontrastiert nun das Traumsymbol aufs heftigste; denn im Zentrum soll der «Gibbon», der unzweifelhaft ein Affe ist, rekonstruiert werden. Wir begegnen hier dem Affen wieder, der erstmals in Traum 22 [S. 96] auftaucht. Er gibt dort Anlaß zu einer Panik und zum hilfreichen Einschreiten des Intellektes. Jetzt soll er «rekonstruiert» werden, was wohl nichts anderes heißt, als daß der Anthropoide, die archaische Tatsache «Mensch», wiederhergestellt werden soll. Der linksläufige Weg führt also offenkundig nicht ins Reich der

Abb. 60 Die Quadratur des Zirkels, die zwei Geschlechter zu einer Ganzheit zusammenfassend.
(1687)

Götter und ewigen Ideen hinauf, sondern hinunter in die Naturgeschichte, in die tierische Instinktgrundlage des menschlichen Wesens. Es handelt sich also um ein – antik ausgedrückt – dionysisches Mysterium.

Das Quadrat entspricht dem Temenos (siehe Abb. 31), wo Theater gespielt wird, in diesem Fall ein Affen- statt eines Satyrspiels. Das Innere der «goldenen Blüte» ist eine «Keimstelle», wo der «diamantene Körper» erzeugt wird. Das Synonym «Ahnenland»[44] weist vielleicht sogar

Abb. 61 Die Perle als Symbol von Kiän, umgeben von vier emanierenden Kräften (Drachen).
Chinesischer Bronzespiegel aus der T'ang-Periode (7.–9. Jh.)

darauf hin, daß diese Schöpfung aus einer Integration der Ahnenstufen hervorgeht.

Bei primitiven Erneuerungsriten spielen die Ahnengeister eine beträchtliche Rolle. Die zentralaustralischen Eingeborenen identifizieren sich sogar mit ihren mythischen Ahnen der Alcheringazeit, einer Art homerischen Zeitalters. Ebenso identifizieren sich die Taos-Pueblos in der Vorbereitung zu den rituellen Tänzen mit der Sonne, deren Söhne sie sind. Die Rückidentifikation mit den menschlichen und tierischen Ahnen bedeutet psychologisch eine Integration des Unbewußten, recht eigentlich ein Erneuerungsbad in der Lebensquelle, wo man wieder Fisch ist, das heißt unbewußt wie im Schlaf, in der Trunkenheit und im Tod; daher der Inkubationsschlaf, die dionysische Weihe und der rituelle Tod in der Initiation. Diese Vorgänge finden natürlich immer am heiligen Orte statt. Man kann diese Vorstellungen leicht in den Konkretismus FREUDscher Theorie übersetzen: das Temenos ist dann der Mutterschoß und der Ritus eine Regression zum Inzest. Das sind aber die neurotischen Mißverständnisse von Menschen, die zum Teil noch infantil geblieben sind und nicht wissen, daß es sich um Dinge handelt, die von jeher Übungen Erwachsener waren, deren Tätigkeiten man unmöglich als bloße Regressionen zum Infantilismus erklären kann. Sonst wären die bedeutendsten und höchsten Errungenschaften der Menschheit schließlich nichts als pervertierte Kinderwünsche, und das Wort «kindisch» hätte seine raison d'être verloren.

Da die Alchemie in ihrer philosophischen Ausprägung sich mit Problemen beschäftigt hat, welche denen, die unsere modernste Psychologie interessieren, sehr nahekommen, so ist es vielleicht von einiger Bedeutung, noch um ein weiteres auf das Traummotiv des im quadratischen Raume zu rekonstruierenden Affen einzugehen. In der überwiegenden Mehrzahl der Fälle identifiziert die Alchemie ihre Wandlungssubstanz mit dem «argentum vivum» respektive dem Mercurius. Chemisch bezeichnet dieser Terminus das Quecksilber, philosophisch dagegen den «spiritus vitae» [Lebensgeist], ja sogar die Weltseele (Abb. 91), und damit nimmt Mercurius auch die Bedeutung des Offenbarungsgottes Hermes an. Es ist hier nicht der Ort, diesen Zusammenhang in extenso darzustellen. Es soll dies an anderer Stelle geschehen[45]. Hermes ist mit der Idee der Rundheit sowohl wie der Viereckigkeit verknüpft, wie insbesondere Papyrus V, Zeile 401 der *«Papyri Graecae magicae»*[46] ausweist. Dort

Abb. 62 Rechteckiges Mandala mit Kreuz, in dessen Mitte das Lamm Gottes, umgeben von den vier Evangelisten und den vier Paradiesesströmen, steht. In den vier Medaillons sind die vier Kardinaltugenden abgebildet.

Kloster Zwiefalten, Brevier (12. Jh.)

findet sich die Bezeichnung στρογγῦλος καὶ τετράγωνος (runder und viereckiger). Er heißt auch τετραγλώχιν (viereckig). Er hat überhaupt mit der Vierzahl zu tun; daher gibt es auch einen Ἑρμῆς τετρακέφαλος (vierköpfiger Hermes)[47]. Diese Attribute waren auch dem Mittelalter bekannt, wie zum Beispiel das Werk CARTARIS zeigt. Es heißt dort[48]:

«Davantage, les figures quarres de Mercure (Abb. 63), qui n'avait seulement que la teste et le membre viril, signifoient que le soleil est le Chef du monde, et qui seme toutes choses, mesmes les quatre costez de la figure quarree, designent ce que signifie la sistre à quatre chordes, qui fut aussi donnee à Mercure, c'est a dire, les quatre parties du monde, ou autrement, les quatre saisons de l'annee ou bien que les deux equinocces, et les deux solstices, viennent à faire les quatre parties de tout le Zodiaque.»

Es ist leicht verständlich, daß solche Eigenschaften den Mercurius vor allem geeignet machten, jene geheimnisvolle Wandlungssubstanz der Alchemie darzustellen; denn diese ist rund und viereckig, das heißt eine Ganzheit, die aus vier Teilen (vier Elementen) besteht. Daher ist sowohl der vierteilige gnostische Urmenoch[49] (Abb. 64) als auch der Pantokrator Christus eine «imago lapidis» [Bild des Steines][50] (Abb. 65). Insofern die westliche Alchemie größtenteils ägyptischen Ursprungs ist, richten wir unsern Blick in erster Linie auf den hellenistischen Hermes Trismegistos, dessen Figur einerseits dem mittelalterlichen Mercurius zu Gevatter steht, anderseits sich vom altägyptischen Thoth herleitet (Abb. 66). Das Attribut des Thoth war der Hundsaffe, oder er wurde direkt als Affe dargestellt[51]. Durch die zahllosen Editionen des Totenbuches blieb diese Auffassung bis in die spätesten Zeiten der unmittelbaren Anschauung erhalten. In der Alchemie, deren vorhandene Texte bis auf wenige Ausnahmen der christlichen Ära angehören, ist die uralte Verbindung von Thoth-Hermes mit dem Affen allerdings verschwunden, obschon sie in der römischen Kaiserzeit noch bestanden hat. Da nun aber der Mercurius einiges mit dem Teufel zu tun hat (worauf hier nicht näher eingegangen werden soll), taucht im «simia Dei» doch der Affe (Abb. 67) wieder in der Nachbarschaft des Mercurius auf. Es gehört zum Wesen der Wandlungssubstanz, daß sie einerseits das durchaus Billige, ja Verächtliche ist, das durch eine Reihe von Teufelsallegorien, wie Schlange, Drache, Rabe, Löwe, Basilisk und Adler, ausgedrückt wird, anderseits aber auch das Wertvolle, ja sogar das Göttliche selber bedeutet. Die Wandlung führt eben vom Tiefsten zum Höchsten, vom tierisch-archaisch Infantilen zum mystischen «homo maximus» [höchsten Menschen].

Die Symbolik der Erneuerungsriten, wenn ernst genommen, weist über das bloß Infantile und Archaische hinaus auf jene angeborene psychische Disposition, welche das Resultat und Depositum aller Ahnenleben zurück bis zur Tierheit ist; daher die Ahnen- und Tiersymbolik. Es handelt sich um Versuche, die Abtrennung des Bewußtseins vom Unbewußten, welches die eigentliche Lebensquelle ist, aufzuheben und eine Wiedervereinigung des Individuums mit dem Mutterboden der vererbten, instinktiven Disposition herbeizuführen. Hätten solche Erneuerungsriten nicht ausgesprochene Effekte, so wären sie nicht nur schon in

Abb. 63 Hermes. Griechische Vasenmalerei.

Abb. 64 Christus (als Anthropos), auf der Erdkugel stehend, umgeben von den vier Elementen (Feuer, Wasser, Erde, Luft). (1487)

der Vorzeit ausgestorben, sondern sie wären überhaupt nie zustande gekommen. Unser Fall beweist, daß, wenn auch das Bewußtsein meilenweit von den uralten Vorstellungen des Erneuerungsritus entfernt ist, doch das Unbewußte diese in den Träumen dem Bewußtsein wieder nahezubringen sucht. Die Autonomie und die Autarkie des Bewußtseins sind zwar Eigenschaften, ohne welche es überhaupt nicht zustande käme; aber sie bedeuten auch die Gefahr der Isolierung und Verödung, indem sie durch Abspaltung des Unbewußten eine unerträgliche *Instinktfremdheit* erzeugen. Instinktlosigkeit aber ist die Quelle endloser Irrungen und Wirrungen.

Abb. 65 Tetramorph (Anthropossymbol), auf zwei Rädern (Symbole des Alten und Neuen Testaments) stehend.
Aus dem Athos-Kloster Watopädi (1213)

Der Umstand endlich, daß sich der Träumer nicht in der «Mitte» befindet, sondern auf der Seite, ist ein sprechender Hinweis auf das, was mit seinem Ich geschehen wird: es wird nicht mehr den zentralen Platz beanspruchen können, sondern muß sich vermutlich mit der Stellung eines Satelliten oder wenigstens eines um die Sonne rotierenden Planeten begnügen. Der wichtige Platz der Mitte ist offenbar dem zu rekonstruierenden Gibbon bestimmt. Der Gibbon gehört zu den Anthropoiden und ist vermöge seiner Menschenverwandtschaft ein geeignetes Symbol, um je-

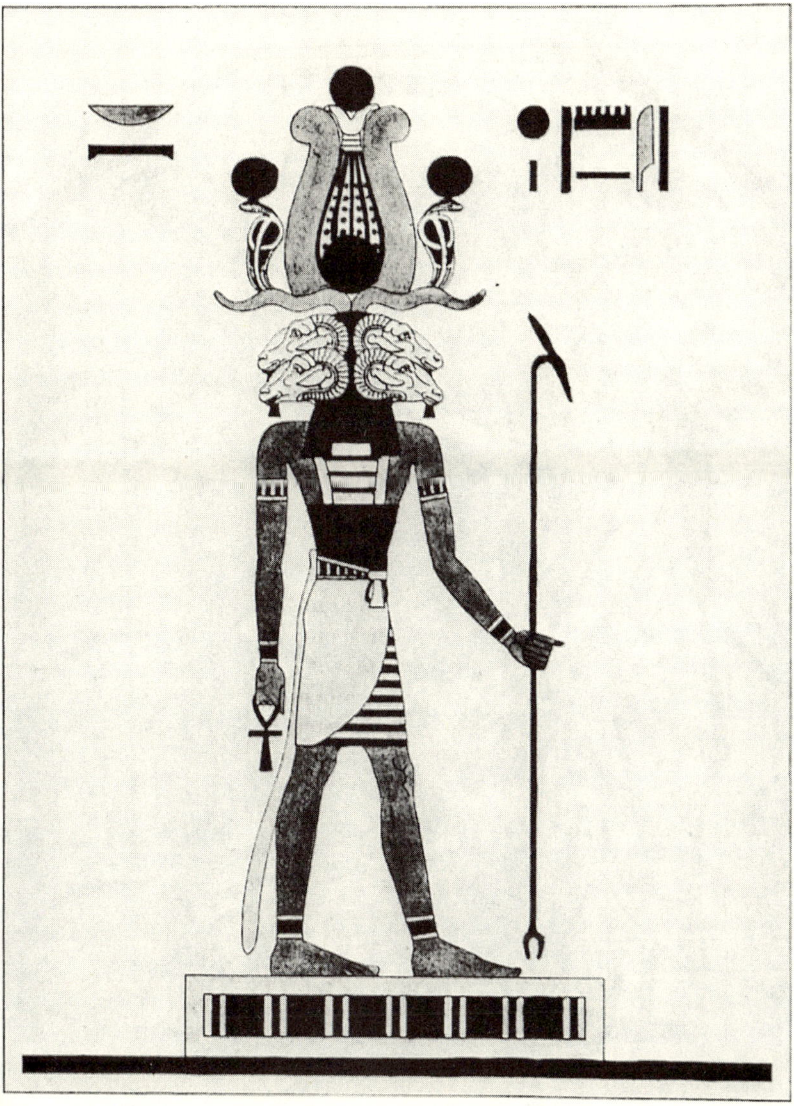

Abb. 66 Amon-Ra, der Geist der vier Elemente der Ägypter.

Abb. 67 Dämon in Affengestalt.
(14. Jh.)

nen Teil der Psyche, der ins Untermenschliche hinabreicht, auszudrükken. Am Beispiel des dem Thoth-Hermes verbundenen Kynokephalos (Pavian; Abb. 68), welcher der höchststehende den Ägyptern bekannte Affe war, haben wir gesehen, wie er vermöge seiner Gottesverwandtschaft geeignet ist, jenen Teil des Unbewußten auszudrücken, welcher das Niveau des Bewußtseins übersteigt. Es wird wohl kaum ernstlichen Anstoß erregen, wenn man annimmt, daß die menschliche Psyche Stockwerke besitzt, die unter dem Bewußtsein liegen. Daß es aber ebensogut Stockwerke geben könnte, die sozusagen oberhalb des Bewußtseins liegen, scheint eine Vermutung zu sein, die an ein «crimen laesae maiestatis humanae» [Beleidigung der menschlichen Majestät] grenzt. Nach meinen Erfahrungen kann das Bewußtsein nur eine relative Mittellage beanspruchen und muß es dulden, daß es gewissermaßen auf allen Seiten von der unbewußten Psyche überragt und umgeben ist. Es ist durch unbewußte Inhalte rückwärts verbunden mit physiologischen Bedingungen einerseits und archetypischen Voraussetzungen anderseits. Es ist aber auch vorwärts antizipiert durch Intuitionen, welche ihrerseits zum Teil durch Archetypen, zum Teil durch subliminale Wahrnehmungen, welche mit der Raum-Zeit-Relativität des Unbewußten zusammenhängen, bedingt sind. Ich muß es dem Leser überlassen, sich aus der gründlichen Überlegung dieser Traumserie und der von ihr aufgeworfenen Probleme ein eigenes Urteil über die Möglichkeit einer solchen Hypothese zu bilden.

Der folgende Traum ist ungekürzt, im Urtext, wiedergegeben:

17. Traum:

Alle Häuser haben etwas Bühnenhaftes, Theaterhaftes: Kulissen und Dekorationen. Der Name «Bernhard Shaw» fällt. Das Stück soll in ferner Zukunft spielen. Über einer Kulisse steht englisch und deutsch:

Dies ist die allgemeine katholische Kirche.

Sie ist die Kirche des Herrn.

Alle, die sich als Werkzeug des Herrn fühlen, mögen eintreten.

Darunter steht, kleiner gedruckt: «Die Kirche ist gegründet von Jesus und Paulus» – wie wenn man das Alter einer Firma anpreisen wollte. Ich sage zu meinem Freund: «Komm, das wollen wir uns einmal ansehen.» Er antwortet: «Ich sehe nicht ein, warum viele Menschen beisammen sein müssen, wenn sie religiöse Gefühle haben.» Da antworte ich: «Als Protestant wirst du das nie verste-

hen.» Eine Frau stimmt mir sehr zu. Nun sehe ich eine Art Aufruf an der Wand der Kirche. Er lautet:

«Soldaten!

Wenn Ihr fühlt, in der Macht des Herrn zu stehen, vermeidet es, ihn direkt anzusprechen. Der Herr ist durch Worte unerreichbar. Wir empfehlen Euch weiter dringend, keine Diskussionen über die Attribute des Herrn untereinander zu veranstalten. Es ist unfruchtbar; denn das Wertvolle und Wichtige ist unsagbar.»

(Gezeichnet:) *Papst...* (Name unleserlich.)

Nun gehen wir hinein. Das Innere ist ähnlich einer Moschee, besonders der Hagia Sophia: keine Bänke – schöne Raumwirkung, keine Bilder; eingerahmte Sprüche als Ornamente an der Wand (wie dort die Koransprüche). Einer der Sprüche lautet: «Schmeichelt eurem Wohltäter nicht.» Die Frau, die mir früher zugestimmt hatte, bricht in Tränen aus und ruft: «Da bleibt ja nichts mehr übrig.» Ich antworte: «Ich finde das alles ganz richtig.» Aber sie verschwindet. Erst stehe ich so, daß ein Pfeiler vor mir ist und ich nichts sehen kann. Dann wechsle ich meine Stellung und sehe eine Menge von Menschen vor mir. Ich gehöre nicht zu ihnen und stehe allein. Aber sie sind deutlich vor mir, und ich sehe ihre Gesichter. Sie sagen alle unisono: «Wir bekennen, in der Macht des Herrn zu stehen. Das Himmelreich ist in uns.» Dies wird sehr feierlich gesprochen: dreimal. Dann wird Orgel gespielt; eine Bachsche Fuge mit Chor wird gesungen. Der ursprüngliche Text ist aber fortgelassen, manchmal nur eine Art Koloratur, sodann wiederholt die Worte: «Alles andere ist Papier» (soll heißen: wirkt auf mich nicht lebendig). Nachdem der Chor verklungen, beginnt sozusagen in studentischer Weise der gemütliche Teil der Sitzung. Es sind lauter heitere und ausgeglichene Menschen da. Man geht auf und ab, spricht miteinander, begrüßt einander, und es werden Wein (aus einem bischöflichen Priesterseminar) und Erfrischungen gereicht. Man wünscht der Kirche ein fröhliches Gedeihen, und wie um der Freude am Zuwachs von Vereinsmitgliedern Ausdruck zu geben, wird von einem Lautsprecher ein Schlager gespielt mit dem Refrain: «Karl ist jetzt auch dabei.» Ein Priester erklärt mir: «Diese etwas nebensächlichen Vergnügungen sind offiziell gebilligt und zugelassen. Wir müssen uns den amerikanischen Methoden etwas anpassen. Bei einem Massenbetrieb, wie wir ihn haben, ist das unvermeidlich. Von den amerikanischen Kirchen unterscheiden wir uns aber grundsätzlich durch eine ausgesprochen antiasketische Richtung.» Dann erwache ich. Gefühl großer Erleichterung.

Abb. 68 Thot als Kynokephalos.
(Aus dem Grab des Amenherchopschef bei Dêr el-Mêdina, 20. Dynastie, – 1198 bis – 1167.)

Ich muß leider darauf verzichten, das Ganze des Traumes zu kommentieren[52], und beschränke mich deshalb auf unser Thema. Das Temenos wird zu einem sakralen Gebäude (entsprechend der vorangegangenen Andeutung). Die Handlung ist dadurch als «kultisch» gekennzeichnet. Das Grotesk-Komische des Dionysos-Mysteriums erscheint im «gemütlichen» Teil der Handlung, wo Wein gereicht und auf das Wohl der Kirche angestoßen wird. Eine Fußbodeninschrift eines orphisch-dionysischen Heiligtums sagt es trefflich: μόνον μὴ ὕδωρ (nur kein Wasser!)[53]. Die dionysischen Relikte in der Kirche, zum Beispiel die Fisch- und Weinsymbolik, der Kelch von Damaskus, der Siegelzylinder mit dem Kruzifix und der Inschrift ΟΡΦΕΟΣ ΒΑΚΚΙΚΟΣ (Der bacchische Orpheus)[54] und vieles andere mehr sollen hier nur andeutend erwähnt sein.

Die «antiasketische» Richtung markiert deutlich den Unterschied zur christlichen Kirche, die hier als «amerikanisch» bezeichnet wird. (Vgl. Kommentar zu Traum 14 [S. 75].) Amerika ist das Idealland der vernünftigen Ideen des praktischen Intellektes, der mittels eines «brain trust» der Welt das richtige Gesicht aufsetzen möchte[55]. Diese Auffassung entspricht der modernen Formel Intellekt = Geist, wobei ganz vergessen wird, daß «Geist» nie eine menschliche «Tätigkeit» war, geschweige denn eine «Funktion». Die Linksläufigkeit bestätigt sich daher als eine Entfernung von der modernen Ideenwelt zunächst in der Richtung einer Regression zum prächristlichen Dionysismus, dem «Askese» im christlichen Sinne fremd ist. Dabei bewegt sich die Entwicklung nicht etwa aus dem heiligen Raum überhaupt hinaus, sondern bleibt innerhalb desselben; mit andern Worten: sie verliert ihren sakralen Charakter nicht. Sie wird nicht einfach anarchisch und chaotisch, sondern setzt die Kirche in unmittelbare Beziehung zum Heiligtum des Dionysos, wie es auch der historische Prozeß, aber in umgekehrter Richtung, getan hat. Man kann daher sagen, daß die regressive Entwicklung getreu den historischen Weg wieder beschreitet, um auf die prächristliche Stufe zu gelangen. Es ist also kein Rück-Fall, sondern ein sozusagen systematischer Abstieg «ad inferos» (Abb. 69), eine psychologische nekyia[56].

Ich habe Ähnliches gefunden im Traum eines Geistlichen, der eine etwas problematische Einstellung zu seinem Glauben hatte: *Er kommt des Nachts in seine Kirche. Da ist die ganze Chorwand zusammengestürzt. Der Altar und die Trümmer sind von Weinreben, die voll Trauben hangen, überwuchert, und durch die entstandene Öffnung scheint der Mond herein.*

In einem ähnlichen Zusammenhang mit der frühen Kirche wie Dionysos steht auch Mithras. Ein Traum einer ebenfalls mit religiösen Problemen beschäftigten Persönlichkeit lautet: *Riesiger gotischer Dom, fast völlig dunkel. Es wird ein Hochamt zelebriert. Plötzlich stürzt die ganze Wand des Seitenschiffes ein. Blendendes Sonnenlicht, und damit eine große Herde von Stieren und Kühen, strömt ins Kircheninnere.* Diese Fassung ist offenkundig mehr mithräisch.

Die Kirche in unserem Traum ist interessanterweise ein synkretistisches Gebäude; denn die Hagia Sophia ist eine uralte christliche Kirche, die aber bis vor kurzem als Moschee diente. Es paßt darum sehr gut zu dem Ziel des Traumes, darin eine Zusammensetzung christlicher und dionysischer religiöser Ideen vorzunehmen. Dies soll offenbar so geschehen, daß das eine das andere nicht ausschließt, daß also keine Werte zerstört werden. Diese Tendenz ist überaus wichtig; denn im heiligen Raum soll ja die Rekonstruktion des «Gibbon» erfolgen. Ein solches Sakrileg ließe leicht die bedrohliche Vermutung aufkommen, daß die Linksläufigkeit eine «diabolica fraus» [teuflische Täuschung] und der «Gibbon» der Teufel sei; denn der Teufel gilt ja als «Affe» Gottes. Die Linksläufigkeit wäre dann eine «Verdrehung» der göttlichen Wahrheit, zu dem Zwecke, «Seine schwarze Majestät» an Stelle Gottes zu setzen. Das Unbewußte hat aber keine solchen blasphemischen Absichten, sondern versucht einfach, den verlorenen Dionysos, welcher dem modernen Menschen irgendwie fehlt (man denke an NIETZSCHE!), wieder an die religiöse Welt anzuschließen. Der Schluß von Traum 22 [S. 96], wo der Affe erstmals erscheint, lautet: «Es muß alles vom Licht regiert werden» – also, dürfen wir beifügen, auch der Herr der Finsternis mit Hörnern und Bocksfuß: eigentlich ein dionysischer Korybant, der etwas unvermutet zur Ehre eines Großfürsten gekommen ist.

Das dionysische Moment betrifft die Emotionalität oder Affektivität des Menschen, welche im vorzugsweise apollinischen Kultus und Ethos des Christentums keine zusagende religiöse Form gefunden hat. Die mittelalterlichen Karnevalsfeste und Ballspiele in der Kirche sind schon relativ früh ausgemerzt worden; infolgedessen ist der Karneval verweltlicht und damit die göttliche Trunkenheit aus dem heiligen Raum verschwunden. Der Kirche sind Trauer, Ernst, Strenge und wohlabgemessene geistliche Freude geblieben. Aber der Rausch, diese unmittelbarste und gefährlichste Ergriffenheit, hat sich von den Göttern abgewandt und mit seinem Überschwang und Pathos die Menschenwelt umfaßt. Dieser Gefahr begegneten die heidnischen Religionen dadurch, daß die Rauschekstase im Kult ihren Platz hatte. HERAKLIT sah wohl dahinter, als er sagte: «Es ist der Hades, dem sie rasen und Feste feiern.» Aus diesem Grunde eben erhielt der Orgiasmus die kultische Lizenz, um die vom Hades drohende Gefahr zu bannen. Unsere Lösung aber hat es vermocht, die Tore des Hades weit aufzureißen.

18. TRAUM:
Ein quadratischer Raum. Es finden darin komplizierte Zeremonien statt, welche die Verwandlung von Tieren in Menschen zum Zwecke haben. Zwei Schlangen, die nach entgegengesetzter Richtung laufen, müssen sofort beseitigt werden: Es sind Tiere da, wie Füchse und Hunde. Man geht wiederum im Quadrat herum und muß sich in den vier Ecken jeweils von diesen Tieren in die Waden beißen lassen (Abb. 118: Grundwerk 6). *Wenn man davonläuft, ist alles verloren. Es entstehen nun edlere Tiere: Stiere und Steinböcke. Vier Schlangen gehen in die vier Ecken. Dann geht die Versammlung hinaus. Zwei Opferpriester tragen ein riesiges Reptil. Mit diesem wird die Stirn einer noch unförmlichen Tier- oder Lebensmasse berührt. Daraus entsteht nunmehr ein menschlicher Kopf in verklärter Form. Eine Stimme ruft: «Das sind die Versuche des Werdens.»*

Der Traum beschäftigt sich weiter – man darf fast sagen – mit der «Erklärung» dessen, was im quadratischen Raum geschieht. Es sollen Tiere in Menschen verwandelt, eine noch ungeformte «Lebensmasse» soll durch die magische Berührung mit einem Reptil in einen «verklärten» (illuminierten) Menschenkopf umgewandelt werden. Die tierhafte Lebensmasse steht wohl für die Totalität des angeborenen Unbewußten, welches mit dem Bewußtsein vereinigt werden soll. Dies geschieht durch die kultische Verwendung des Reptils, vermutlich einer Schlange. Die Vorstellung der Verwandlung und Erneuerung durch die Schlange (Abb. 70) ist ein wohlbelegter Archetypus. Es ist die den Gott darstellende Heilschlange (Abb. 203, 204: Grundwerk 6). Von den Sabazios-Mysterien wird berichtet: «Eine goldene Schlange wird den Eingeweihten in den Schoß hinuntergelassen und unten wieder hervorgezogen.»[57] Bei den Ophiten war Christus die Schlange. Wohl die bedeutendste Ausgestaltung der Schlangensymbolik unter dem Aspekt der Persönlichkeitserneuerung findet sich im Kundalini-Yoga[58]. Das Schlangenerlebnis des Hirten in NIETZSCHES *«Zarathustra»* wäre demnach ein fatales Omen

Abb. 69 Dante und Vergil auf der Fahrt in die Unterwelt.
DANTE, *Inferno.* (15. Jh.)

(übrigens nicht das einzige dieser Art – vergleiche die Prophezeiung beim Tode des Seiltänzers).

Die «unförmliche Lebensmasse» erinnert direkt an die Vorstellungen des alchemistischen «Chaos»[59], der «massa» oder «materia informis» oder «confusa», welche seit der Schöpfung die göttlichen Lebenskeime enthält. Auf ähnliche Weise wird nach der Auffassung des Midrasch Adam geschaffen: Gott sammelt in der ersten Stunde den Staub, in der zweiten bildet er daraus eine ungeformte Masse, in der dritten schafft er die Glieder usw.[60] (Abb. 71).

Abb. 70 Mittelalterliche paganistische Wandlungsriten mit Schlangen.

Damit aber diese Verwandlung zustande komme, ist die «circumambulatio», das heißt die ausschließliche Konzentration auf die *Mitte,* auf den Ort der schöpferischen Wandlung, unerläßlich. Dabei wird man von Tieren «gebissen»; das heißt, man hat sich den tierhaften Impulsen des Unbewußten auszusetzen, ohne sich damit zu identifizieren und ohne «davonzulaufen»; denn die Flucht vor dem Unbewußten würde den Zweck der Prozedur illusorisch machen. Man muß dabeibleiben; das heißt, im vorliegenden Fall muß der durch die Selbstbeobachtung eingeleitete Vorgang in allen seinen Peripetien erlebt und dem Bewußtsein durch bestmögliches Verständnis angegliedert werden. Das bedeutet natürlich eine oft fast unerträgliche Spannung wegen der unerhörten Inkommensurabilität des bewußten Lebens und des unbewußten Prozesses, welch letzterer nur im innersten Gemüt erlebt werden kann und die sichtbare Oberfläche des Lebens nirgends berühren darf. Das Prinzip des Bewußtseinslebens ist: «Nihil est in intellectu, quod non antea fuerit in sensu» [Nichts ist im Verstand, was nicht vorher in den Sinnen[61] gewesen wäre]. Das Prinzip des Unbewußten aber ist die Autonomie der Psyche selbst, welche im Spiel ihrer Bilder nicht die Welt, sondern sich selber spiegelt, wenngleich sie die Vorstellungsmöglichkeiten, die ihr die Sinneswelt gibt, zur Verdeutlichung ihrer Bilder gebraucht. Das Sinnesdatum ist dabei aber nicht «causa efficiens» [Wirkursache], sondern wird

Abb. 71 Die Erschaffung Adams aus dem Lehmklumpen der «materia prima».
(1493)

Abb. 72 Die «Vereinigung des Unvereinbaren»: Vermählung von Wasser und Feuer. Die zwei Figuren haben zur Charakterisierung ihres Vielvermögens je vier Hände.
Nach einer indischen Darstellung

autonom ausgewählt und entlehnt, wodurch die Vernünftigkeit des Kosmos beständig aufs peinlichste verletzt wird. Ebenso zerstörerisch wirkt aber auch die Sinneswelt auf die innerpsychischen Vorgänge, wenn sie als «causa efficiens» in letztere einbricht. Soll einerseits die Vernunft nicht gekränkt und anderseits das schöpferische Spiel der Bilder nicht plump und gewalttätig unterdrückt werden, so bedarf es eines vor- und umsichtigen, synthetischen Verfahrens, welches die Paradoxie der Vereinigung des Unvereinbaren (Abb. 72) zuwege bringen soll; daher die alchemistische Parallele in unsern Träumen.

Die in diesem Traum geforderte Aufmerksamkeit auf die Mitte und die Warnung vor dem «Davonlaufen» haben ihre deutliche Parallele im «opus alchymicum»: die Notwendigkeit der Konzentration auf das Werk und der Meditation desselben wird immer wieder betont. Die Tendenz zum Davonlaufen dagegen wird nicht beim Operator, sondern vielmehr bei der Wandlungssubstanz vermutet: Der Mercurius ist evasiv und als «servus» (Knecht) oder «cervus fugitivus» (der flüchtige Hirsch) bezeichnet. Das Gefäß muß gut verschlossen werden, damit der, der darin ist, nicht davonfliege. EIRENAEUS PHILALETHES[62] sagt von diesem «servus»: «... ihr müsset sehr fürsichtig seyn, wie ihr ihn leitet, falls er eine Gelegenheit finden kan, wird er euch das Nachsehen lassen, und durchgehen, und euch in einem Haufen Unglück stecken lassen.»[63] Es ist diesen Philosophen allerdings nicht eingefallen, daß sie einer Projektion nachjagten und, je mehr sie dem Stoff zutrauten, sich desto mehr von der psychologischen Quelle ihrer Erwartungen abwandten. Man kann aus der Verschiedenheit dieses Traumstückes von dessen mittelalterlichen Vorstufen den psychologischen Fortschritt erkennen: Das Davonlaufen erscheint jetzt deutlich als eine Eigenschaft des Träumers; das heißt, es ist nicht mehr in den unbekannten Stoff projiziert. Damit wird das Davonlaufen zu einer moralischen Frage. Dieser Aspekt war den Alchemisten allerdings insofern auch bekannt, als sie die Notwendigkeit einer besonderen religiösen Devotion beim Werke betonten; aber man kann sie nicht ganz vom Verdachte befreien, ihre Gebete und frommen Übungen zum Zwecke der Erzwingung des Wunders verwendet zu haben – gibt es doch solche, die sogar den Heiligen Geist sich zum «familiaris» [Vertrauten] wünschten[64]! Immerhin darf ein gerechtes Urteil nicht verschweigen, daß in der Literatur nicht wenige Zeugnisse vorliegen, welche auf eine Erkenntnis der eigenen Wandlung hinweisen. So ruft zum

Beispiel einer aus: «Transmutemini in vivos lapides philosophicos!» [Verwandelt euch in lebendige philosophische Steine!]

Kaum berühren sich Bewußtsein und Unbewußtes, so fliehen sich auch schon ihre Gegensätze. Daher müssen gleich anfangs im Traum die Schlangen, die in entgegengesetzter Richtung davonlaufen, beseitigt werden, das heißt, der Konflikt zwischen Bewußt und Unbewußt wird durch Entschluß sofort aufgehoben, und das Bewußtsein wird zur «circumambulatio» und damit zum Ertragen der Spannung angehalten. Durch den damit beschrittenen Bannkreis wird aber auch das Unbewußte gehindert, in das Außen durchzubrechen; denn dieser Durchbruch wäre gleichbedeutend mit Psychose. «Nonnulli perierunt in opere nostro» [Etliche kamen bei unserem Werk um], kann man mit dem Philosophen des *«Rosarium»* sagen. Der Traum zeigt, daß die schwierige Operation, die nur einem superioren Intellekt möglich ist – nämlich in Paradoxien zu denken –, gelungen ist. Die Schlangen laufen nicht mehr davon, sondern ordnen sich in den vier Ecken an, und der Verwandlungs- respektive Integrationsprozeß gelingt. Die «Verklärung» und Erleuchtung, das heißt die Bewußtwerdung des Zentrums, ist, in der Antizipation des Traumes wenigstens, erreicht. Die potentielle Errungenschaft bedeutet – wenn sie behauptet werden kann, das heißt, wenn das Bewußtsein seinen Zusammenhang damit nicht wieder verliert[65] – die Erneuerung der Persönlichkeit. Da dies ein subjektiver Zustand ist, dessen wirkliche Existenz durch kein äußeres Kriterium beglaubigt werden kann, ist auch jeder weitere Versuch der Beschreibung und Erklärung erfolglos, und nur der, der diese Erfahrung gemacht hat, ist imstande, ihre Tatsächlichkeit zu begreifen und zu bezeugen. «Glück» zum Beispiel ist eine so bemerkenswerte Wirklichkeit, daß es niemand gibt, der sie nicht ersehnte, und doch gibt es nicht ein einziges objektives Kriterium, welches unzweifelhaft das notwendige Vorhandensein dieses Zustandes dartäte. Wir müssen oft gerade in den wichtigsten Dingen auf das subjektive Urteil abstellen.

Die Anordnung der Schlangen in den vier Ecken weist auf eine Ordnung des Unbewußten hin. Es ist, wie wenn ein präexistenter Grundriß, eine Art von pythagoräischer Tetraktys vorläge. Die Vierzahl in diesem Zusammenhang habe ich überaus häufig beobachtet. Wahrscheinlich erklärt sich daraus die universale Verbreitung und magische Bedeutung des Kreuzes oder des viergeteilten Kreises. In vorliegendem Fall scheint es sich um ein Einfangen und Anordnen tierischer Instinkte zu handeln,

Abb. 73 Die Erlösung des Menschen aus der Macht des Drachen.
(15. Jh.)

wodurch die Gefahr des Unbewußtwerdens beschworen ist. Vielleicht dürfte dies die empirische Grundlage für das Kreuz sein, welches die Mächte der Finsternis überwindet (Abb. 73).

Mit diesem Traum ist dem Unbewußten wohl ein mächtiger Vorstoß gelungen, indem es seine Inhalte bedrohlich in die Nähe des Bewußtseins rücken konnte. Der Träumer erscheint als weitgehend verstrickt in die geheimnisvolle synthetische Zeremonie und wird nicht verfehlen, eine bedeutende Erinnerung aus diesem Traum ins bewußte Leben hinüberzunehmen. Erfahrungsgemäß entsteht daraus dem Bewußtsein ein erheblicher Konflikt, weil es nicht immer geneigt oder in der Lage ist, jene ungewöhnliche intellektuelle und moralische Leistung aufzubringen, eine Paradoxie ernstlich zu ertragen. Nichts ist so eifersüchtig wie eine Wahrheit.

Wie ein Blick auf die mittelalterliche Geistesgeschichte zeigt, ist unsere ganze moderne Geistigkeit durch das Christentum präformiert. (Mit einem vorhandenen oder nicht vorhandenen Glauben an die christlichen Wahrheiten hat dies nichts zu tun.) Die vom Traum vorgeschlagene Rekonstruktion des Affen im heiligen Raume ist daher dermaßen störend, daß sich davon der größere Teil des Publikums in den Schutz des Nichtverstehens flüchtet. Ein anderer Teil wird achtlos an der Abgrundtiefe dionysischen Geheimnisses vorübergehen und den vernünftigen darwinistischen Kern als Erretter aus mystischer Exaltation begrüßen. Nur die allerwenigsten werden den Zusammenstoß zweier Welten empfinden und begreifen, worum es sich im Grunde handelt. Der Traum sagt es zwar deutlich, daß an jenem Ort, wo nach alter Tradition die Gottheit wohnt, der Affe entstehen soll. Diese Vertauschung ist beinahe so schlimm wie eine schwarze Messe.

Der quadratische Raum hat in der östlichen Symbolik als Erde (chinesisch) und als Padma (Lotus, indisch) den Charakter der «yoni», der Weiblichkeit. Das Unbewußte des Mannes ist ebenfalls weiblich, wie es auch durch die Anima personifiziert ist[66]. Diese repräsentiert auch stets die «minderwertige Funktion»[67] und hat darum häufig einen moralisch zweifelhaften Charakter; ja, öfters stellt sie direkt das Böse dar. Sie ist in der Regel die vierte Person (vgl. Träume 10, 11, 15 [S. 66, 68, 79]). Sie ist der gefürchtete dunkle Mutterschoß (Abb. 74), der als solcher ambivalenter Natur ist. Die christliche Gottheit ist einer in drei Personen. Die vierte Person im himmlischen Drama ist unzweifelhaft der Teufel. Er ist in

Abb. 74 Der Himmel (das Geistige) befruchtet die Erde und erzeugt den Menschen. (16. Jh.)

harmloser psychologischer Fassung die minderwertige Funktion. Moralisch bewertet, ist er die Sünde des Mannes, also eine diesem zugerechnete Funktion: daher wohl männlich. Die Weiblichkeit ist in der Gottheit verschwiegen; denn die Deutung des Heiligen Geistes als Sophia-Mater gilt als Häresie. Das christliche metaphysische Drama, der «Prolog im Himmel», kennt also nur männliche Darsteller, was es mit vielen ursprünglichen Mysterien gemein hat. Irgendwo muß die Weiblichkeit wohl sein; darum ist sie vermutlich im Dunkeln zu finden. Jedenfalls hat die alte chinesische Philosophie sie dort, nämlich im «yin», lokalisiert[68]. Obschon sich Mann und Frau vereinigen, repräsentieren sie dennoch unvereinbare Gegensätze, welche, wenn aktiviert, in tödlicher Feindschaft ausarten. So stellt dieser Urgegensatz symbolisch alle erdenklichen, sonst noch vorkommenden Gegensätze dar: wie warm – kalt, hell – dunkel, Süd – Nord, trocken – feucht, gut – böse usw.; so auch: bewußt – unbewußt. In der Funktionspsychologie sind zunächst zwei Funktionen, die differenzierte und deren Auxiliärfunktion, bewußt, also männlich, und in Träumen etwa repräsentiert durch Vater und Sohn, die unbewußten Funktionen dagegen durch Mutter und Tochter. Da nun der Gegensatz zwischen den beiden Auxiliärfunktionen längstens nicht so groß ist wie zwischen der differenzierten und der minderwertigen Funktion, kann auch die dritte, nämlich die unbewußte «auxiliäre» Funktion ins Bewußtsein gehoben und dadurch männlich werden. Sie wird aber etwas von ihrer Kontamination mit der minderwertigen Funktion mit sich nehmen und dadurch eine gewisse Vermittlung mit dem Dunkel des Unbewußten bilden. Dieser psychologischen Tatsache entsprechend, unterlag auch der Heilige Geist der häretischen Deutung als Sophia, da er ja der Vermittler der Geburt im Fleische war und auf diese Weise das Sichtbarwerden der lichten Gottheit im Dunkel der Welt ermöglichte. Dieser Zusammenhang war es wohl, welcher dem Heiligen Geist den Verdacht der Weiblichkeit eintrug; denn Maria war die dunkle Ackererde, «jene jungfräuliche Erde, die noch nicht von Regen bewässert wurde», wie TERTULLIAN sie nannte[69].

Die vierte Funktion ist mit dem Unbewußten kontaminiert und zieht, wenn bewußtgemacht, das ganze Unbewußte mit sich. Es kommt dann zur Auseinandersetzung mit dem Unbewußten und zu Versuchen, eine Synthese der Gegensätze herbeizuführen[70]. Zunächst aber bricht jener heftige Konflikt aus, in den jeder vernünftige Mensch geriete, wenn ihm evident würde, daß er den absurdesten Aberglauben zu schlucken hätte. Alles würde sich in ihm sträuben, und er würde sich verzweifelt gegen etwas wehren, das ihm wie mörderischer Unsinn erscheint. Aus dieser Situation nun erklären sich die folgenden Träume.

19. TRAUM:
Wilder Krieg zwischen zwei Völkern.

Dieser Traum stellt den Konflikt dar. Das Bewußtsein verteidigt seine Position und sucht das Unbewußte zu unterdrücken. Dadurch wird in erster Linie die vierte Funktion hinausgedrängt; da aber diese mit der dritten kontaminiert ist, droht auch diese zu verschwinden, wodurch ein früherer, dem jetzigen vorausgehender Zustand wieder hergestellt würde: nämlich ein Zustand, in dem nur zwei Funktionen bewußt sind, während die zwei andern dem Unbewußten verfallen.

20. TRAUM:
In einer Höhle sind zwei Knaben. Ein dritter fällt wie durch eine Röhre auch hinein.

Die Höhle stellt die Dunkelheit und Abgeschlossenheit des Unbewußten dar. Die zwei Knaben entsprechen zwei im Unbewußten befindlichen Funktionen. Der dritte müßte theoretisch die Auxiliärfunktion sein, was darauf hinwiese, daß das Bewußtsein sich ganz auf die differenzierte Funktion zurückgezogen hat. Die Partie steht also auf eins zu drei, was dem Unbewußten ein großes Übergewicht gibt. Man darf daher einen neuen Vorstoß des Unbewußten und eine Wiederherstellung seiner Position erwarten. Die «Knaben» weisen auf das Zwergmotiv (Abb. 77) hin. (Davon später.)

21. TRAUM:
Große, durchsichtige Kugel, die viele kleine Kugeln enthält. Oben wächst eine grüne Pflanze heraus.

Die Kugel ist eine Ganzheit, die alle Inhalte umfaßt, dadurch wird das durch nutzlosen Kampf stillgestellte Leben wieder möglich. Im Kundalini-Yoga ist das «grüne Schoß» eine Bezeichnung für den aus seiner Latenz hervortretenden Ishvara (Shiva).

Abb. 75 Trimurti-Bild. Das Dreieck symbolisiert das Zusammenneigen des Alls nach der Einheitsspitze, die Schildkröte: Vishnu und der Lotus, der aus dem Totenschädel mit den zwei Flammen emporwächst: Shiva. Im Hintergrund: die strahlende Brahmasonne – das Ganze eine Entsprechung zum alchemistischen «opus», wo die Schildkröte die «massa confusa», der Schädel das «vas» der Verwandlung, die Blume das «Selbst» bzw. die Ganzheit symbolisiert.

Nach einer indischen Darstellung

22. Traum:

In amerikanischem Hotel. Fährt mit dem Lift etwa bis zum dritten oder vierten Stock. Muß dort mit vielen andern Leuten warten. Ein Freund (bestimmte Persönlichkeit) ist da und sagt, er (der Träumer) hätte die dunkle, unbekannte Frau unten nicht so lange warten lassen sollen, er hätte sie doch in dessen Obhut gegeben. Er gibt ihm nun einen an die Dunkle gerichteten, offenen Zettel. Darauf steht: «Die Erlösung kommt nicht vom Nichtmitgehen oder Fliehen. Sie kommt aber auch nicht vom Sich-willenlos-Treibenlassen. Die Erlösung kommt von einer völligen Hingabe, bei der der Blick auf eine Bitte gerichtet sein muß.» Am Rande des Zettels war eine Zeichnung: ein Rad oder Kranz mit acht Speichen. Nun kommt ein Liftboy und sagt, daß sein (des Träumers) Zimmer im achten Stock sei. Er fährt mit dem Lift weiter bis etwa zum siebten oder achten Stock. Dort steht ein unbekannter, rothaariger Mann und begrüßt ihn freund-

lich. Nun tritt eine Veränderung der Szenerie ein. Es heißt, in der Schweiz sei eine Revolution: eine militärische Partei mache Propaganda dafür, «Links ganz abzuwürgen». Auf den Einwand, Links sei ohnehin schwach, wird geantwortet, gerade deshalb wolle man Links ganz abwürgen. Nun kommen Soldaten in altmodischen Uniformen, welche alle dem rothaarigen Mann gleichen. Sie laden ihre Gewehre mit Stöcken, stellen sich im Kreise auf und schicken sich an, auf die Mitte zu schießen. Schließlich schießen sie aber doch nicht und scheinen abzumarschieren. Erwacht in großer Angst.

Die im vorhergehenden Traum angedeutete Tendenz zur Wiederherstellung der Ganzheit stößt in diesem Traum wieder auf das anders gerichtete Bewußtsein. Der Traum spielt sich daher passenderweise auf einem amerikanischen Hintergrund ab. Der Lift fährt nach oben, wie es sich gebührt, wenn aus dem «Unter»bewußtsein etwas nach «oben» ins Bewußtsein kommt. Was hier nach oben kommt, ist aber der unbewußte Inhalt: nämlich das durch die Vierheit charakterisierte Mandala (Abb. 61, 62 und andere). Daher sollte der Lift bis zum vierten Stock fahren. Da aber die vierte Funktion tabu ist, fährt er nur annähernd bis zum dritten oder vierten Stock. Das geht nicht nur dem Träumer so, sondern noch vielen andern Leuten, die darum, wie er, warten müssen, bis nämlich die vierte Funktion aufgenommen werden kann. Ein guter Freund macht ihn darauf aufmerksam, daß er die dunkle Frau, nämlich die «Anima», welche die tabuierte Funktion repräsentiert, nicht «unten», daß heißt im Unbewußten, hätte warten lassen sollen. Das war nämlich der Grund, warum er mit den andern oben warten mußte. Es ist in der Tat kein bloß individuelles, sondern ein kollektives Problem, indem die in neuerer Zeit merkliche Belebung des Unbewußten, wie dies schon FRIEDRICH SCHILLER ahnte, Anlaß zu Fragestellungen gibt, welche sich das 19. Jahrhundert nicht träumen ließ. NIETZSCHE entschied sich im *«Zarathustra»* zur Verwerfung der Schlange und des «häßlichsten Menschen» und damit zu einem heroischen Bewußtseinskrampf, welcher folgerichtigerweise zu dem im *«Zarathustra»* vorausgesagten Zusammenbruch führte.

Der Ratschlag auf dem Zettel ist ebenso profund wie treffend, so daß ihm schlechterdings nichts beizufügen ist. Nachdem der Rat ergangen und vom Träumer irgendwie aufgenommen war, konnte die Fahrt nach oben weitergehen. Man muß wohl annehmen, daß das Problem der vierten Funktion wenigstens im allgemeinen akzeptiert wurde; denn der Träumer kommt nun im siebten bis achten Stock an, womit die vierte

Funktion nicht mehr durch ein Viertel, sondern durch ein Achtel repräsentiert ist, also um die Hälfte vermindert erscheint.

Dieses Zögern vor dem letzten Schritt zur Ganzheit scheint merkwürdigerweise auch in *«Faust»,* 2. Teil, eine Rolle zu spielen. Es handelt sich um die Kabirenszene: «Verklärte Meeresfrauen» kommen über das Wasser. Nereiden und Tritonen singen:

> Was wir auf Händen tragen,
> Soll allen euch behagen.
> Chelonens Riesenschilde
> Entglänzt ein streng Gebilde:
> Sind Götter, die wir bringen;
> Müßt hohe Lieder singen.
>
> Sirenen:
> Klein von Gestalt,
> Groß von Gewalt,
> Der Scheiternden Retter,
> Uralt verehrte Götter.
>
> Nereiden und Tritonen:
> Wir bringen die Kabiren,
> Ein friedlich Fest zu führen;
> Denn wo sie heilig walten,
> Neptun wird freundlich schalten.

Von «Meerfrauen», also von weiblichen Gestalten (Abb. 10, 11, 12 und 157: Grundwerk 6), welche gewissermaßen das Unbewußte als Meer und Meereswelle repräsentieren, wird ein «streng Gebilde» gebracht. Das «streng» erinnert an «streng» architektonische oder geometrische Formen, die eine bestimmte Idee ohne romantisches (gefühlsmäßiges) Beiwerk darstellen. Es «entglänzt» der Schale einer Schildkröte[71] (Abb. 76), welche wie die Schlange als primitiver Kaltblüter das Instinkthafte des Unbewußten symbolisiert. Das «Gebilde» ist irgendwie identisch mit den unsichtbaren, schöpferischen Zwerggöttern, den Verhüllten (Abb. 77), welche in der dunklen Kista gehalten werden, die aber auch als etwa fußhohe Figürchen am Meere stehen, wo sie als Anverwandte des Unbewußten die Schiffahrt, das heißt das Wagnis mit der Dunkelheit und Unbestimmtheit, schützen. Darum sind sie als Daktylen Erfindergötter, zwar klein und unscheinbar, wie die Regungen des Unbewußten, aber ebenso mächtig wie dieses. El gabir ist der Große, Mächtige.

Nereiden und Tritonen:
Drei haben wir mitgenommen,
Der vierte wollte nicht kommen.
Er sagte, er sei der rechte,
Der für sie alle dächte.

Sirenen:
Ein Gott den andern Gott
Macht wohl zu Spott.
Ehrt ihr alle Gnaden,
Fürchtet jeden Schaden.

Es ist bezeichnend für Goethes gefühlshafte Natur, daß der vierte gerade der Denker ist. Wenn «Gefühl ist alles» als oberstes Prinzip gilt, dann muß das Denken sich mit der ungünstigen Rolle begnügen und in der Versenkung verschwinden. Diese Entwicklung schildert *«Faust»,* 1. Teil. Das dafür stehende Modell war Goethe selber. In diesem Fall wird das Denken zur vierten (Tabu-) Funktion. Durch Kontamination mit dem Unbewußten nimmt es die groteske kabirische Gestalt an; denn die Kabiren als Zwerge sind chthonische Götter und darum in der Regel entsprechend mißgestaltet. («Die Ungestalten seh' ich an als irdenschlechte Töpfe.») Sie stehen darum in ebenso groteskem Widerspruch zu den Himmlischen und machen diese zum Spott. (Vgl. «Affe Gottes».)

Abb. 76 Die Schildkröte: ein alchemistisches Instrument.
(1609)

Abb. 77 a und b Telesphoros, der Kabir oder «familiaris» des Asklepios.
Abb. 77 a: Bronzefigur in St. Germain-en-Laye; 77 b: Marmorstatuette in Wien

NEREIDEN UND TRITONEN:
Sind eigentlich ihrer sieben.

SIRENEN:
Wo sind die drei geblieben?

NEREIDEN UND TRITONEN:
Wir wüßten's nicht zu sagen,
Sind im Olymp zu erfragen;
Dort west auch wohl der achte,
An den noch niemand dachte,
In Gnaden uns gewärtig,
Doch alle noch nicht fertig.
Diese Unvergleichlichen
Wollen immer weiter,
Sehnsuchtsvolle Hungerleider
Nach dem Unerreichlichen.

Wir erfahren, daß ihrer «eigentlich» sieben bis acht seien; jedoch ist wieder eine Schwierigkeit mit dem achten, wie zuvor mit dem vierten. Ebenso stellt sich in Widerspruch mit der vorher betonten Herkunft aus dem Unteren, Dunkeln heraus, daß die Kabiren eigentlich im Olymp zu finden sind; denn sie streben ewig von unten nach oben und sind darum wohl stets unten *und* oben anzutreffen. Das «streng Gebilde» ist offenbar ein unbewußter Inhalt, der stets zum Lichte drängt. Es sucht und ist selber das, was ich andernorts als die «schwer erreichbare Kostbarkeit» bezeichnet habe[72]. Diese Annahme bestätigt sich sogleich:

> Die Helden des Altertums
> Ermangeln des Ruhms,
> Wo und wie er auch prangt,
> Wenn sie das Goldene Vlies erlangt,
> Ihr die Kabiren.

Das «Goldene Vlies» ist das begehrte Ziel der Argonautenfahrt, jener abenteuerlichen «quest», die eines der zahllosen Synonyme für die Erlangung des Unerreichbaren ist. THALES macht dazu die weise Bemerkung:

> Das ist es ja, was man begehrt:
> Der Rost macht erst die Münze wert.

Das Unbewußte ist ja stets das Haar in der Suppe: die ängstlich verborgene Mangelhaftigkeit der Vollkommenheit, das peinliche Dementi aller idealistischen Ansprüche, der Erdenrest, welcher menschlicher Natur anhaftet und ihre ersehnte Kristallklarheit schmerzlich trübt. Nach alchemistischer Auffassung ist Rost sowohl wie Grünspan die Krankheit des Metalles. Aber eben dieser Aussatz ist die «vera prima materia», die Basis zur Bereitung des philosophischen Goldes. Das *«Rosarium philosophorum»* sagt: «Unser Gold ist nicht das gemeine Gold. Du hast aber nach dem Grünen (viriditas, vermutlich Grünspan) gefragt, in der Annahme, daß das Erz ein aussätziger (leprosum) Körper sei wegen der Grüne, die es an sich hat. Daher sage ich dir, daß alles, was vollkommen ist am Erze, nur jenes Grüne ist, weil dieses Grüne durch unsere Methode (magisterium) alsbald in unser wahrstes Gold gewandelt wird[73].»

Des THALES paradoxe Bemerkung, daß erst der Rost der Münze den richtigen Wert gebe, ist eine Art von alchemistischer Paraphrase, die im Grunde nichts anderes besagen will, als daß es kein Licht gibt ohne Schatten und keine seelische Ganzheit ohne Unvollkommenheit. Das Leben bedarf zu seiner Vollendung nicht der *Vollkommenheit,* sondern der

Vollständigkeit. Dazu gehört der «Pfahl im Fleisch», das Erleiden der Mangelhaftigkeit, ohne welche es kein Vorwärts und kein Aufwärts gibt.

Das Problem der Drei und Vier, Sieben und Acht, welches GOETHE an dieser Stelle aufgegriffen hat, ist eine Perplexität der Alchemie, welche historisch auf die Texte, die dem CHRISTIANOS[74] zugeschrieben werden, zurückgeht. Im Traktat über die Herstellung des «mythischen Wassers» heißt es: «Daher schrie die hebräische Prophetin ohne Scheu heraus: ‹Das Eine wird zu Zwei, und die Zwei Drei, und von dem Dritten wird das Eine als Viertes[75].›» Diese Prophetin geht in der alchemistischen Literatur als MARIA PROPHETISSA[76] (Abb. 78), zubenannt die Jüdin, Schwester des Moses, oder die Koptin, und es scheint nicht unwahrscheinlich, daß sie mit der Maria der gnostischen Tradition zusammenhängt. EPIPHANIUS bezeugt das Vorhandensein von Schriften dieser MARIA: die *«Interrogationes magnae»* und *«parvae»,* worin eine Vision beschrieben sei von Christus, wie er auf dem Berge das Weib aus seiner Seite habe hervortreten lassen und wie er sich mit diesem vermischt habe[77]. Es ist nun wohl kein Zufall, daß der unten angegebene Traktat der MARIA das Thema des «matrimonium alchymicum» [alchemistische Ehe] in einem Dialog mit dem Philosophen Aros[78] behandelt; daraus stammt das später oft wiederholte «Verheirate Gummi mit Gummi in wahrer Ehe»[79]. «Gummi arabicum», ursprünglich, ist hier als Arkannamen benützt für die Wandlungssubstanz, und zwar um der adhäsiven Eigenschaft willen. So erklärt zum Beispiel KHUNRATH[80] den «roten» Gummi als das «Hartz der Weisen», was eben ein Synonym der Wandlungssubstanz ist. Diese Substanz als Lebenskraft (vis animans) vergleicht ein anderer Erklärer dem «Leim der Welt» (glutinum mundi), der das Mittlere zwischen Geist und Körper bildet und deren beider Verbindung ist[81]. Der alte Traktat *«Consilium coniugii»* führt aus, daß der «philosophische Mensch» aus den «vier Naturen des Steins» bestehe. Drei davon seien irdisch oder in der Erde, «die vierte Natur ist das Wasser des Steins, nämlich das viskose Gold, das roter Gummi genannt wird, mit welchem die drei irdischen Naturen tingiert werden»[82]. Gummi ist, wie wir hier erfahren, die kritische vierte Natur: sie ist doppelt, nämlich männlich und weiblich, und doch nur die eine «aqua mercurialis». Die Vereinigung der beiden ist also eine Art *Selbstbefruchtung,* was ja immer vom Merkurialdrachen ausgesagt wird[83]. Es ist aus diesen Andeutungen leicht zu erkennen, wer der philosophische Mensch ist: Es ist der androgyne Urmensch

Abb. 78 Maria Prophetissa; im Hintergrund: die Vereinigung (coniunctio) des Oberen und des Unteren.
(1617)

oder Anthropos des Gnostizismus[84] (vgl. Abb. 64, 82; 117, 195 u. a.: Grundwerk 6), dessen Parallele in Indien der Atman ist. Die *Bṛhadâranyaka-Upanishad* sagt darüber: «Er war nämlich so groß wie ein Weib und ein Mann, die sich umschlungen halten. Dieses sein Selbst (âtman) zerteilte er in zwei Teile; daraus entstanden Gatte und Gattin. Mit ihr begattete er sich»[85] usw. Der gemeinsame Ursprung dieser Ideen liegt in den primitiven Vorstellungen vom zweigeschlechtigen Urwesen.

Die vierte Natur – um zum Text des *«Consilium coniugii»* zurückzukehren – führt uns direkt zur Anthroposidee, welche eine Vorstellung der Ganzheit des Menschen ist: des einen nämlich, der schon vor dem Menschen war und zugleich dessen Ziel darstellt. Er gesellt sich als viertes zu den dreien und stellt dadurch die Synthese der Vier zur Einheit her[86] (Abb. 196: Grundwerk 6). Bei Sieben und Acht scheint es sich um etwas Ähnliches zu handeln; jedoch kommt dieses Motiv in der Literatur weit seltener vor. Es findet sich aber bei PARACELSUS, wo es GOETHE zugänglich war[87], in *«Ein ander Erklärung der gantzen Astronomey»:* «Eins ist gewaltig / Sechs seind Subiecten, das Achtet ist auch gewaltig»[88], und sogar noch etwas mehr als das erste. Eins ist der König, und sechs sind die Knechte und der Sohn: es sind König Sol und die sechs Planeten, respektive die Metallhomunculi, wie die Darstellung in der *«Pretiosa margarita novella»* des JANUS LACINIUS von 1546 ausweist[89] (Abb. 79). Der achte kommt hier allerdings nicht vor. PARACELSUS scheint ihn dazu erfunden zu haben. Da dieser aber noch «gewaltiger» als der erste ist, dürfte ihm

Abb. 79 König Sol mit den sechs Planetensöhnen.
(1546)

die Krone zukommen. Der im Olymp «wesende» achte bei GOETHE weist insofern direkt auf den Paracelsischen Text, als dieser die «Astrologie Olympi» (das heißt die Struktur des «corpus astrale») formuliert[90].

Indem wir nun wieder zu unserm Traum zurückkehren, finden wir an der kritischen Stelle, nämlich im siebten bis achten Stock, den Rothaarigen, ein Synonym des Spitzbartes, also des klugen Mephisto, der die Szene zauberisch verwandelt, weil es ihm um jenes geht, das Faust nie sah: nämlich das «streng Gebilde», welches das höchste Kleinod, das «Unsterbliche» bedeutet[91]. Er verwandelt sich in die Soldaten, die Vertreter der Uniformität, der kollektiven Meinung, die natürlich ganz dagegen ist, Unzweckmäßigkeiten zu dulden. Unter höchster Autorität sind ihr Drei und Sieben heilig; aber Vier und Acht sind vom Übel: «irdenschlechte Töpfe», «nichts als» Minderwertigkeit, die vor dem strengen Urteil der Bonzen jeglicher Schattierung keinen Bestand hat. «Links» soll «ganz abgewürgt» werden, das heißt die unbewußte Seite und alles Verdächtige, welches von links her, also vom Unbewußten kommt. Zwar ist diese Meinung altmodisch und bedient sich altmodischer Mittel; aber auch Vorderlader können noch treffen. Aus unbekannten, das heißt im Traum nicht angegebenen Gründen verdämmert dieses destruktive Attentat gegen die «Mitte», auf die sich (laut Ratschlag) «der Blick stets richten» soll. Diese Mitte ist in der Randzeichnung auf dem Zettel als achtspeichiges Rad (Abb. 80) gekennzeichnet.

23. TRAUM:

Im quadratischen Raum. Dem Träumer gegenüber sitzt die unbekannte Frau, deren Porträt er zeichnen soll. Was er zeichnet, ist aber kein Gesicht, sondern es sind dreiblättrige Kleeblätter oder verzerrte Kreuze in vier verschiedenen Farben: Rot, Gelb, Grün und Blau.

Im Anschluß an diesen Traum zeichnet der Träumer spontan einen Kreis, dessen Viertel in den obigen Farben getönt sind. Es ist ein Rad mit acht Speichen. In der Mitte befindet sich eine vierblättrige blaue Blume. Es folgen nun in kurzen Abständen zahlreiche Zeichnungen, welche sich alle mit der merkwürdigen Struktur der «Mitte» befassen und dem Bedürfnis entspringen, jene Konfiguration zu entdecken, welche dem Wesen der «Mitte» adäquaten Ausdruck verleiht. Die einzelnen Zeichnungen gehen zum Teil aus visuellen Eindrücken, zum Teil aus einfühlender Intuition und zum Teil aus Träumen hervor.

Abb. 80 Mercurius dreht am achtspeichigen Rad, das den Prozeß symbolisiert. Er hält das «telum passionis» in der einen Hand. (17. Jh.)

Zum Rad ist zu bemerken, daß es ein beliebter Ausdruck in der Alchemie ist, welcher den zirkulierenden Prozeß, die «circulatio» bezeichnet. Damit sind einerseits der «ascensus» und «descensus», zum Beispiel die aufsteigenden und niederfallenden Vögel (Dämpfe, die sich niederschlagen)[92], anderseits die Evolution des Weltalls als Vorbild des Werkes und somit auch der Zyklus des Jahres, in welchem das Werk zustande kommt, gemeint. Der Zusammenhang der «rotatio» mit seinen Kreiszeichnungen ist dem Alchemisten nicht unbewußt. Die zeitgenössische moralische Allegorik des Rades hebt unter anderem den «ascensus» und «descensus» als den Abstieg Gottes zum Menschen und den Aufstieg des letzteren zu Gott hervor (unter Berufung auf einen Sermo des heiligen BERNHARD: «Durch seinen Abstieg verschaffte er uns einen erfreulichen und heilsamen Aufstieg»)[93]. Ferner drückt das Rad die für das Werk bedeutsamen Tugenden der «constantia» [Standhaftigkeit], «obedentia» [Gehorsam], «moderatio» [Maßhalten], «aequalitas» [Gleichmut] und «humilitas» [Demut] aus[94]. Die mystischen Beziehungen des Rades spielen dann bei JAKOB BÖHME keine geringe Rolle. Wie die Alchemisten operiert auch er mit den Rädern des Ezechiel; so sagt er «... also erkennen wir, daß das Geistleben in sich hineingewandt stehet, und das Naturleben aus sich und vor sich gewandt stehe. Da wirs denn zusammen einem runden Kugelrade vergleichen, das auf allen Seiten gehet, wie das Rad in Ezechiel andeutet.»[95] Des weiteren erläutert er: «Das Rad Naturae windet sich von außen in sich hinein; denn die Gottheit wohnet im Innern in sich und hat eine solche Figur, nicht daß mans kann malen, es ist nur ein natürlich Gleichnis; gleichwie sich Gott in der Figur dieser Welt abmalet; denn Gott ist überall ganz, und wohnet also in sich selber. Merke: Das äußerliche Rad ist der Zodiacus mit dem Gestirne: und hernach die sieben Planeten»[96] usw. «Obwohl diese Figur nicht genug gemacht ist, so ist es doch eine Nachdenkung: und könnte mans auf einem großen Circul fein entwerfen, den weniger Verständigen zur Nachdenkung. Also merke, das Begehren gehet in sich hinein nach dem Herzen, welches ist Gott» usw. Das Rad ist bei BÖHME aber auch die «Impression» (alchemistisch: «informatio») des ewigen Willens. Es ist die Mutter Natur, respektive das «Gemüthe der Mutter / daraus sie immer schöpffet und würcket: Das sind die Sternen mit dem planetischen Rade / nach dem Modell des ewigen Gestirns / welches nur ein Geist / und das ewige Gemüth in der Weißheit Gottes ist / als die ewige Natur / daraus die ewigen Geister sind in ein Geschöpffe gegangen und eingetretten»[97]. Die «Eigenschafft» des Rades ist das Leben in der Gestalt von «vier Ambtmännern», welche «in der Mutter / der Gebährerin / das Regiment führen». Dies sind die vier Elemente, «welchen das Rad des Gemüthes... Willen und Begierde gibt / daß also dieses gantze Wesen nur ein einig Ding ist», wie das «Gemüth eines Menschen; wie er ist in Seel und Leib»; denn er ist nach dem Bilde dieses «gantzen Wesens» geschaffen. So ist aber auch die Natur in ihren vier Elementen beseeltes «gantzes Wesen»[98]. Dieses «sulphurische Rad» ist auch der Ursprung des Guten und Bösen, respektive führt in diese Prinzipien hinein oder hinaus[99].

BÖHMES Mystik ist in höchstem Grade von der Alchemie beeinflußt. So sagt er: «Die Gestaltnüß der Geburth ist als ein drähend Rad / das

Abb. 81 «Sol et ejus umbra.» Die Erde ist in die Mitte zwischen Licht und Finsternis gestellt.
(1687)

macht Mercurius im Sulphur[100].» Die «Geburth» ist das «güldene Kind» (der «filius Philosophorum = Archetypus des göttlichen Kindes[101]), dessen «Werckmeister» Mercurius ist[102]. Mercurius ist selber «das Feuer-Rad der Essentz» in der Gestalt einer Schlange. Ebenso ist die (unerleuchtete) Seele ein «solcher feurischer Marcurius». Vulcanus zündet das «Feuer-Rad der Essentz» in ihr an, wenn sie von Gott «abebricht»; daraus entstehen Begierde und Sünde, welche der «Zorn Gottes» sind. Die Seele ist dann ein «Wurm», wie die «Feurische Schlange», eine «Larva» und ein «Monstrum»[103].

Die Deutung des Rades bei BÖHME verrät etwas vom mystischen arcanum der Alchemie und ist darum in dieser sowohl wie in psychologischer Hinsicht von nicht geringer Bedeutung: Das Rad erscheint hier als eine Ganzheitsvorstellung, welche die Essenz der Mandalasymbolik darstellt und daher auch das «mysterium iniquitatis» [Geheimnis der Bosheit] in sich begreift.

Die Tatsachen beweisen, daß die Vorstellung der «Mitte», welche vom Unbewußten immer wieder dem Bewußtsein angenähert wurde, anfängt Fuß zu fassen und eine eigentümliche Faszination auf letzteres auszuüben. Die nächste Zeichnung gibt wieder die blaue Blume (Abb. 85), aber achtfach unterteilt; dann folgen Bilder von vier Bergen um einen Kratersee; ein roter Ring, der auf der Erde liegt, darin steht ein dürrer Baum, an dem sich eine grüne Schlange (Abb. 13) linksläufig emporwindet.

Die ernsthafte Beschäftigung mit diesem Problem hat für den Laien wahrscheinlich etwas Verblüffendes. Einige Kenntnis des Yoga sowohl wie der mittelalterlichen Philosophie des Lapis würde seinem Verständnis hilfreich entgegenkommen. Wie bei der Quadratur des Zirkels bereits angeführt wurde, ist diese eine der Methoden zur Erzeugung des Lapis, wie auch die Anwendung der «imaginatio», wie der folgende Text unmißverständlich beweist: «Und passe auf, daß deine Türe wohl und fest geschlossen sei, damit der, der drin ist, nicht entfliehen kann, und – mit Gottes Willen – wirst du so zum Ziel gelangen. Die Natur führt ihre Operation allmählich aus; ich aber will, daß du gleicherweise tust, ja nach der Natur soll sich deine Imagination richten. Und schaue entsprechend der Natur, von welcher die Körper in den Eingeweiden der Erde sich regenerieren. Und das imaginiere durch wahre Imagination und nicht durch phantastische[104].»

Das «vas bene clausum» [gut verschlossenes Gefäß], diese häufig vorkommende alchemische Vorsichtsmaßregel, ist gleichbedeutend mit dem Bannkreis. In beiden Fällen soll das Innere geschützt werden vor dem Einbruch und der Beimischung des Äußeren[105], wie es auch am Entweichen verhindert werden soll. Die «imaginatio» wird hier als wirkliche und wörtlich zu nehmende *Einbildungskraft* verstanden, entsprechend dem klassischen Gebrauch des Wortes, und in Gegensatz gesetzt zu «phantasia», was höchstens «Einfall» im Sinne wesenlosen Gedankens bezeichnet, bei PETRONIUS sogar in Verstärkung dieser Bedeutung als Lächerlichkeit: «phantasia non homo» [Er ist eine Phantasie, nicht ein Mensch][106]. Die «imaginatio» ist eine aktive Hervorrufung von (inneren) Bildern, «secundum naturam» [gemäß der Natur], eine eigentliche Denk- oder Vorstellungsleistung, die nicht plan- und bodenlos ins Blaue «hinausphantasiert», also nicht mit ihren Gegenständen spielt, sondern die innere Gegebenheit in – der Natur getreulich nachgebildeten – Vorstellungen zu fassen sucht. Diese Tätigkeit wird als «opus», als Werk bezeichnet. Man kann auch die Art, wie der Träumer diese Gegenstände der inneren Erfahrung behandelt, wohl nicht anders denn als richtige Arbeit bezeichnen, angesichts der gewissenhaften, genauen und sorgsamen Aufzeichnung und Ausgestaltung des vom Unbewußten dem Bewußtsein zuwachsenden Inhaltes. Für jeden Kenner der Alchemie ist wohl die Ähnlichkeit mit dem «opus» einleuchtend. Überdies bestätigen die Träume die Analogie, wie Traum 24 zeigen wird.

Der vorliegende 23. Traum, aus welchem die eben besprochenen Zeichnungen hervorgingen, zeigt nichts davon, daß die linke Seite etwa «abgewürgt» worden wäre. Der Träumer befindet sich im Gegenteil wieder im Temenos, konfrontiert mit der Unbekannten, welche die vierte, «minderwertige» Funktion personifiziert[107]. Sein Zeichnen ist vom Traum antizipiert, und was der Traum personifiziert darstellt, das gibt der Träumer wieder als abstraktes Ideogramm. Dies dürfte wohl ein Hinweis sein darauf, daß der Sinn der Personifikation ein Symbol ist für etwas, das auch in ganz anderer Gestalt dargestellt werden kann. Diese «andere Gestalt» greift zurück auf Traum 16 [S. 84], das Treff-As, dessen Analogie zum ungleichschenkligen Kreuz dort hervorgehoben wurde. Die Analogie wird hier bestätigt. Die damalige Lage versuchte ich in die Formel zu fassen: Christliche Trinität, aber getönt, gefärbt oder überschattet durch die vier (Farben). Die Farben erscheinen hier als Konkretisierungen der Tetraktys. Eine ähnliche Ankündigung zitiert das *«Rosarium»* aus dem *«Tractatus aureus»*: «Der Geier[108]… ruft mit lauter Stimme und sagt: ‹Ich bin das weiße Schwarz und das rote Gelb[109].›» Vom Lapis dagegen wird hervorgehoben, daß er «omnes colores» (alle Farben) in sich vereinige. Man könnte daher vermuten, daß die hier durch die Farben vertretene Vierheit gewissermaßen eine Vorstufe darstelle. Dies

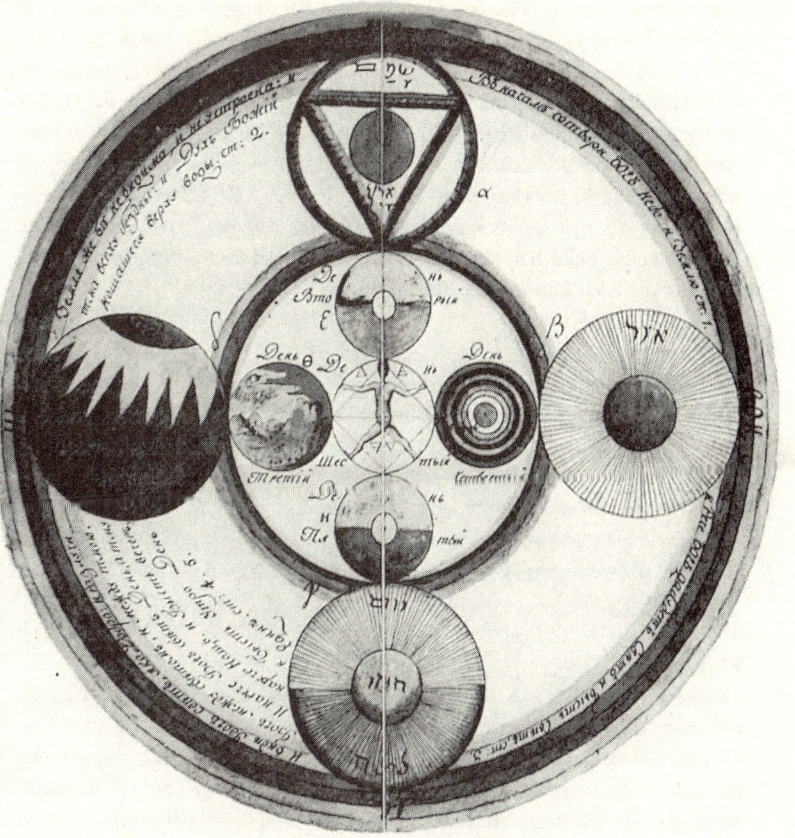

Abb. 82 Der Anthropos mit den vier Elementen.
(18. Jh.)

wird bestätigt im *«Rosarium»*: «Unser Stein stammt aus den vier Elementen[110].» (Abb. 64, 82, 117: Grundwerk 6, und andere); ebenso das «aurum philosophicum»: «Im Gold sind die vier Elemente in gleichmäßiger Verteilung vorhanden[111]». Die Tatsache ist, daß die vier Farben im Traum auch den Übergang von der Dreiheit zur Vierheit und damit zum quadrierten Kreise (Abb. 59 und 60) darstellen, welcher der Natur des Lapis nach alchemischer Auffassung wegen seiner Rundung (vollkommener Einfachheit) am nächsten komme. So heißt es in einem dem RAYMUNDUS zugeschriebenen Rezept zur Bereitung des Lapis: «Sohn, nimm vom einfachsten und vom runden Körper, und nimm nicht vom dreieckigen oder viereckigen, sondern vom runden: denn das Runde ist der Einfachheit näher als das Dreieckige. Es ist also festzuhalten, daß der einfache Körper keine Ecke hat, denn er ist der erste und letzte unter den Planeten, wie die Sonne unter den Sternen[112]».

24. TRAUM:
Zwei Personen sprechen über Kristalle, insbesondere über einen Diamanten.

Es fällt einem schwer, hier nicht an die Idee des Lapis [Stein] zu denken. Vielmehr legt dieser Traum den historischen Untergrund bloß und deutet an, daß es sich hier tatsächlich um den gesuchten Lapis, die «schwer erreichbare Kostbarkeit», handelt. Das «opus» des Träumers ist so gut wie eine unbewußte Wiederholung der Bestrebungen der hermetischen Philosophie. (Weiteres zum «Diamanten» Träume 37, 39, 50 [S. 195, 197, 202].)

25. TRAUM:
Es handelt sich um die Konstruktion eines Mittelpunktes und um eine Symmetrisierung des Gebildes durch Spiegelung an diesem Punkt.

Das Wort «Konstruktion» weist auf die synthetische Natur des «opus», ebenso auf den sozusagen mühevollen Aufbau, der die Arbeitskraft des Träumers in Anspruch nimmt. Die «Symmetrisierung» ist eine Antwort auf den Konflikt in Traum 22 [S. 164] («Links ganz abwürgen»). Die eine Seite muß der andern als Spiegelbild völlig entsprechen, und zwar entsteht dieses Spiegelbild im «Mittelpunkt», der demnach spiegelnde Eigenschaft besitzt, ein vitrum[113], ein Kristall oder eine Wasserfläche ist (Abb. 209: Grundwerk 6). Das Spiegeln scheint wiederum auf die zugrunde liegende Vorstellung des Lapis, des «aurum philosophicum», des Elixirs, der «aqua nostra» usw. hinzudeuten (Abb. 265: Grundwerk 6).

Wie das «Rechts» des Bewußtseins dessen Welt und deren Prinzipien darstellt, so soll durch «Spiegelung» eine Umkehrung des Weltbildes nach links vorgenommen werden, so daß eine Entsprechung in umgekehrtem Sinne entstünde. Gleichermaßen kann es auch lauten: Durch «Spiegelung» erscheint «Rechts» als eine Umkehrung von «Links». «Links» erscheint darum als gleichberechtigt mit «Rechts», respektive das Unbewußte und seine größtenteils unverständliche Ordnung werden zur symmetrischen Ergänzung des Bewußtseins und seiner Inhalte, wobei es erst noch dunkel bleibt, was sich spiegelt und was Spiegelbild ist (Abb. 55). Man könnte daher, um diese Schlußfolgerung fortzusetzen, den «Mittelpunkt» auch als Schnittpunkt zweier entsprechender, aber im Spiegel umgekehrter Welten betrachten[114].

Die Idee der Symmetrisierung würde also einen Höhepunkt in der Anerkennung des Unbewußten und dessen Einbauung in ein allgemeines Weltbild bedeuten. Das Unbewußte erreicht hier «kosmischen» Charakter.

26. TRAUM:
Es ist Nacht, Sternenhimmel. Eine Stimme sagt: «Jetzt wird es beginnen.» Der Träumer fragt: «Was wird beginnen?», worauf die Stimme antwortet: «Der Kreislauf kann beginnen.» Es fällt nun eine Sternschnuppe in eigentümlicher, linksläufiger Kurve. Die Szene verändert sich; der Träumer ist in fragwürdigem Vergnügungslokal. Ein Wirt, der als skrupelloser Ausbeuter erscheint, und Mädchen in herabgekommenem Zustand sind da. Es entsteht ein Streit über Rechts und Links. Dann geht der Träumer weg und fährt mit einem Taxi auf dem Umfang eines Quadrates herum. Dann wieder die Bar. Der Wirt sagt: «Was die Leute über Links und Rechts geredet haben, konnte mein Gefühl nicht treffen. Gibt es denn wirklich einen rechten und einen linken Teil der menschlichen Gesellschaft?» Der Träumer antwortet: «Die Existenz des Links widerspricht nicht der des Rechts. In jedem Menschen sind beide. Links ist das Spiegelbild von Rechts. Immer, wenn es von mir so, als Spiegelbild, gefühlt wird, bin ich mit mir einig. Es gibt keinen rechten und keinen linken Teil der menschlichen Gesellschaft; wohl aber gibt es symmetrische und schiefe Menschen. Die schiefen sind die, welche nur die eine Seite, die linke oder die rechte, in sich erfüllen können. Sie sind noch im Kindheitszustand.» Der Wirt sagt nachdenklich: «Das ist schon viel besser» und geht wieder seiner Beschäftigung nach.

Ich habe diesen Traum ausführlich hierher gesetzt, weil er in trefflicher Weise zeigt, wie die in Traum 25 [S. 180] angedeuteten Ideen vom Träumer aufgenommen werden. Die Vorstellung des symmetrischen

Abb. 83 Dante wird in der Himmelsrose vor Gott geführt.
DANTE, Paradiso (15. Jh.)

Verhältnisses wird ihres kosmischen Charakters entkleidet und ins Psychologische übersetzt, ausgedrückt in sozialen Symbolen. «Rechts» und «Links» sind dabei fast als politische Schlagwörter gebraucht.

Am Anfang des Traumes steht der kosmische Aspekt. Der Träumer bemerkte, daß die eigentümliche Kurve, welche die Sternschnuppe beschreibt, genau einer Linie entspricht, die er zeichnete, als er das Bild der achtfach geteilten Blume[115] entwarf. Die Kurve bildet den Rand der Blumenblätter. Die Sternschnuppe fährt also gewissermaßen am Rand einer durch den ganzen gestirnten Himmel reichenden Blume entlang. Es ist die Zirkulation des Lichtes, die hier beginnt[116]. Diese kosmische Blume entspricht etwa der Rose in DANTES «Paradiso» (Abb. 83).

Als Aspekt einer «inneren», nicht anders als psychisch zu verstehenden Erfahrung ist deren «kosmische» Natur anstößig und bewirkt sofort eine Reaktion des «Unteren». Der kosmische Aspekt ist offenbar zu «hoch» und wird deshalb nach «unten» kompensiert, so daß die Symmetrie nicht mehr jene zweier Weltbilder, sondern bloß die der menschlichen Gesellschaft, ja des Träumers selber ist. Wenn der Wirt zu diesem psychologischen Verständnis meint, «das sei schon viel besser», so drückt er damit eine Anerkennung aus, deren Nachsatz lauten müßte: «aber noch nicht gut genug».

Der Streit über Rechts und Links, der anfangs im Lokal entsteht, ist ein Konflikt, der im Träumer selber ausbricht, wenn er die Symmetrie anerkennen sollte. Er kann das aber darum nicht, weil die andere Seite so bedenklich aussieht, daß man ihr Bild lieber nicht näher betrachtet. Darum tritt die magische «circumambulatio» ein (die Umfahrung des Quadrates), damit er drinnen bleibe und nicht davonlaufe, sondern sein Spiegelbild ertragen lerne. Er tut dies nun auch nach bestem Vermögen, jedoch noch nicht so, wie die andere Seite es wünscht. Daher die etwas kühle Anerkennung seiner Verdienste.

27. VISUELLER EINDRUCK:
Ein Kreis; in der Mitte ein grüner Baum. Im Kreise findet ein wütender Kampf unter Wilden statt. Sie sehen den Baum nicht.

Der Konflikt zwischen Rechts und Links ist offenbar nicht beendet. Er geht ruhig weiter, weil die Wilden noch im «Kindheitszustand» sind und darum als «Schiefe» entweder nur Rechts oder nur Links kennen, nicht aber ein drittes, das über dem Konflikt steht.

28. VISUELLER EINDRUCK:
Ein Kreis; innen führen Stufen hinauf zu einem Bassin, darin Springbrunnen.

Wenn ein Zustand nicht befriedigend ist, indem ein wesentlicher Aspekt des unbewußten Inhaltes darin fehlt, so greift der unbewußte Prozeß zurück auf frühere Symbole, wie das auch hier der Fall ist. Die Symbolik kehrt zurück zum Traum 13 [S. 128], wo wir dem Mandalagarten der Philosophen mit dem Springbrunnen der «aqua nostra» begegnet sind (Abb. 84; auch 25, 26 und 56). Kreis und Bassin betonen das Mandala, welches in der mittelalterlichen Symbolik die «rosa» ist[117]. Der «Rosengarten der Philosophen» ist ein beliebtes Symbol[118].

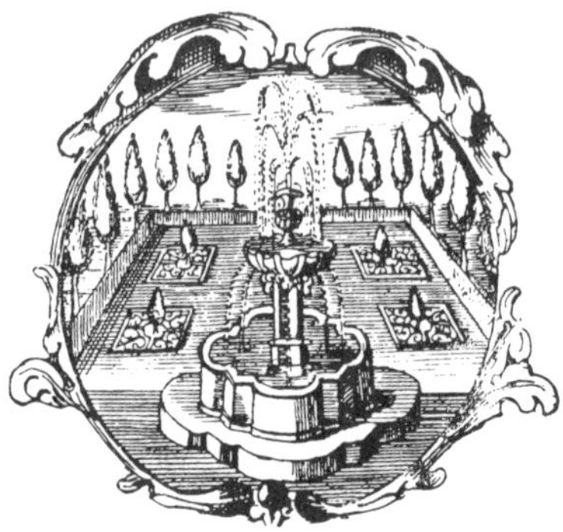

Abb. 84 Der Brunnen im ummauerten Garten bedeutet «constantia in adversis» (Beständigkeit unter widrigen Umständen); eine gerade für die Alchemie bezeichnende Situation!

(1702)

29. VISUELLER EINDRUCK:
Ein Rosenstrauß, dann ein Zeichen  *. es sollte aber so sein:* 

Der Rosenstrauß ist wie ein Springbrunnen, der sich entfaltet. Der Sinn des ersten Zeichens (Baum?) ist undeutlich; die Korrektur dagegen stellt die achtfach geteilte Blume (Abb. 85) dar. Hier wird offenbar ein Irrtum korrigiert, welcher die Totalität der «rosa» [Rose] irgendwie be-

Abb. 85 Die achtstrahlige Blume als achte oder erste der sieben.
(18. Jh.)

einträchtigte. Die Wiederherstellung muß also das Problem des Mandala, nämlich die richtige Beurteilung und Deutung des «Mittelpunktes», dem Bewußtsein wieder annähern.

30. TRAUM:
Er sitzt mit der dunklen, unbekannten Frau an einem runden Tisch.

Immer, wenn ein gewisser Höhepunkt der Deutlichkeit oder eine weitreichende Möglichkeit der Schlußfolgerung eintritt, entsteht daraus leicht eine Regression. Die Träume, die zwischen den hier zitierten liegen, zeigen deutlich, daß dem Träumer die sich ihm aufdrängende Forderung der Totalität etwas peinlich ist; denn mit der Verwirklichung dieses Anspruches entstehen für ihn weitreichende praktische Folgerungen, deren persönliche Natur außerhalb des Rahmens unserer Betrachtung liegt.

Die Rundung des Tisches deutet wiederum auf den Kreis der Ganzheit; dazu gehört die Anima als Vertreterin der vierten Funktion, besonders in ihrer «dunklen» Abart, welche sich immer dann bemerkbar macht, wenn etwas konkretisiert, das heißt in die Wirklichkeit übersetzt werden sollte oder sich selber zu übersetzen droht. «Dunkel» ist chthonisch, das heißt irdisch-wirklich. Dies ist auch die Quelle der Angst, welche die Regression verursacht [119].

31. TRAUM:
Er sitzt mit einem bestimmten Manne von negativer Qualität an einem runden Tisch. Darauf steht ein Glas, gefüllt mit einer gelatinösen Masse.

Dieser Traum stellt insofern gegenüber dem vorhergehenden einen Fortschritt dar, als hier das «Dunkle» so weit als eigene «Dunkelheit» angenommen ist, daß daraus ein richtiger «Schatten» [120] entsteht, der dem Träumer persönlich zugehört. Dadurch wird die Anima von der Projektion des moralisch Minderwertigen befreit und kann zu ihrer eigentlichen Funktion, nämlich zum schöpferisch Lebendigen [121], übergehen. Dieses letztere ist wohl repräsentiert durch das Glas mit dem merkwürdigen Inhalt, den wir, mit dem Träumer, der undifferenzierten «Lebensmasse» in Traum 18 [S. 152] vergleichen. Damals handelte es sich um die stufenweise Verwandlung des Primitiv-Tierischen in Menschliches. Wir dürfen daher hier wieder etwas Ähnliches erwarten, da es scheint, als ob die Spirale der inneren Entwicklung wieder auf demselben Grad angelangt sei, wennschon auf höherer Ebene.

Abb. 86 Der alchemistische Destillationsapparat, das «unum vas», mit den Schlangen des (doppelten) Mercurius.
(1676)

Das Glas entspricht dem «unum vas» der Alchemie (Abb. 86) und sein Inhalt der lebendigen halborganischen Mischung, aus welcher der geistbegabte, lebendige Körper des Lapis hervorgehen wird oder jene denkwürdige Gestalt bei Goethe in *«Faust»,* 2. Teil, die sich dreimal wieder auflöst, der Knabe Lenker, der am Thron der Galathea zerschellende Homunculus und Euphorion (Auflösung der «Mitte» ins Unbewußte). Das Lapis ist bekanntlich nicht nur ein «Stein», sondern es ist ausdrücklich konstatiert, daß er «de re animali, vegetabili et minerali» zusammengesetzt wird und aus Körper, Seele und Geist besteht [122]; er wächst aus Fleisch und Blut [123]. Daher sagt der Philosoph (Hermes in der *«Tabula smaragdina»*): «Der Wind hat ihn in seinem Bauche getragen.» (Siehe Abb. 210: Grundwerk 6.) Klar ist daher: «Der Wind ist die Luft, die Luft ist das Leben, und das Leben ist die Seele.» «Der Stein ist das mittlere Ding zwischen den vollkommenen und den unvollkommenen Körpern, und was die Natur selbst angefangen hat, das wird durch die Kunst zur Vollendung gebracht» [124]. Dieser Stein «wird der Stein der Unsichtbarkeit (lapis invisibilitatis) genannt» [125].

Es handelt sich im Traum wohl um eine Lebendig-(Wirklich-)Machung der «Mitte», sozusagen um ihre Geburt. Daß diese Geburt aus einer amorphen Masse hervorgeht, hat eine Parallele in der alchemistischen Vorstellung der «prima materia» als einer chaotischen, von Lebenssamen geschwängerten «massa informis». (Abb. 162 und 163: Grundwerk 6.) Wie wir gesehen haben, wird ihr die Eigenschaft des Gummi arabicum und des Leims zugeschrieben, oder sie wird als «viscosa» und «unctuosa» (zähflüssig) bezeichnet. (Bei PARACELSUS ist der «Nostoc» Arkansubstanz.) Obschon dem «gelatinös» zunächst moderne Anschauungen von Nährböden, gallertartigen Wucherungen und ähnlichem zugrunde liegen, so bestehen doch auch die Rückverbindungen zu den viel älteren alchemistischen Ideen, welche, wie schon öfters betont, zwar nicht bewußt vorhanden sind, unbewußt jedoch die Symbolwahl in hohem Maße beeinflussen.

32. TRAUM:
Er erhält einen Brief von einer unbekannten Frau. Sie schreibt, sie habe Schmerzen im Uterus. Dem Brief ist eine Zeichnung beigefügt, die etwa folgendermaßen aussieht[126]*:*

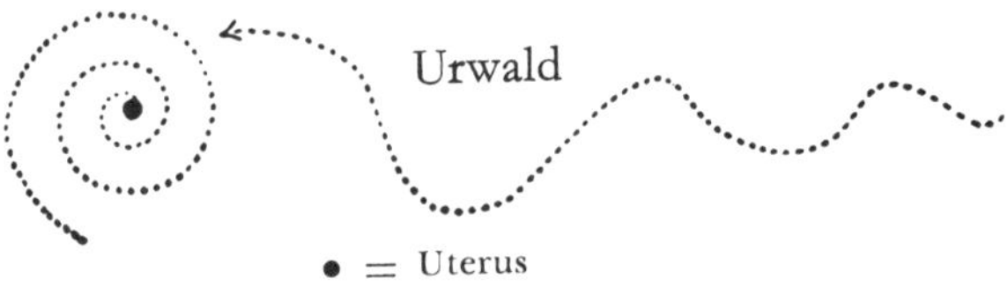

Im Urwald sind viele Affen. Dann eröffnet sich eine Aussicht auf weiße Gletscher.

Die Anima übermittelt die Nachricht von schmerzhaften Vorgängen im lebenschaffenden Zentrum, das hier nicht mehr das «Glas» mit der Lebensmasse ist, sondern ein als «Uterus» charakterisierter Mittelpunkt, der, wie die Spirale andeutet, durch Zirkumambulation erreicht wird. Auf alle Fälle betont die Spirale den Mittelpunkt und damit den Uterus, welcher ein häufiges Synonym des alchemischen Gefäßes ist, wie er auch eine Grundbedeutung des östlichen Mandalas darstellt[127]. Die Schlangenlinie führt zum Gefäß, wodurch eine Analogie mit der Heilschlange des Äskulap (Abb. 203, 204: Grundwerk 6) entsteht; auch mit dem tantrischen Symbol des Shiva bindu, des schöpferischen, latenten, unausgedehnten Gottes, der in Gestalt des Punktes oder des Lingga dreieinhalbmal von der Kundalinischlange umringelt ist[128]. Wie in den Träumen 16 und 18 [S. 133 und 152], und 22 [S. 96], der Affe mit dem Urwald erscheint, im gleichen Traum 22 zum «Licht, das alles regieren soll» und 18 [S. 152] zum «verklärten» Kopf führt, so eröffnet sich am Schluß die Aussicht auf weiße «Gletscher», zu denen dem Träumer ein früherer Traum einfällt (hier nicht erwähnt), wo er die Milchstraße sieht und ein Gespräch über Unsterblichkeit stattfindet. Das Symbol «Gletscher» ist also die Brücke, die wieder zum kosmischen Aspekt überleitet, zu jenem Aspekt, der Anlaß zur Regression gegeben hat. Aber wie es sozusagen stets der Fall ist, kehrt das Frühere nicht so einfach wieder, wie es zuerst erschien, sondern bringt gleich eine neue Komplikation mit, die dem intellektuellen Bewußtsein nicht weniger anstößig ist als der kosmische Aspekt, obschon sie logischerweise zu ahnen war. Es ist dies die Erinnerung an das Gespräch über die Unsterblichkeit. Dieses Thema wurde ja schon in Traum 9 [S. 115] angedeutet bei der Pendeluhr, die ein perpetuum mobile ist. Die Unsterblichkeit ist eine Uhr, die nicht abläuft, ein Mandala, das ewig, wie der Himmel, kreist. Der kosmische Aspekt kehrt also mit Zins und Zinseszins zurück. Das könnte dem Träumer leicht zu viel werden; denn ein wissenschaftlicher Magen hat eine sehr beschränkte digestive Fähigkeit.

Es ist in der Tat eine verwirrende Fülle von Bestimmungen, welche das Unbewußte für diese dunkle Sache anführt und welche wir als Mandala oder «Selbst» bezeichnen. Beinahe möchte es scheinen, als ob wir uns mit dem Unbewußten anschickten, den säkularen Traum der Alchemie weiterzuträumen und neue Synonyme auf den Berg der alten zu häufen, um am Schluß ebensoviel oder ebensowenig darüber zu wissen wie die Alten. Ich will mich nicht darüber verbreiten, was der Lapis unsern Vorfahren noch was das Mandala dem Lamaisten und Tantristen, dem Azteken und Puebloindianer noch die «Goldpille»[129] dem Taoisten und der «Goldkeim» dem Inder bedeutet. Wir kennen die Texte, die uns davon ein lebendiges Bild geben. Was bedeutet es aber, wenn das Unbewußte einem europäischen Kulturmenschen mit konstanter Hartnäckigkeit solch abstruse Symbolik vorführt? Der einzige Gesichtspunkt, den ich hierauf anwenden kann, ist der psychologische. (Es gibt vielleicht noch andere, auf die ich mich aber nicht verstehe.) Von diesem Standpunkt aus erscheint mir all jenes, was unter dem Allgemeinbegriff Mandala zusammengefaßt sein soll, der Inbegriff einer bestimmten Einstel-

Abb. 87 Die Jungfrau als Gefäß des göttlichen Kindes.
Venezianischer *Rosario dela gloriosa vergine Maria* (1524)

lung zu sein. Die bekannten Einstellungen des Bewußtseins haben angebbare Ziele und Absichten. Die Einstellung auf das Selbst ist aber die einzige, die kein angebbares Ziel und keine ersichtliche Absicht hat. Man kann natürlich «Selbst» sagen; aber was damit gesagt ist, bleibt in «metaphysisches» Dunkel gehüllt. Zwar definiere ich das «Selbst» als Totalität der bewußten und der unbewußten Psyche. Diese Ganzheit ist aber unübersehbar: ein wirklicher «lapis invisibilitatis». Denn insofern Unbewußtes existiert, ist es nicht angebbar, es ist existentiell bloßes Postulat, über dessen möglichen Inhalte überhaupt nichts ausgesagt werden kann. Die Ganzheit ist empirisch nur in ihren Teilen und insofern diese Inhalt des Bewußtseins sind; aber als Ganzheit ist sie notwendigerweise bewußtseinstranszendent. Infolgedessen ist das «Selbst» lediglich ein Grenzbegriff, etwa wie bei Kant das «Ding an sich». Es ist zwar eine empirisch sich beständig verdeutlichende Idee, wie unsere Träume dartun, ohne aber darum von ihrer Transzendenz einzubüßen. Da wir unmöglich um die Grenzen dessen, was wir nicht kennen, wissen können, sind wir auch außerstande, dem Selbst irgendwelche Grenzen zu setzen. Es wäre gewalttätig und darum unwissenschaftlich, das Selbst auf die Grenzen der individuellen Psyche zu beschränken, ganz abgesehen von dem wesentlichen Umstand, daß wir diese Grenzen gar nicht kennen, denn diese liegen wiederum im Unbewußten. Die Grenzen des Bewußtseins können wir wohl angeben; das Unbewußte ist aber das unbekannte Psychische schlechthin und darum auch das Grenzenlose, weil Unbestimmbare. Man darf sich bei dieser Sachlage also nicht im mindesten wundern, wenn die Empirie unbewußter Inhalte eben die Eigenschaft des Grenzenlosen, des in Raum und Zeit Unbestimmbaren aufweist. Diese Qualität ist numinos und darum erschreckend, am meisten für ein sorgfältiges Nachdenken, das den Wert genau abgegrenzter Begriffe kennt. Man ist froh, daß man weder Philosoph noch Theologe ist und darum solchen «noumena» innerhalb seiner Fakultät nicht begegnen muß. Um so schlimmer ist es dann, wenn es Zug um Zug unmißverständlicher wird, daß «noumena» psychische «entia» sind, die sich dem Bewußtsein aufdrängen, indem die Träume Nacht für Nacht Philosophie auf eigene Faust treiben. Ja noch mehr: Wenn man sich diesen «noumena» zu entziehen versucht und das vom Unbewußten angebotene alchemische Gold ärgerlich ausschlägt, dann geht es einem empirisch schlecht, man hat sogar Symptome trotz aller Vernunft, und im Moment, wo man sich dem Stein des Anstoßes wieder zuwendet und diesen – wenn auch nur hypothetisch – zum Eckstein macht, verschwinden die Symptome, und es geht einem «unerklärlich» gut. Wenigstens kann man sich in dieser Verlegenheit mit der Idee trösten, daß das Unbewußte eben ein notwendiges Übel sei, mit dem man zu rechnen habe, und daß es darum klüger sei, es auf einigen seiner seltsamen symbolischen Wanderungen zu begleiten, obschon der Sinn letzterer überaus fragwürdig ist. «Das Pensum früheren

Abb. 88 *La Vision du Saint-Graal* aus: *Le Roman de Lancelot du Lac.* (15. Jh.)

Menschtums» (NIETZSCHE) noch einmal durchzunehmen, ist vielleicht der Gesundheit zuträglich.

Ich wüßte gegen solche intellektuellen Notbehelfe nur einzuwenden, daß sie angesichts der Ereignisse öfters nicht standhalten. Man beobachtet nämlich in solchen und ähnlichen Fällen, daß die Entelechie des Selbst sich im Laufe der Jahre dermaßen durchsetzt, daß das Bewußtsein sich noch zu ganz anderen Leistungen aufschwingen muß, um mit dem Unbewußten Schritt zu halten.

Was wir also heutzutage über das Mandalasymbol ausmachen können, ist, daß es eine autonome psychische Tatsache darstellt, gekennzeichnet durch eine sich immer wiederholende und überall identische Phänomenologie. Es scheint eine Art von Kernatom zu sein, über dessen innerste Struktur und letzte Bedeutung wir nichts wissen. Wir können es auch als das reale (das heißt wirksame) Spiegelbild einer Bewußtseinseinstellung betrachten, welche weder Ziel noch Absicht angeben kann und infolge dieses Verzichtes ihre Aktivität gänzlich in den virtuellen Mittelpunkt des Mandala projiziert[130]. Die hierzu unerläßliche Nötigung liegt immer in einer Lage des Individuums, in der es sich nicht mehr anders zu helfen weiß. Einer bloß psychologischen Spiegelung widerspricht aber einerseits die autonome Natur des Symbols, die sich in Träumen und Visionen in gelegentlich überwältigender Spontaneität kundgibt, anderseits die autonome Natur des Unbewußten überhaupt, welch letzteres nämlich nicht nur die ursprüngliche Form des Psychischen, sondern auch jener Zustand ist, den wir in früher Kindheit durchlaufen und zu welchem wir überdies allnächtlich zurückkehren. Es gibt keine Beweise für die Behauptung einer bloß reaktiven (reflexartigen) Tätigkeit der Psyche. Dies ist bestenfalls eine biologische Arbeitshypothese von beschränkter Gültigkeit. Zur allgemeinen Wahrheit erhoben, ist sie nichts als ein materialistischer Mythos; denn sie übersieht die nun einmal vorhandene schöpferische Fähigkeit der Seele, welcher gegenüber alle «causae» [Ursachen] zu bloßen Anlässen werden.

33. Traum:
Ein Kampf unter Wilden, in dem bestialische Grausamkeiten vorkommen.

Wie vorauszusehen war, hat die neue Komplikation («Unsterblichkeit») einen wütenden Konflikt ausgelöst, der mit der gleichen Symbolik einhergeht wie die analoge Situation im Traum 27 [S. 183].

34. Traum:
Gespräch mit einem Freund. Der Träumer sagt zu ihm: «Ich muß ausharren vor dem blutenden Christus und weiter daran arbeiten, mich zu erlösen.»

Dieser Traum weist wie Traum 33 auf ein außergewöhnliches, subtiles Leiden hin (Abb. 89), verursacht durch den Einbruch einer fremden,

Abb. 89 Der Pelikan, der seine Jungen mit dem eigenen Blute ernährt, als Allegorie Christi.
(1702)

kaum annehmbaren geistigen Welt; daher die Analogie zur Tragödie des Christus: «Mein Reich ist nicht von dieser Welt.» Er verrät uns aber auch, daß es dem Träumer nunmehr «blutig» ernst geworden ist, an seiner Aufgabe weiterzuarbeiten. Die Erwähnung Christi hat leicht noch tiefere Bedeutung als die bloß moralische Erinnerung: es handelt sich hier ja um die Individuation, welche jener Prozeß ist, der dem abendländischen Menschen in der dogmatischen und kultischen Ausprägung des Christuslebens immer wieder vor die Augen gestellt worden ist. Dabei lag der Bedeutungsakzent allerdings auf der «historischen Realität» des Erlöserdaseins, wodurch dessen symbolische Natur im Dunkel blieb, obschon die Menschwerdung Gottes einen ganz wesentlichen Teil des «Symbolon» (des Glaubensbekenntnisses) ausmachte. Die Wirksamkeit des Dogmas beruht aber keineswegs auf der einmaligen historischen Realität, sondern auf seiner symbolischen Natur, vermöge welcher es Ausdruck einer relativ ubiquitären seelischen Voraussetzung ist, die auch besteht ohne die Existenz des Dogmas. Es gibt daher einen «vorchristlichen» sowohl wie einen «unchristlichen» Christus, insofern dieser eine an sich bestehende seelische Tatsache ist. Auf diesem Gedanken beruht übrigens auch die Lehre der Präfiguration. Es ist darum nichts als logisch, daß beim religiös «voraussetzungslosen», modernen Menschen die psychisch vorhandene Anthropos- und Poimenfigur hervortritt (Abb. 117, 195 und andere: Grundwerk 6).

35. TRAUM:
Ein Schauspieler schmeißt seinen Hut an die Wand, wo er so aussieht:

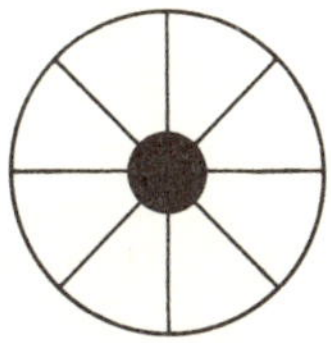

Der Schauspieler weist (wie hier nicht erwähnte Materialien dartun) auf eine bestimmte Tatsache im persönlichen Leben des Träumers hin. Er hatte bis dahin eine gewisse Fiktion von sich selber aufrechterhalten, welche ihn hinderte, sich selber ernst zu nehmen. Mit der nunmehr erreichten ernsthaften Haltung ist die Fiktion unvereinbar geworden. Er muß den Schauspieler aufgeben; denn dieser ist es, der das Selbst verwirft. Der Hut bezieht sich auf Traum 1 [S. 54], wo es der fremde Hut ist, den er sich aufsetzt. Der Schauspieler wirft den Hut an die Wand, wo es sich herausstellt, daß der Hut ein Mandala ist. Der «fremde» Hut war also das Selbst, das ihm damals, als er noch die fiktive Rolle spielte, fremd vorkam.

36. TRAUM:
Fährt mit dem Taxi auf den Rathausplatz, der aber «Marienhof» heißt.

Ich erwähne diesen Traum bloß beiläufig, weil er die weibliche Natur des Temenos dartut, wie ja auch «rosa mystica» [geheimnisvolle Rose] eines der Attribute der Jungfrau in der Lauretanischen Litanei ist. (Abb. 26)

37. TRAUM:
Kurven um eine dunkle Mitte, die von Licht umlaufen werden. Dann Wanderung in dunkler Höhle. Dort findet ein Kampf zwischen Guten und Bösen statt. Es ist dort aber auch ein Fürst, der alles weiß. Dieser schenkt ihm einen Ring mit einem Diamanten und steckt ihm denselben an den vierten Finger der linken Hand.

Abb. 90 Der Bär ist wie der Drache und der Löwe der gefährliche Aspekt der «prima materia». (1520)

Die im Traum 26 [S. 181] angefangene Lichtzirkulation kehrt hier deutlicher wieder. Das Licht weist immer auf das Bewußtsein, das also erst an der Peripherie entlang läuft. Die Mitte ist noch dunkel. Sie ist die dunkle Höhle, deren Betreten offenbar wieder konflikthaft ist. Sie ist aber wie der Fürst, der über allem steht und alles weiß und der Besitzer des kostbaren Steines ist. Das Geschenk bedeutet soviel wie die Angelobung des Träumers an das Selbst; denn der Ringfinger der linken Hand trägt in der Regel den Ehering. Links ist allerdings das Unbewußte, woraus man schließen dürfte, daß die Situation noch zur Hauptsache von Unbewußtheit bedeckt ist. Der Fürst scheint der Repräsentant des aenigma regis zu sein. (Kommentar zu Traum 10 [S. 120]. – Siehe Abb. 54) Die dunkle Höhle entspricht dem Gefäß, welches die sich widerstreitenden Gegensätze enthält. Das Selbst offenbart sich in den Gegensätzen und ihrem Konflikt; es ist eine «coincidentia oppositorum» [Zusammenfall der Gegensätze]. Und darum ist der Weg zum Selbst zunächst ein Konflikt.

38. Traum:
Ein kreisrunder Tisch; darum vier Stühle. Tisch und Stühle sind leer.

Dieser Traum bestätigt obige Vermutung. Das Mandala ist noch nicht «in Gebrauch».

39. Visueller Eindruck:
Er fällt in die Tiefe. Unten ist ein Bär, dessen Augen abwechselnd in vier Farben leuchten: Rot, Gelb, Grün und Blau. Er hat eigentlich vier Augen, die sich in vier Lichter verwandeln. Der Bär ist verschwunden. Träumer geht durch einen langen, dunkeln Gang. Am Ende schimmert Licht. Dort liegt ein Schatz und darauf der Ring mit dem Diamanten. Von diesem heißt es, er werde ihn weit nach Osten führen.

Der Wachtraum zeigt, daß der Träumer immer noch mit der dunkeln Mitte beschäftigt ist. Der Bär repräsentiert das chthonische Element, das ihn packen könnte. Dann zeigt es sich, daß das Tier aber die Vorstufe der vier Farben ist (Traum 23 [S. 173]), welche zum Lapis überleiten, nämlich zum Diamanten, in dessen Farbenspiel alle Farben des Regenbogens enthalten sind. Der Weg nach Osten weist wohl auf das antipodische Unbewußte. Der Stein des Grals kommt nach der Sage von Osten und muß wieder dorthin zurückkehren. Alchemisch entspricht der Bär der «nigredo» [Schwärze] der «prima materia» [Grundmaterie] (Abb. 90), aus welcher das Farbenspiel der «cauda pavonis» [Pfauenschwanz] hervorgeht.

40. Traum:
Unter Führung der unbekannten Frau muß er unter höchster Lebensgefahr den Pol entdecken.

Der Pol ist der Punkt, um den sich alles dreht: also wiederum ein Symbol des Selbst. Die Alchemie hat diese Analogie ebenfalls aufgegriffen: «Im Pol ist das Herz des Mercurius, welcher das wahre Feuer ist.

Darin ruht sein Herr. Indem er dieses große Meer befährt, bestimmt er seinen Kurs durch den Anblick des Nordsterns[131].» Mercurius ist die Weltseele und der Pol das Herz derselben. (Abb. 149: Grundwerk 6) Die Anschauung der «anima mundi» (Abb. 91 und 8) fällt zusammen mit dem Begriff des kollektiven Unbewußten, dessen Zentrum das Selbst ist. Das Symbol des Meeres ist ein weiteres Synonym des Unbewußten.

41. VISUELLER EINDRUCK:
Gelbe Kugeln, die linksläufig im Kreis herumlaufen.

Darstellung der Rotation um die Mitte, die an Traum 21 [S. 163] erinnert.

42. TRAUM:
Ein alter Meister zeigt ihm einen rot beleuchteten Fleck auf dem Boden.

Der «philosophus» zeigt ihm die «Mitte». Die Röte dürfte auf den Sonnenaufgang deuten, wie dies in der Alchemie von der «rubedo» [Rötung] gilt, welche der Vollendung des Werkes meist unmittelbar vorangeht.

43. TRAUM:
Im Nebel wird ein gelbes Licht, wie die Sonne, sichtbar; aber es ist trübe. Vom Mittelpunkt gehen acht Strahlen aus. Es ist der Durchstoßpunkt: das Licht soll durchstoßen; aber es ist noch nicht ganz geschehen.

Der Träumer bemerkt selber die Identität des Durchstoßpunktes mit dem Pol (Traum 40 [S. 197]). Es handelt sich also, wie vermutet, um das Erscheinen der Sonne, die hier gelb wird. Das Licht ist aber noch trüber, was wohl auf das mangelhafte Verständnis anspielt. Das «Durchstoßen» weist auf die Notwendigkeit der Anstrengung eines Entschlusses hin. Die gelbe Farbe (citrinitas) fällt mit der «rubedo» [Röte] häufig zusammen. Das «Gold» ist gelb oder rötlichgelb.

44. TRAUM:
Im quadratischen Raum, in welchem er stillhalten muß. Es ist ein Gefängnis für Liliputaner oder Kinder (?). Eine böse Frau bewacht sie. Die Kinder geraten in Bewegung und fangen auf der Peripherie des Raumes an zu zirkulieren. Er möchte fortlaufen, darf aber nicht. Ein Kind verwandelt sich in ein Tier, das ihn in die Wade beißt. (Abb. 118: Grundwerk 6)

Abb. 91 Anima Mundi.
(1574)

Die mangelhafte Klarheit verlangt weitere Anstrengung der Konzentration; deshalb wird er noch im Kindheitszustand befindlich (Abb. 95 und 96; also «schief» – vgl. Traum 26 [S. 181]) im Temenos eingesperrt unter der Obhut einer bösen Mutter-Anima. Das Tier erscheint wie im Traum 18 [S. 152], und er wird gebissen, das heißt er muß sich aussetzen und es sich etwas kosten lassen. Die «circumambulatio» bedeutet, wie immer, die Konzentration auf die Mitte. Er findet diesen Spannungszustand fast unerträglich. Er erwacht aber mit dem ebenso intensiven wie angenehmen Gefühl einer Lösung, «wie wenn er den Diamanten in der Hand hielte». Die «Kinder» weisen auf das Zwergmotiv hin, das vielleicht «kabirische» Elemente, das heißt unbewußte Bildekräfte, ausdrückt (Träume 56ff. [S. 209ff.]), oder auch auf die noch vorhandene Kindlichkeit des Zustandes.

45. Traum:
Ein Exerzierplatz. Es sind Truppen da; sie rüsten aber nicht mehr für den Krieg, sondern formieren einen linksläufig rotierenden, achtstrahligen Stern.

Das Wesentliche ist hier wohl, daß der Konflikt als überwunden erscheint. Der Stern ist nicht am Himmel und nicht ein Diamant, sondern eine Konfiguration auf der Erde, von Menschen gebildet.

46. Traum:
Im quadratischen Raum gefangen. Es erscheinen Löwen und eine böse Zauberin.

Das chthonische Gefängnis entläßt ihn nicht, weil er noch nicht bereit ist, etwas zu verwirklichen, was er eigentlich sollte. (Es handelt sich um eine wichtige persönliche Angelegenheit oder sogar Pflicht, die aber viele Bedenken verursacht.) Löwen, wie überhaupt wilde Tiere, weisen auf latente Affekte. Der Löwe spielt in der Alchemie ebenfalls eine beträchtliche Rolle, und zwar von ähnlicher Bedeutung. Er ist ein «feuriges» Tier, auch ein Sinnbild des Teufels, und stellt die Gefahr, vom Unbewußten verschlungen zu werden, dar.

47. Traum:
Der alte Weise zeigt ihm eine Stelle auf der Erde, die besonders bezeichnet ist.

Das ist wohl die Stelle auf der Erde, wo der Träumer hingehört, wenn er sein Selbst verwirklichen will. (Ähnlich Traum 42.)

48. Traum:
Ein Bekannter bekommt einen Preis, weil er eine Töpferscheibe aus der Erde ausgegraben hat.

Die Töpferscheibe rotiert auf der Erde (Traum 45) und produziert irdene («irdische») Gefäße, die man in übertragenem Sinn vielleicht als

Menschenkörper bezeichnen darf. Als Rundheit weist die Scheibe auf das Selbst und auf dessen schöpferisches Tun, in welchem es erscheint. Die Töpferscheibe symbolisiert ebenfalls die Zirkulation, der wir schon mehrfach begegnet sind.

49. TRAUM:
Eine rotierende Sternfigur. In den Kardinalpunkten des Kreises befinden sich Bilder, welche die Jahreszeiten darstellen.

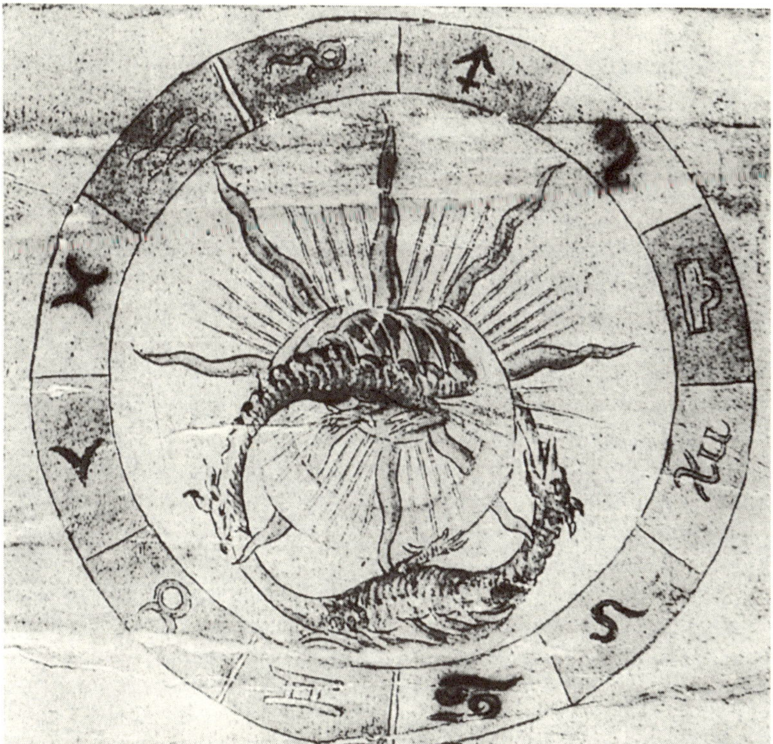

Abb. 92 Der alchemistische Prozeß im Zodiakus.
(1588)

Wie der Ort bezeichnet wurde, so jetzt auch die Zeit. Ort und Zeit sind die allgemeinsten und unerläßlichsten Elemente jeder Bestimmung. Die Zeit- wie die Ortsbestimmung wurde schon anfangs hervorgehoben (vgl. Träume 7–9 [S. 113 ff.]). Zum Wirklichsein gehört die bestimmte Lage in Raum und Zeit. Die Jahreszeiten weisen auf die Vierteiligkeit des Kreises, welcher dem Kreislauf des Jahres entspricht (Abb. 92). Das Jahr ist ein Symbol des Urmenschen[132] (Abb. 99, 100, 104). Das Motiv der Rotation weist darauf hin, daß das Kreissymbol nicht als statisch, sondern als dynamisch zu denken ist.

50. TRAUM:
Ein unbekannter Mann gibt ihm einen Edelstein. Aber es fallen ihn Apachen an. Er flieht (Angsttraum) *und kann sich retten. Die unbekannte Frau sagt nachher zu ihm, das werde nicht immer so gehen: einmal dürfe er nicht mehr davonlaufen, sondern müsse standhalten.*

Wenn zum bestimmten Ort die bestimmte Zeit hinzukommt, so nähert man sich der Wirklichkeit mit raschen Schritten. Daher das Geschenk des Edelsteins, aber auch die Angst vor der Entscheidung, welche ihm die Entschlußkraft raubt.

51. TRAUM:
Es herrscht große Spannung. Viele Leute zirkulieren um ein großes Rechteck in der Mitte und vier kleine Rechtecke, die den Seiten des großen angelagert sind: Die Zirkulation geht um das große Rechteck links- und um die kleinen rechtsläufig. In der Mitte befindet sich der achtstrahlige Stern. In der Mitte der vier kleinen Rechtecke ist jeweils ein Becher mit rotem, gelbem, grünem und farblosem Wasser aufgestellt. Das Wasser rotiert linksläufig. Es entsteht die ängstliche Frage, ob das Wasser wohl reiche.

Die Farben deuten wieder auf die Vorstufe. Die «ängstliche» Frage ist, ob genügend Lebenswasser («aqua nostra», Energie, Libido) vorhanden sei, um zum Stern zu kommen. In der Mitte geht noch linksläufige Zirkulation, also Bewegung des Bewußtseins zum Unbewußten vor sich. Die Mitte ist daher noch nicht genügend erleuchtet. Die Rechtsläufigkeit der Zirkulation um die kleinen Rechtecke, welche die Vier darstellen, scheint auf das Bewußtwerden der vier Funktionen hinzudeuten. Die vier werden meistens in den vier Regenbogenfarben gekennzeichnet. Das Blau fehlt hier auffallenderweise, wie auch die quadratische Grundform

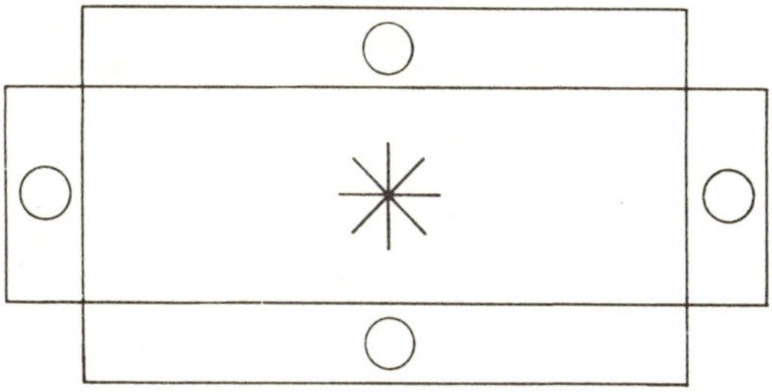

plötzlich verlassen ist. Die Horizontale hat sich auf Kosten der Vertikalen gestreckt. Es handelt sich also um ein «gestörtes» Mandala[133]. Kritisch muß bemerkt werden, daß die antithetische Anordnung der Funktionen noch nicht dermaßen bewußt ist, daß die eigentümliche Gegensätzlichkeit erkannt werden könnte[134]. Das Vorwiegen der Horizontalen über die Vertikale deutet auf ein Vorherrschen des Ichbewußtseins, wodurch an Höhe und Tiefe eingebüßt wird.

52. TRAUM

Ein rechteckiger Tanzsaal. Alle Leute gehen linksläufig um die Peripherie. Plötzlich ertönt das Kommando: «Zu den Kernen!» Der Träumer aber muß zuerst ins Nebenzimmer, um noch einige Nüsse zu knacken. Dann klettern die Leute auf Strickleitern zum Wasser hinunter.

Der Zeitpunkt wäre eigentlich gekommen, zum «Kern» vorzudringen; aber er muß im kleinen Rechteck («Nebenzimmer»), das heißt in einer der vier Funktionen, zuvor noch einige Problemnüsse knacken. Unterdessen geht der Prozeß weiter in die Tiefe zum «Wasser» hinunter. Die Vertikale wird damit verlängert, und so entsteht aus dem inkorrekten Rechteck wieder das Quadrat, denn dieses drückt die völlige Symmetrie von Bewußt und Unbewußt aus, mit allem, was die Symmetrisierung von Bewußt und Unbewußt psychologisch bedeutet.

53. TRAUM

Befindet sich in leerem, quadratischem Raum, der in Rotation befindlich ist. Eine Stimme ruft: «Ihn nicht herauslassen. Er will die Steuer nicht bezahlen.»

Dies bezieht sich auf die ungenügende Verwirklichung seiner selbst in der bereits erwähnten persönlichen Angelegenheit, welche in diesem Falle eine der wesentlichen Bedingungen der Individuation und darum unumgänglich ist. Wie zu erwarten, ist nach der vorbereitenden Betonung der Vertikalen im vorangehenden Traum das Quadrat wiederhergestellt. Der Grund für die Störung war die ungenügende Einschätzung der Forderung des Unbewußten (der Vertikalen), wodurch eine Verflachung der Persönlichkeit (liegendes Rechteck) eingetreten ist.

Nach diesem Traum arbeitete der Träumer sechs Mandalas aus, wobei er versuchte, die richtige Länge der Vertikalen, die «Zirkulation» und die Farbenverteilung festzustellen. Am Ende dieser Arbeit kam der folgende Traum:

54. Traum

Ich komme in ein besonderes, weihevolles Haus: das «Haus der Sammlung». Im Hintergrund sind viele Kerzen, die in einer besonderen Form mit vier nach oben zulaufenden Spitzen angeordnet sind. Außen an der Türe des Hauses steht ein alter Mann. Es gehen Leute hinein. Sie sprechen nichts und stehen regungslos, um sich innerlich zu sammeln. Der Mann an der Türe sagt von den Besuchern des Hauses: «Sobald sie wieder heraustreten, sind sie rein.» Nun gehe ich selbst in das Haus hinein und kann mich ganz konzentrieren. Da spricht eine Stimme: «Was du tust, ist gefährlich. Die Religion ist nicht die Steuer, die du bezahlen sollst, um das Bild der Frau entbehren zu können; denn dieses Bild ist unentbehrlich. Wehe denen, welche die Religion als Ersatz für eine andere Seite des Lebens der Seele gebrauchen; sie sind im Irrtum und werden verflucht sein. Kein Ersatz ist die Religion, sondern sie soll als letzte Vollendung zur andern Tätigkeit der Seele hinzukommen. Aus der Fülle des Lebens sollst du deine Religion gebären; nur dann wirst du selig sein!» Bei dem besonders laut gesprochenen letzten Satz höre ich ferne Musik: einfache Akkorde auf einer Orgel. Etwas daran erinnert an das Feuerzaubermotiv von Wagner. Als ich nun aus dem Haus trete, sehe ich einen brennenden Berg, und ich fühle: «Ein Feuer, das nicht gelöscht werden kann, ist ein heiliges Feuer» (Shaw, «Heilige Johanna»).

Der Träumer merkt an, daß dieser Traum ihm ein «starkes Erlebnis» war. Der Traum hat in der Tat numinosen Charakter, und man wird daher mit der Annahme nicht fehlgehen, daß er wieder einen Höhepunkt der Einsicht und des Verstehens darstellt. Die «Stimme» hat ja in der Regel den absolut autoritativen Charakter und tritt auch meist in entscheidenden Augenblicken auf.

Abb. 93 Der «Berg der Adepten». – Der Tempel der Weisen («Haus der Sammlung»), von Sonne und Mond erleuchtet, steht auf den sieben Stufen. Auf ihm steht der Phönix. Der Tempel ist im Berge verborgen, was darauf hindeutet, daß der Stein der Philosophen in der Erde liegt, aus der er extrahiert und gereinigt werden muß. Der Zodiakus im Hintergrund symbolisiert die Zeit, in deren Kreislauf sich das «opus» einfügt. Die vier Elemente in den Ecken weisen auf die Ganzheit. Unten rechts: der verblendete Mensch; links: der Forscher, der dem Instinkt der Natur folgt.

(1654)

Das Haus entspricht wohl dem Quadrat, das ein Ort der «Sammlung» ist (Abb. 93). Die vier leuchtenden Spitzen im Hintergrund deuten wieder die Vier an. Die Bemerkung über die Reinigung bezieht sich auf die verwandelnde Funktion des Taburaumes. Die Herstellung der Ganzheit, welche durch die «Steuerflucht» verhindert wird, bedarf natürlich des «Bildes der Frau»; denn dieses stellt als Anima die vierte, «minderwertige» Funktion dar; weiblich, weil mit dem Unbewußten kontaminiert. In welchem Sinne diese «Steuer» zu bezahlen ist, hängt vom Wesen der inferioren sowohl wie deren Auxiliärfunktion ab, ebenso vom Einstellungstypus[135]. Die Leistung kann konkreter wie symbolischer Natur sein. Welches die gültige Form ist, das zu entscheiden untersteht aber nicht dem Befinden des Bewußtseins.

Die Ansicht des Traumes, daß die Religion kein Ersatz für eine «andere Seite des Lebens der Seele» sein dürfe, bedeutet gewiß für viele eine einschneidende Neuerung. Nach dieser Auffassung fällt die Religion mit der Ganzheit zusammen; ja, sie erscheint als Ausdruck der Integration des Selbst in der «Fülle des Lebens».

Nicht unangebracht ist das leise Anklingen des «Feuerzaubers», des Loge-Motivs, denn was heißt «Fülle des Lebens?» Was bedeutet «Ganzheit»? Wie mir scheint, gibt es hier Gründe genug für einige Ängstlichkeit; denn der Mensch als Ganzes wirft einen Schatten. Nicht vergebens wurde der vierte von den dreien geschieden und ins Reich des ewigen Feuers verwiesen. Aber sagt nicht ein unkanonisches Herrenwort: «Wer mir nahe ist, ist nahe dem Feuer»?[136] (Abb. 58). Solche furchtbaren Zweideutigkeiten sind nichts für erwachsene Kinder; deshalb hat man schon den alten HERAKLIT den «Dunkeln» genannt, weil er zu deutliche Sachen sagte und das Leben selber ein «ewig lebendes Feuer» nannte. Deshalb gibt es nichtkanonische Logia für Hellhörige.

Das Motiv des brennenden Berges (Abb. 94) begegnet uns in der *Henoch*-Apokalypse[137]. Henoch sieht die sieben Sterne gefesselt wie große brennende Berge am Straforte der Engel. Die sieben Sterne sind ursprünglich die sieben großen babylonischen Götter, in der Zeit der *Henoch*-Apokalypse aber bereits die sieben Archonten, die Beherrscher «dieser Welt», die zur Strafe verurteilten, gefallenen Engel. Auf der andern Seite besteht aber auch eine Beziehung zu den am Sinai geschauten Wundern Jahwes, und auch die Siebenzahl ist nicht eindeutig nefast, indem sich auf dem siebenten Berg des Westlandes der Baum mit den lebenspendenden Früchten befindet: nämlich die «arbor sapientiae» [Baum der Weisheit] [138]. (Abb. 188: Grundwerk 6, und andere)

Abb. 94 Der Ätna. «Gelat et ardet.» (1702)

55. Traum:

Eine silberne Schale mit vier geknackten Nüssen an den Kardinalpunkten.

Dieser Traum zeigt die Erledigung der Probleme von Traum 52 an. Die Erledigung ist allerdings nicht vollständig. Das vorderhand erreichte Ziel wird in einer Zeichnung des Träumers dargestellt durch einen viergeteilten Kreis, dessen Viertel mit den vier Farben getönt sind. Die Zirkulation ist linksläufig. Damit ist der Symmetrie zwar Genüge getan; aber die Antithetik der Funktionen ist noch unerkannt, trotz des erleuchtenden Traumes 54, indem Rot und Blau, Grün und Gelb neben-, statt gegeneinandergestellt sind. Man muß aus diesem Umstand schließen, daß die «Realisierung» inneren Widerständen begegnet: Widerständen von zum Teil philosophischer, zum Teil ethischer Natur, deren historische Berechtigung nicht leicht umgangen werden kann. Die mangelnde Erkenntnis der Antithetik ist daraus ersichtlich, daß erstens die Nüsse in Wirklichkeit noch zu «knacken sind» und zweitens jede Nuß mit der andern ausgewechselt werden kann; das heißt, sie sind noch nicht differenziert.

Abb. 95 «Ludus puerorum».
(1582)

56. Traum:

Vier Kinder tragen einen großen, dunkeln Ring. Sie gehen im Kreise. Die dunkle Unbekannte erscheint und sagt, sie werde wieder kommen, man habe jetzt das Fest der Sonnenwende.

Hier vereinigen sich wieder die Elemente von Traum 44: die Kinder und die Dunkle (die früher die böse Hexe war). Die «Sonnenwende» deutet den Wendepunkt an. In der Alchemie wird das Werk im Herbst vollendet (vindemia Hermetis). Die Kinder (Abb. 95), die Zwerggötter, bringen den Ring; das heißt das Symbol der Ganzheit befindet sich noch im Bereiche kindlich schöpferischer Bildekräfte. Bemerkenswerterweise spielen die Kinder auch im «opus alchymicum» eine Rolle. Das Werk, oder ein gewisser Teil desselben, wird als «ludus puerorum», Spiel der Knaben, bezeichnet. Außer der Bemerkung, daß das Werk leicht wie ein «Kinderspiel» sei, fand ich hierfür keine Erklärung. Da nun das Werk aber außerordentlich schwer ist nach übereinstimmendem Zeugnis aller Adepten, muß es sich wohl um eine euphemistische und wahrscheinlich auch um eine symbolische Bezeichnung handeln. Es wäre damit eine Kooperation «infantiler», das heißt unbewußter Kräfte, die ja als Kabiren

Abb. 96 Pataeken (hilfreiche Kindergötter).
Fragmente eines ägyptischen mechanischen Spielzeuges

Abb. 97 Die «große Reise» (peregrinatio) per Schiff. Die zwei Adler fliegen in entgegengesetzter Richtung um die Erdkugel herum, womit der die Ganzheit umfassende Charakter der Reise angedeutet werden soll.
(1651)

Abb. 98 Das philosophische Ei, dem der Doppeladler, die geistliche und die weltliche Krone tragend, entsteigt. (15. Jh.)

und Heinzelmännchen (homunculi) (Abb. 96) dargestellt werden, angedeutet.

57. VISUELLER EINDRUCK:
Der dunkle Ring; in der Mitte ein Ei.

58. VISUELLER EINDRUCK:
Aus dem Ei kommt ein schwarzer Adler und ergreift den zu Gold gewordenen Ring mit dem Schnabel. Der Träumer ist auf einem Schiff, und der Vogel fliegt voraus.

Der Adler bedeutet die Höhe. (Vorher war es die Tiefe: Leute, die zum Wasser hinunterstiegen.) Er ergreift das ganze Mandala und damit die Führung auch des Träumers, der, von einem Schiff getragen, dem Vogel nachfährt (Abb. 97). Vögel sind Gedanken und Gedankenflug. Es sind in der Regel Phantasien oder intuitive Ideen, die so dargestellt werden (der geflügelte Merkur, Morpheus, Genien, Engel). Das Schiff ist das Vehikel, das ihn über das Meer und die Tiefen des Unbewußten führt. Als eine menschliche Konstruktion hat es die Bedeutung eines Systems oder einer Methode (oder eines Weges – vgl. Hīnayāna und Mahāyāna = kleines und großes Fahrzeug: die beiden Formen des Buddhismus). Der Gedankenflug geht voran, und die methodische Ausarbeitung folgt nach. Der Mensch kann nicht wie ein Gott die Regenbogenbrücke beschreiten, sondern muß unten durchgehen mit den ihm zu Gebote stehenden Mitteln des Nach-Denkens. Der Adler (synonym mit Phönix, Geier, Rabe) ist ein wohlbekanntes alchemisches Symbol. Selbst der Lapis, der Rebis (aus zweien zusammengesetzt, deshalb oft hermaphroditisch als Zusammenschmelzung von Sol und Luna), ist häufig geflügelt dargestellt (Abb. 22 und 54), nämlich als Ahnung (Intuition), respektive geistige (geflügelte!) Möglichkeit. Alle diese Symbole schildern in letzter Linie die Bewußtseinstranszendenz jenes Tatbestandes, den wir als das Selbst bezeichnen. Dieser visuelle Eindruck ist etwas wie die Momentphotographie eines in der Entwicklung begriffenen Prozesses, der zur nächsten Stufe führt.

In der Alchemie bedeutet das Ei das vom Artifex erfaßte Chaos, die «prima materia», welche die darin gefesselte Weltseele enthält. Aus dem Ei, welches durch das runde Kochgefäß symbolisiert wurde, erhebt sich der Adler respektive Phönix, die nunmehr befreite Seele, die letzten Endes wiederum identisch ist mit dem Anthropos, der in der Physis gefangen war (Abb. 98).

C. DIE VISION DER WELTUHR

59. «GROSSE VISION»[139]:
Es ist ein vertikaler und ein horizontaler Kreis mit gemeinsamem Mittelpunkt. Das ist die Weltuhr. Sie ist vom schwarzen Vogel getragen.

Der vertikale Kreis ist eine blaue Scheibe mit weißem Rand, in 4×8 = 32 Teile geteilt. Darauf rotiert ein Zeiger.

Der horizontale Kreis besteht aus vier Farben. Darauf stehen vier kleine Männchen mit Pendeln, und darum herum liegt der ehemals dunkle und jetzt goldene Ring (vormals von den vier Kindern getragen).

Die «Uhr» hat drei Rhythmen oder Pulse:

Der kleine Puls:	*Der Zeiger des blauen Vertikalkreises springt $^1/_{32}$ weiter.*
Der mittlere Puls:	*Eine ganze Umdrehung des Zeigers. Zugleich rückt der horizontale Kreis um $^1/_{32}$ weiter.*
Der große Puls:	*32 mittlere Pulse machen einen Umlauf des goldenen Ringes aus.*

Diese merkwürdige Vision machte auf den Träumer den tiefsten und nachhaltigsten Eindruck: einen «Eindruck höchster Harmonie», wie er sich ausdrückt. Die Weltuhr ist wohl das «streng Gebilde», das mit den Kabiren (Abb. 77), nämlich den vier Kindern oder vier Männchen mit den Pendeln, identisch ist. Es ist ein dreidimensionales Mandala, das also Körperhaftigkeit und damit Verwirklichung erlangt hat. (Leider verbietet mir die ärztliche Diskretion die Mitteilung von biographischen Tatsachen. Die Konstatierung muß genügen, daß sich diese Verwirklichung auch «wirklich» zugetragen hat.) Was einer in der Wirklichkeit tut, das ist er auch wirklich geworden.

Warum die Vision dieses sonderbaren Gebildes den Eindruck «höchster Harmonie» erweckt, ist einesteils recht schwer verständlich, anderseits, wenn wir die historischen Vergleichsmaterialien berücksichtigen, leicht begreiflich. Es ist schwierig, sich in die Sache einzufühlen, weil der Sinn dieses Gebildes so überaus dunkel ist. Wenn aber der Sinn unbegreiflich ist und Form und Farbe auf ästhetische Ansprüche keine Rücksicht nehmen, dann ist weder das Verständnis noch der Schönheitssinn befriedigt, und man kann nicht nachfühlen, wieso daraus der Eindruck «höchster Harmonie» entsteht, es sei denn, daß man die Hypothese wagt, daß in diesem Gebilde sich disparate und inkongruente Elemente in glücklichster Weise vereinigen und zugleich ein Bild erzeugt haben, das in hohem Maße die «Intentionen» des Unbewußten verwirklicht. Man muß also wohl annehmen, daß das Bild ein besonders geglückter Ausdruck für eine sonst unerkennbare psychische Tatsache sei, die sich bislang nur in scheinbar unzusammenhängenden Aspekten manifestieren konnte.

Der Eindruck ist äußerst abstrakt. Eine der zugrundeliegenden Ideen scheint zu sein, daß sich zwei heterogene Systeme schneiden, indem sie den Mittelpunkt gemeinsam haben. Wenn wir also, wie bisher, von der Annahme ausgehen, daß die «Mitte» und ihr Umfang die Ganzheit des seelischen Wesens, mithin das Selbst, darstellen, so sagt das Gebilde aus, daß im Selbst sich zwei heterogene Systeme schneiden, welche funktional in einem gesetzmäßigen, durch «drei Rhythmen» regulierten Zusammenhang stehen. Das Selbst ist per definitionem die Mitte und der Umfang des bewußten und des unbewußten Systems. Die Regulierung ihrer Funktion durch «drei Rhythmen» aber ist etwas, das ich nicht belegen kann. Ich weiß nicht, worauf die Rhythmen anspielen. Ich zweifle aber keinen Moment daran, daß die Andeutung zu Recht besteht. Die einzige Analogie, die ich dazu heranziehen könnte, wären die in der Einleitung erwähnten drei «regimina», durch welche die vier Elemente ineinander verwandelt respektive zur Quintessenz synthetisiert werden:

1. «regimen»: Erde zu Wasser
2. «regimen»: Wasser zu Luft
3. «regimen»: Luft zu Feuer

Wir gehen wohl nicht fehl in der Annahme, daß dieses Mandala eine möglichst vollständige Vereinigung der Gegensätze erstrebt; daher auch die der männlichen Dreiheit und der weiblichen Vierheit, in Analogie zum alchemistischen Hermaphroditen.

Abb. 99 Zeitsymbol des Lapis. Das Kreuz und die drei Evangelistensymbole mit Mensch (als Vertreter des Engels) weisen auf die Analogie mit Christus hin.

(1520)

Da das Gebilde kosmischen Aspekt hat (Weltuhr!), muß man vermuten, daß es eine Reduktion oder vielleicht sogar ein Ursprung der Raum-Zeit, auf alle Fälle aber ein Inbegriff von Raum-Zeit ist, mathematisch also von vierdimensionalem Charakter und bloß anschaulich in dreidimensionaler Projektion. Ich möchte auf diese Schlußfolgerung kein zu großes Gewicht legen, da diese Deutung des Gebildes jenseits meiner Beweisfähigkeit liegt.

Die 32 Pulse dürften aus der Multiplikation von vier (8×4) hervorgehen, indem erfahrungsgemäß die im Zentrum eines Mandalas befindliche Vier nach der Peripherie hin öfter zu 8, 16, 32 und mehr wird. Die Zahl 32 spielt in der Kabbala eine große Rolle. So heißt es im Buch *Jezirah* 1,1: «In 32 geheimnisvollen Bahnen der Weisheit hat Jah, Jhwh der Heerscharen, der Gott Israels, der lebendige Gott und König der Welt... seinen Namen eingegraben.» Sie bestehen aus «10 in sich geschlossenen Zahlen (Sephiroth) und 22 Grundbuchstaben» (1, 2). Die Bedeutung der 10 Zahlen ist folgende: «1 der Geist des lebendigen Gottes; 2 Geist aus Geist; 3 Wasser aus Geist; 4 Feuer aus Wasser; 5–10 Höhe, Tiefe, Osten, Westen, Süden, Norden» (1, 14)[140]. Schon CORNELIUS AGRIPPA erwähnt: «Die Zahl 32 schreiben die hebräischen Gelehrten der Weisheit zu, denn so viele sind der von Abraham beschriebenen Wege der Weisheit»[141]. FRANCK bringt die 32 mit der kabbalistischen Trinität, Kether, Chochma und Bina, in Beziehung: «Diese drei Personen enthalten und vereinigen in sich Alles, was da ist; sie aber sind wieder im weißen Haupte, im Alten der Alten, vereinigt, denn er ist *Alles,* und *Alles* ist *er.* Er wird bald mit drei Köpfen, die aber auch nur einen einzigen ausmachen, dargestellt, und bald mit dem Gehirn verglichen, das, seiner Einheit unbeschadet, sich in drei Theile theilt und, vermittelst zweiunddreißig Nervenpaare sich im ganzen Körper verbreitet, so wie die Gottheit durch zweiunddreißig wundervolle Bahnen sich im Weltall verbreitet»[142]. Diese 32 «canales occulti» erwähnt auch KNORR VON ROSENROTH. Als zusammenfassende Einheit nennt er Chochmah («den höchsten aller Wege, der alle umfaßt») und bezieht sich hierfür auf *Hiob* 28,7: «Ein Pfad ist's, den der Geier nicht kennt und den des Falken Auge nicht erspäht.»[143] RENÉ ALLENDY, der eine sehr nützliche Darstellung der Zahlensymbolik verfaßt hat, schreibt: «32. – C'est la différenciation apparaissant dans le monde organisé; ce n'est pas la génération créatrice, mais plutôt le plan, le schéma, des diverses formes de créatures modelées par le Créateur...

Abb. 100 Horoskop mit Häuser-, Tierkreis- und Planetendarstellung.
Titelholzschnitt von SCHÖN zum *Nativität*-Kalender des REYMANN (1515)

comme produit de 8×4...»[144] Ob zur kabbalistischen Zahl die 32 günstigen Zeichen (mahāvyanjana) des Buddhakindes in Vergleich gesetzt werden können, ist fraglich.

Was nun die vergleichend historische Deutung betrifft, so sind wir, wenigstens was das Allgemeine angeht, in einer günstigeren Lage. Wir haben erstens die ganze Mandalasymbolik dreier Erdteile zur Verfügung und zweitens speziell die *Zeitsymbolik des Mandala,* wie sie sich unter dem Einfluß der Astrologie besonders im Westen entwickelt hat. Das Horoskop (Abb. 100) selber ist ein Mandala (eine Uhr) mit dunklem Mittelpunkt[145], eine linksläufige «circumambulatio» mit «Häusern» und Planetenstufen. Die Mandalas der kirchlichen Kunst, insbesondere die Fußbodenmandalas vor dem Hochaltar oder unter der Vierung, benützen häufig den Tierkreis oder die Jahreszeiten. Verwandt ist auch die Idee der Identität Christi mit dem Kirchenjahr, dessen ruhender Pol und dessen Leben er zugleich ist. Der Menschensohn ist eine Antizipation der Idee des Selbst (Abb. 99); daher die gnostische Vermischung des Christus mit anderen Synonymen des Selbst bei den Naaßenern des HIPPOLYTOS. Damit verwandt ist die Horussymbolik: einerseits der thronende Christus mit den vier Evangelistensymbolen, den drei Tieren und dem Engel (Abb. 101), anderseits der Vater Horus mit seinen vier Söhnen oder Osiris mit den vier Horussöhnen[146] (Abb. 102). Horus ist ja auch ein ἥλιος ἀνατολῆς [aufgehende Sonne][147], als welcher Christus noch von den frühen Christen verehrt wurde.

Eine besondere Parallele finden wir bei GUILLAUME DE DIGULLEVILLE, Prior des Zisterzienserklosters von Châlis, einem normannischen Dichter, der unabhängig von DANTE zwischen 1330 und 1355 drei «pèlerinages» verfaßt hat: *«Les Pèlerinages de la vie humaine, de l'âme et de Jésus-Christ»*[148]. Der letzte Gesang des *«Pèlerinage de l'âme»* enthält eine Vision des Paradieses. Dieses besteht aus sieben großen Sphären, von denen jede sieben kleinere enthält[149]. Alle Sphären rotieren, und diese Bewegung wird «siècle» (saeculum) genannt. Die himmlischen «siècles» sind die Prototypen der irdischen Jahrhunderte. Der Engel, der den Dichter führt, erklärt ihm: «Quand la sainte Eglise dans ses oraisons ajoute: in saecula saeculorum, il ne s'agit point du temps de là-bas, mais de l'éternité.» Die «siècles» sind zugleich sphärische Räume, in denen die Seligen wohnen. «Siècles» und «cieux» sind identisch. Im höchsten Himmel, der von purem Gold ist, sitzt der König auf einem runden Thron, der heller leuchtet

Abb. 101 Christus in der Mandorla, umgeben von den vier Evangelistensymbolen.
Romanisches Wandgemälde in St. Jacques des Guérets (Loire-et-Cher)

als die Sonne. Eine Krone (couronne) von kostbaren Steinen umgibt ihn. Neben ihm auf einem runden Thron aus braunem Kristall sitzt die Königin, welche für die Sünder Fürbitte tut (Abb. 103).

«En regardant vers le ciel d'or, le pèlerin aperçut un cercle merveilleux qui paraissait avoir trois pieds de large. Il sortait du ciel d'or en un point et y rentrait d'autre part et il en faisait tout le tour.» Dieser Kreis hat die Farbe des Saphirs, also Blau. Es ist ein kleiner Kreis von drei Fuß Durchmesser, der sich offenbar auf einem großen Kreis wie eine rollende Scheibe bewegt. Der große Kreis schneidet sich mit dem Goldkreis des Himmels[150].

Während GUILLAUME in diesen Anblick vertieft ist, erscheinen plötzlich drei Geister, in Purpur gekleidet, mit goldenen Kronen und Gürteln, und treten in den Goldhimmel. Dieser Augenblick, belehrt ihn der Engel, ist «une fête», wie ein Kirchenfest auf Erden:

> «Ce cercle que tu vois est le calendrier,
> Qui en faisant son tour entier,
> Montre des saints les journées
> Quand elles doivent être fêtées.
> Chacun an fait le cercle un tour,
> Chacune étoile y est pour jour,
> Chacun soleil pour l'espace
> De jours trente ou zodiaque.»[151]
>
> [Der Kreis, den du siehst, ist der Kalender,
> Der innerhalb seines vollen Umlaufs
> Die Tage der Heiligen anzeigt,
> Wann sie gefeiert werden sollen.
> Jedes Jahr durchläuft den Kreis einmal,
> Jeder Stern steht da für einen Tag,
> Jede Sonne für den Zeitraum
> Von dreißig Tagen oder für ein Tierkreiszeichen.]

Die drei Gestalten sind Heilige, deren Fest gerade gefeiert wird. Drei Fuß breit ist der kleine Kreis, der in den Goldhimmel eintritt, und es sind drei Gestalten, die plötzlich ebenfalls in den Himmel eintreten. Sie bedeuten den Zeitmoment in der Ewigkeit, wie der Kalenderkreis (Abb. 104). Warum aber der «Kalender» gerade drei Fuß Durchmesser hat und es gerade drei Gestalten sind, bleibt unerklärt. Man denkt natürlich an die drei Rhythmen unserer Vision, welche durch die Zeigerbewegung auf dem blauen Kreis ausgelöst werden und welche ebenso unerklärlich in das System hineinkommen wie der Kalenderkreis [Tierkreis] in den Goldhimmel.

Der Führer belehrt nun GUILLAUME weiter über die Bedeutung der Zodia hinsichtlich der Heilsgeschichte und schließt mit der Bemerkung, daß im Zeichen der Fische das Fest der zwölf Fischer, die dann vor der

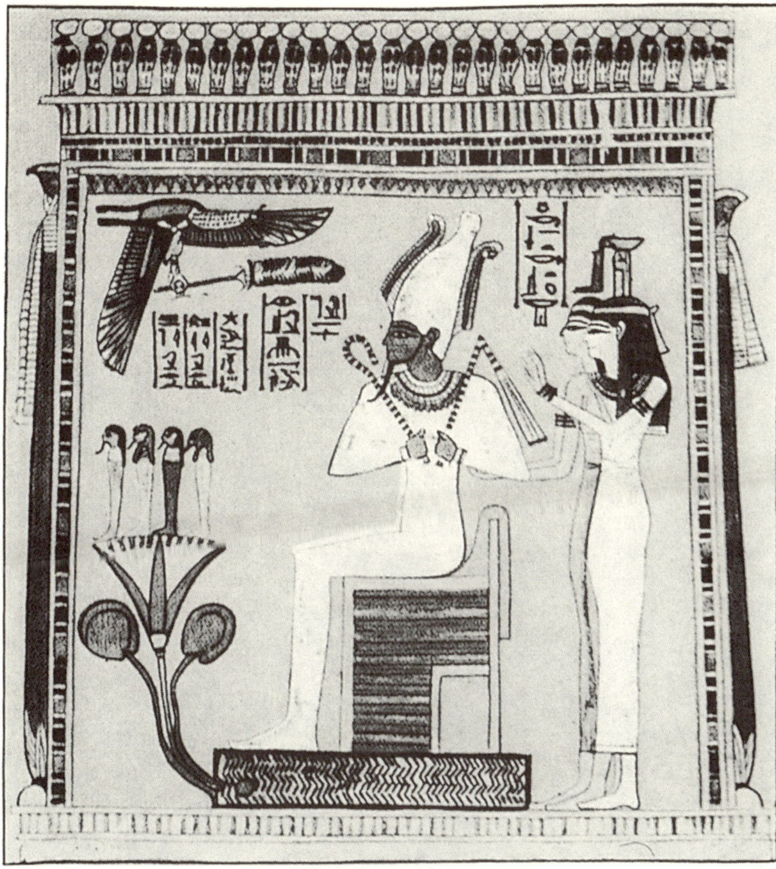

Abb. 102 Osiris mit den vier Horussöhnen auf dem Lotos.
Book of the Dead (Papyrus von Hunefer)

Trinität erscheinen, gefeiert werde. Da fällt GUILLAUME plötzlich ein, daß er eigentlich nie das Wesen der Trinität richtig verstanden habe, und er bittet den Engel um Erklärung. Der Engel antwortet: «Nun gibt es drei Hauptfarben: Grün, Rot und Gold. Diese drei Farben sieht man in

Abb. 103 Sponsus et sponsa.
Ausschnitt aus dem *Polittico con l'Incoronazione* des STEFANO DA SANT'AGNESE (15. Jh.)

Abb. 104 Gott als Trinität, den Tierkreis schaffend. (14. Jh.)

manchen Handarbeiten aus moirierter Seide und im Gefieder mancher Vögel, so etwa des Pfaus. Kann der König der Allmacht, der drei Farben zur Einheit macht, nicht auch bewirken, daß eine Substanz drei sei?»[152] Gott Vater wird die königliche Goldfarbe zugeschrieben, Gott Sohn die rote, weil er sein Blut vergossen hat, und dem Heiligen Geist die grüne, «la couleur qui verdoie et qui réconforte». Darauf ermahnt ihn der Engel, nicht mehr weiter zu fragen, und verschwindet. GUILLAUME aber erwacht und findet sich in seinem Bett, und damit schließt «le pèlerinage de l'âme».

Wir müssen aber doch noch etwas fragen: «Drei sind's – wo ist der vierte geblieben?» Warum fehlt *Blau?* Diese Farbe fehlte ja auch im «gestörten» Mandala unseres Träumers. Blau ist merkwürdigerweise der den Goldkreis schneidende «calendrier» sowohl wie der Vertikalkreis im dreidimensionalen Mandala. Wir vermuten, daß Blau als Vertikale Höhe und Tiefe bedeutet (der blaue Himmel oben, das blaue Meer unten), daß die Verkürzung der Vertikalen das Quadrat zum horizontalen Rechteck mache, also etwas wie eine Bewußtseinsinflation[153] verursache, und daß mithin die Vertikale dem Unbewußten entspreche. Das Unbewußte aber hat beim Manne weibliches Vorzeichen. Blau nun ist die traditionelle Farbe des Himmelsmantels der Jungfrau (Abb. 105). GUILLAUME hat über der Trinität und Dreifaltigkeit des «Roy» die «Reyne» vergessen. Faust betet sie an mit den Worten:

> Höchste Herrscherin der Welt!
> Lasse mich im blauen
> Ausgespannten Himmelszelt
> Dein Geheimnis schauen.

Unvermeidlicherweise fehlt bei GUILLAUME der Tetras der Regenbogenfarben das Blau, weil es weiblicher Natur ist. Die Anima aber bedeutet, wie die Frau, Höhe und Tiefe des Mannes. Ohne den blauen Vertikalkreis bleibt das goldene Mandala körperlose Zweidimensionalität, bloß abstraktes Bild. Nur die Interferenz von Zeit und Raum in dem Hier und Jetzt schafft Wirklichkeit. Ganzheit wird nur im Augenblick wirklich, in jenem Moment, den Faust ein Leben lang suchte.

Zwar hat der Dichter in GUILLAUME die ketzerische Wahrheit wohl geahnt, als er dem König eine Frau Königin, die auf einem erdbraunen

Abb. 105 Die Jungfrau als Personifikation des Sternenhimmels.
(15. Jh.)

Abb. 106 Das «Mondelixir».
(17. Jh.)

Kristall sitzt, beigab. Denn was ist der Himmel ohne die Frau Erde! Und wie kann der Mann zu seiner Erfüllung kommen, wenn nicht die Frau Königin für seine schwarze Seele Fürbitte tut! Sie versteht ja die Dunkelheit – hat sie doch ihren Thron, die Erde selber, in den Himmel mitgenommen, allerdings in zartester Andeutung! Sie fügt das fehlende Blau zu Gold, Rot und Grün und bildet das harmonische Ganze.

D. ÜBER DIE SYMBOLE DES SELBST

Die Vision der «Weltuhr» ist weder das Letzte noch das Höchste in der Entwicklung der Symbole des Objektiv-Psychischen. Sie schließt aber ungefähr das erste Drittel des Materials, das aus etwa vierhundert Träumen und Visionen besteht, ab. Diese Serie ist darum bemerkenswert, weil sie eine psychische Tatsache, die ich schon längst zuvor bei vielen einzelnen Individuen beobachtet hatte[154], in seltener Vollständigkeit beschreibt. Wir verdanken es nicht nur der Vollständigkeit des objektiven Materials, sondern auch der Sorgfalt und Akribie des Träumers, daß er uns in den Stand gesetzt hat, die synthetische Arbeit des Unbewußten Schritt für Schritt zu verfolgen. Unzweifelhaft wären die Peripetien dieser Synthese noch in viel größerer Vollständigkeit zur Darstellung gekommen, wenn ich jene 340 Träume, welche sich zwischen den 59 hier behandelten ereignet haben, auch noch in die Betrachtung einbezogen hätte. Dies war aber leider unmöglich, weil die Träume zum Teil in die Intimität des persönlichen Lebens hineingreifen und deshalb der Veröffentlichung entzogen bleiben müssen. Ich mußte mich deshalb auf die unpersönlichen Materialien beschränken.

Ich hoffe, es ist mir gelungen, die Symbole des Selbst in ihrer Entwicklung dem Verständnis näherzubringen und die beträchtlichen Schwierigkeiten eines solchen Erfahrungsmaterials wenigstens einigermaßen zu bewältigen. Es ist mir dabei völlig bewußt, daß sich das zur Erläuterung und Ergänzung unerläßliche Vergleichsmaterial noch um ein Vielfaches vermehren ließe. Um aber den Sinn nicht allzusehr zu beschweren, habe ich mir in dieser Hinsicht größte Zurückhaltung auferlegt. Infolgedessen ist vieles nur angedeutet, was man nicht als Zeichen der Leichtfertigkeit auffassen wolle. Ich glaube, durchaus in der Lage zu sein, ausführliche Belege für meine Meinungen beibringen zu können. Ich möchte aber damit nicht den Anschein erwecken, als ob ich mir einbildete, etwas Abschließendes über dieses höchst verwickelte Thema gesagt zu haben. Es ist zwar nicht das erste Mal, daß ich eine Serie spontaner Manifestationen des Unbewußten behandle. In meinem Buch *«Wandlungen und Symbole der Libido»* [vgl. Grundwerk 7 und 8] ist es schon einmal geschehen; aber es handelte sich in jenem Falle mehr um ein neurotisches (Pubertäts-)Problem, während sich hier die Problematik schon zur Individuation ausgeweitet hat. Überdies besteht zwischen den in Frage kommenden Persönlichkeiten ein ganz beträchtlicher Unterschied. Jener frühere Fall, den ich persönlich nie zu Gesicht bekommen habe, hat mit einer psychischen Katastrophe (Psychose) abgeschlossen; der jetzige Fall aber stellt eine normale Entwicklung dar, wie ich sie bei geistig hochstehenden Menschen schon öfters beobachtet habe.

Was in diesem Falle aber besonders bemerkenswert ist, das ist die Folgerichtigkeit in der Entwicklung des zentralen Symbols. Man kann sich kaum des Eindrucks erwehren, als ob der unbewußte Prozeß sich spiral-

Abb. 107 Die den Erlöser tragende Jungfrau.
(15. Jh.)

förmig um ein Zentrum bewege, dem er sich langsam annähert, wobei die Eigenschaften der «Mitte» sich immer deutlicher abzeichnen. Man könnte vielleicht auch umgekehrt sagen, daß der an sich unerkennbare Mittelpunkt wie ein Magnet auf die disparaten Materialien und Vorgänge des Unbewußten wirke und diese allmählich wie in ein Kristallgitter einfange. Nicht selten wird darum auch (in anderen Fällen) die Mitte als Spinne im Netz (Abb. 108) dargestellt, namentlich dann, wenn im Bewußtsein noch die Einstellung der Angst vor den unbewußten Vorgängen überwiegt. Wird aber dem Prozeß der Lauf gelassen, wie es in unserm Fall geschah, dann drängt sich das zentrale Symbol mit stetiger Konsequenz, immer wieder erneuert, durch das scheinbare Chaos dramatischer Verwicklungen der persönlichen Psyche hindurch, wie es in der Grabschrift des großen BERNOULLI[155] von der Spirale heißt: «Eadem mutata resurgo» (Wenn sie verändert sein wird, werde ich auferstehen). Die spiraligen Darstellungen der Mitte sind dementsprechend häufig, wie zum Beispiel die um den schöpferischen Punkt, das Ei, aufgerollte Schlange.

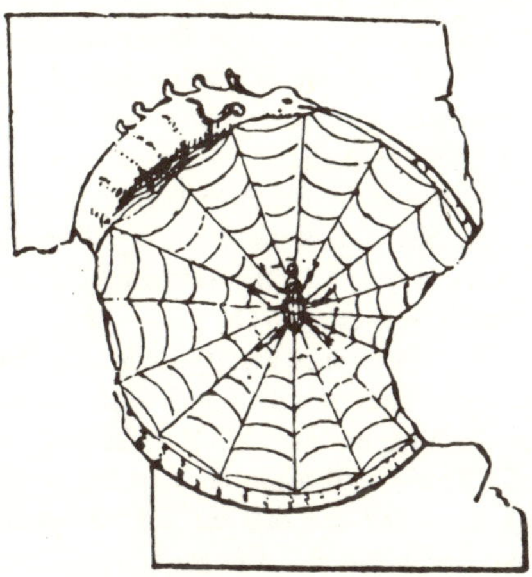

Abb. 108 Maja, die ewige Weberin der täuschenden Sinnenwelt, umschlossen von Ouroboros.

Beschädigte Vignette vom Titelblatt einer brahmanischen Spruchsammlung

Ja, es scheint, als ob die persönlichen Verwicklungen und die subjektiven, dramatischen Peripetien, welche das Leben und dessen ganze Intensität ausmachen, bloße Zögerungen, ängstliches Zurückweichen oder beinahe wie kleinliche Komplikationen und metikulöse Vorwände gegen die Endgültigkeit dieses seltsamen oder unheimlichen Kristallisationsprozesses wären. Des öfteren macht es den Eindruck, als ob die persönliche Psyche wie ein scheues Tier, fasziniert und geängstigt zugleich, um diesen Mittelpunkt herumjage, immer fliehend und doch stets näher rükkend.

Ich möchte keinen Anlaß zu dem Mißverständnis geben, daß ich irgendwelche Erkenntnis vom Wesen der «Mitte» hätte; denn dieses Zentrum ist schlechterdings unerkennbar und deshalb nur durch seine Phänomenologie symbolisch ausdrückbar, wie dies übrigens mit jedem Objekt der Erfahrung der Fall ist. Unter den besonderen Eigenschaften der Mitte fiel mir von jeher das Phänomen der Vierheit auf (Abb. 109). Daß es sich nicht einfach um «vier», zum Beispiel die vier Himmelsrichtungen oder etwas dergleichen handelt, geht aus dem Umstand hervor, daß nicht selten eine Konkurrenz von Drei und Vier vorkommt[156]. Ebenso gibt es, aber etwas seltener, eine Konkurrenz von Vier und Fünf, wobei fünfstrahlige Mandalas durch Symmetriefehler als anomal gekennzeichnet sind[157]. Es erscheint demnach, als ob eine deutliche Insistenz auf Vier normalerweise vorhanden wäre oder als ob statistisch eine größere Wahrscheinlichkeit für Vier bestünde. Es ist nun – ich darf die Bemerkung wohl nicht unterdrücken – ein seltsamer «lusus naturae», daß der hauptsächliche chemische Baustoff des körperlichen Organismus der durch vier Valenzen gekennzeichnete Kohlenstoff ist; auch ist der «Diamant» bekanntlich ein Kohlenstoffkristall. Der Kohlenstoff ist schwarz (Kohle, Graphit), der Diamant aber «hellstes Wasser». Eine derartige Analogie wäre eine bedauerliche intellektuelle Geschmacklosigkeit, wenn es sich beim Phänomen der Vier um eine bloße Erdichtung des Bewußtseins und nicht um eine spontane Produktion des Objektiv-Psychischen handelte. Auch wenn man annähme, daß durch Autosuggestion die Träume in bedenklichem Maße beeinflußt werden könnten, wobei es natürlich weniger auf die Form als auf den Sinn ankäme, so müßte in diesem Falle doch erwiesen werden, daß das Bewußtsein des Träumers beträchtliche Anstrengungen machte, dem Unbewußten die Idee der Vierheit aufzudrängen. Von dieser Möglichkeit ist aber in diesem, wie in vielen anderen

Abb. 109 Die vier Evangelisten mit ihren Symbolen und die vier Paradiesflüsse; in der Mitte: die Räder des Ezechiel mit dem darin befindlichen «spiritus vitae» (Ez 1,21).

Miniatur im Evangeliar der Bibliothek zu Aschaffenburg (13. Jh.)

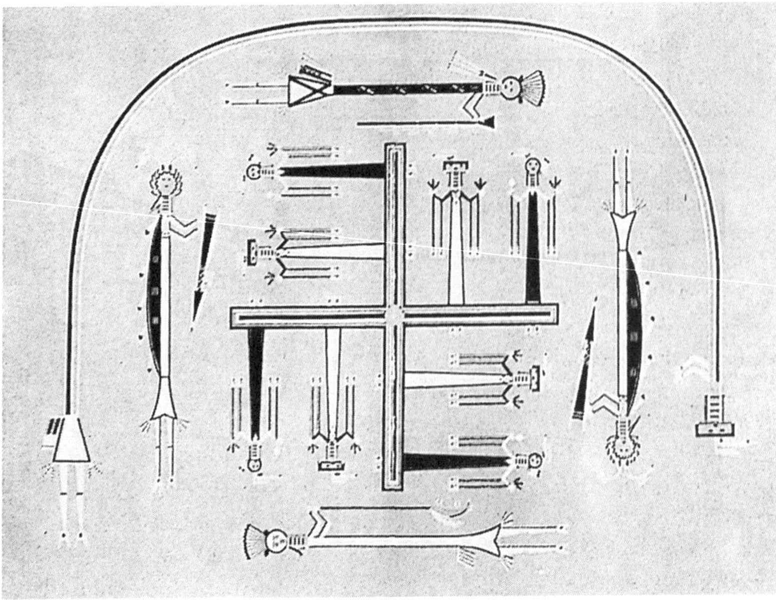

Abb. 110 Sandzeichnung der Navajo-Indianer (Nordamerika).

Fällen meiner Beobachtung überhaupt nicht die Rede, ganz abgesehen von den zahlreichen historischen und ethnischen Parallelen[158] (Abb. 110, vgl. auch Abb. 50, 61, 62, 63, 64, 65, 66, 82, 109 und andere). Wenn man diesen Tatbestand im ganzen überblickt, so kommt man, meines Erachtens wenigstens, zu dem unvermeidlichen Schluß, daß ein psychisches Element, welches sich durch die Vierheit ausdrückt, vorhanden ist. Dazu bedarf es weder einer kühnen Spekulation noch einer ausschweifenden Phantasie. Wenn ich das Zentrum als «Selbst» bezeichnet habe, so geschah dies in reiflicher Überlegung und sorgfältiger Abwägung der empirischen sowohl wie der historischen Daten. Eine materialistische Deutung könnte unschwer sagen, daß die «Mitte» «nichts sei als» jene Stelle, wo die Psyche unerkennbar wird, weil sie dort mit dem Körper verschmelze. Eine spiritualistische Deutung hingegen könnte behaupten, dieses Selbst sei «nichts als» der «Geist», der Seele und Körper belebe und an jenem schöpferischen Punkt in Zeit und Raum einbreche. Ich enthalte mich ausdrücklich solcher physischen und metaphysischen Spekulationen und bescheide mich mit der Feststellung empirischer Tatsachen, was ich, hinsichtlich des Fortschritts menschlicher Erkenntnis, für unendlich wichtiger halte, als daß ich intellektualistischen Modetorheiten oder sogenannten «religiösen» Glaubensanmaßungen nachlaufe.

Soweit meine Erfahrung reicht, handelt es sich um bedeutsame «Kernvorgänge» in der objektiven Psyche; um eine Art Bilder des Zieles, die sich der «zielgerichtete» psychische Prozeß anscheinend selber setzt, ohne dazu von einer äußeren Suggestion veranlaßt zu sein[159]. Äußerlich besteht natürlich immer eine gewisse seelische Notlage, etwa wie ein Hunger, der sich aber als Ziel wohlbekannte und bevorzugte Speisen vorstellt und niemals ein dem Bewußtsein unbekanntes oder gar absurdes Gericht. Das Ziel, das sich der seelischen Not bietet, das Bild, das «heilend», ganzmachend, zu wirken verspricht, ist dem Bewußtsein zunächst über alle Maßen fremd, so daß es nur unter den größten Schwierigkeiten Eingang findet. Ein anderes ist es natürlich, wenn es sich um Menschen handelt, welche in einer Zeit und Umgebung leben, wo solche Zielbilder dogmatische Geltung haben. Dann werden diese Bilder eo ipso dem Bewußtsein vorgesetzt und damit dem Unbewußten ein geheimes Spiegelbild gezeigt, worin es sich wieder erkennt und sich darum dem Bewußtsein wieder anschließt.

Was nun die Frage der Entstehung des Mandalamotivs betrifft, so hat es zunächst bei oberflächlicher Betrachtung den Anschein, als ob es im Verlauf der Traumserie allmählich entstünde. Unzweifelhaft aber ist in Wirklichkeit nur, daß es deutlicher und differenzierter in Erscheinung tritt; vorhanden aber war es immer und trat eigentlich schon im ersten Traum auf (wie die «Nymphen» sagen: «Wir waren ja immer da; du hast uns nur nicht bemerkt»). Es ist darum wahrscheinlicher, daß es sich um einen a priori bestehenden Typus handelt, um einen Archetypus, welcher dem kollektiven Unbewußten inhärent und daher dem individuellen Werden und Vergehen entzogen ist. Der Archetypus ist eine sozusagen «ewige» Präsenz, und es ist bloß die Frage, ob das Bewußtsein diese wahrnimmt oder nicht. Ich halte es für eine wahrscheinlichere und die Beobachtungen besser erklärende Hypothese, wenn angenommen wird, daß das deutlichere und häufigere Hervortreten des Motivs[160] im weiteren Verlauf der Traumserie der genaueren Erfassung eines a priori bestehenden Typus entspreche, als daß das Mandala gewissermaßen erst im Verlauf der Serie erzeugt werde. Gegen letztere Annahme spricht zum Beispiel der Umstand, daß so wesentliche Gedanken wie der die Persönlichkeit bedeckende Hut, die umkreisende Schlange und das Perpetuum mobile schon gleich am Anfang auftreten (Träume 1, 5 und 9 [S. 54, 59, 115]).

Insofern das Mandalamotiv ein Archetypus ist, müßte es ein kollektives Vorkommen haben, das heißt, theoretisch müßte es bei jedem Menschen vorkommen. In praxi aber wird es nur in relativ wenigen Fällen in deutlicher Ausprägung angetroffen, was aber keineswegs hindert, daß es die Rolle eines geheimen Pols spielt, um den sich in letzter Linie alles dreht. Jedes Leben ist schließlich eine Verwirklichung eines Ganzen, das heißt eines Selbst, weshalb man die Verwirklichung auch als Individuation bezeichnen kann. Denn alles Leben ist an individuelle Träger und Verwirklicher gebunden und ist ohne solche schlechthin unvorstellbar. Mit jedem Träger aber ist auch eine individuelle Bestimmtheit und Bestimmung gegeben, und es macht den Sinn lebendiger Existenz aus, daß sie als solche sich verwirkliche. Der «Sinn» zwar ist häufig etwas, das man ebensogut «Unsinn» nennen könnte; aber zwischen dem Geheimnis des Seins und dem menschlichen Verstand besteht etwelche Inkommensurabilität. «Sinn» und «Unsinn» sind anthropomorphe Umdeutungen zum Zweck einer uns als hinlänglich geltenden Orientierung.

Wie die historischen Parallelen zeigen, handelt es sich bei der Mandalasymbolik keineswegs um einzigartige Kuriositäten, sondern um – man darf wohl sagen – Regelmäßigkeiten. Wenn dem nicht so wäre, gäbe es auch keine Vergleichsmaterialien. Aber gerade die Vergleichsmöglichkeiten mit den geistigen Produkten aus allen Zeiten und aus allen Richtungen der Windrose zeigen aufs deutlichste, welch immense Bedeutung den Vorgängen im Objektiv-Psychischen vom «consensus gentium» beigemessen wurde. Grund genug, daß man sich nicht leichtfertig darüber hinwegsetzte. Meine ärztliche Empirie kann diese Wertschätzung nur bestätigen. Es gibt zwar Leute, die es für unwissenschaftlich halten, etwas ernst zu nehmen; sie wollen sich ihren intellektuellen Spielplatz nicht durch Ernsthaftigkeit stören lassen. Der Arzt aber, der menschliche Gefühlswerte außer acht läßt, begeht einen peinlichen Fehler, und wenn er mit sogenannter Wissenschaftlichkeit das geheime und schwer verständliche Wirken der Natur richtigzustellen versucht, so setzt er seine flache Vernünftelei an Stelle der Heilvorgänge der Natur. Man möge die alte alchemische Weisheit beherzigen: «Naturalissimum et perfectissimum opus est generare tale quale ipsum est» [Das natürlichste und vollkommenste Werk besteht darin, sein Gleiches hervorzubringen].

Abb. 111 Die «cauda pavonis» als Vereinigung aller Farben ist ein Ganzheitssymbol.
(1702)

Anmerkungen

GW 12 ist im Grundwerk in Band 5 und 6 aufgeteilt. Vorwort zu beiden Bänden:
Im vorliegenden Band V der Psychologischen Abhandlungen kommen zwei größere Arbeiten zum Abdruck, welche aus Vorlesungen an den Eranos-Tagungen hervorgegangen sind. Die Vorträge sind erstmals erschienen im «*Eranos-Jahrbuch*» 1935 und 1936. Die jetzige Ausgabe ist annähernd um die Hälfte vermehrt durch weitere Ausführungen und durch ein vervollständigtes Belegmaterial. Ebenso ist der Text in verschiedenen Hinsichten verbessert und zum Teil neu geordnet worden. Neu ist auch die reichere Ausstattung mit ergänzendem Bildmaterial. Die große Anzahl der dem Text beigegebenen Abbildungen rechtfertigt sich durch den Umstand, daß symbolische Bilder sozusagen zum Wesen der alchemistischen Geistesverfassung gehören. Was das geschriebene Wort nur unvollkommen oder gar nicht ausdrücken konnte, das hat der Alchemist in seine Bilder gelegt, welche eine zwar absonderliche, aber oftmals doch vernehmlichere Sprache reden als die Unbehilflichkeit seiner philosophischen Begriffe. Zwischen diesen Bildern und denen, die von Patienten in psychischer Behandlung spontan entworfen werden, besteht ein dem Kenner auffallender formaler und inhaltlicher Zusammenhang, auf den ich allerdings im Verlauf meiner Darstellung nicht expressis verbis eingehe.

Zu besonderem Dank bin ich Fräulein Dr. phil M.-L. von Franz verpflichtet für philologische Hilfe bei der Übersetzung von zum Teil lädierten, zum Teil schwer deutbaren und kontroversen ZOSIMOS-Texten. Fräulein cand. phil. R. Schärf danke ich für die Nachweise zur Og- und Unicornlegende in der talmudischen Literatur. Frau Dr. phil. L. Frey danke ich für die Ausarbeitung des Index und Frau O. Fröbe-Kapteyn für die in meinem Auftrag gesammelten Photokopien einer Anzahl der alchemistischen Bilder. Ebenso möchte ich meinen besten Dank Frau Dr. phil. J. Jacobi aussprechen für die Auswahl und Zusammenstellung des Illustrationsmaterials sowie für die Besorgung der Drucklegung.

Küsnacht, im Januar 1943 C. G. JUNG

EINLEITUNG IN DIE RELIGIONSPSYCHOLOGISCHE PROBLEMATIK DER ALCHEMIE

[1] Es ist bemerkenswert, daß ein protestantischer Theologe in einem Werk über Homiletik den Mut hat, die Ganzheit des Predigers vom ethischen Standpunkt aus zu fordern –

und zwar unter Berufung auf meine Psychologie. (OTTO HÄNDLER, *Die Predigt,* Berlin 1949)

[2] Das Dogma der Gottebenbildlichkeit fällt ebenfalls schwer ins Gewicht bei der Bewertung des menschlichen Faktors – gar nicht zu reden von der Inkarnation Gottes.

[3] Daß auch der Teufel Besitz von der Seele nehmen kann, vermindert ihre Bedeutung keineswegs.

[4] Es ist darum psychologisch gänzlich undenkbar, daß Gott das «ganz andere» schlechthin sein sollte; denn ein «ganz anderes» ist niemals das der Seele innigst Vertraute, was Gott eben auch ist. Psychologisch richtig sind nur paradoxe bzw. antinome Aussagen über das Gottesbild.

[5] TERTULLIAN: «Anima naturaliter christiana» (*Apologeticus,* XVII).

[6] Da es sich hier um die Frage der menschlichen Bemühung handelt, sehe ich ab von Gnadenakten, die jenseits menschlicher Reichweite liegen.

[7] [*De carne Christi,* V; lat. Text s. GW.]

[8] OTTO ZÖCKLER (*Probabilismus,* Realencyklopädie XVI, p. 67) definiert folgendermaßen: «Probabilismus nennt man im allgemeinen die Denkweise, welche bei Beantwortung wissenschaftlicher Fragen mit einem höhern oder geringern Grade von Wahrscheinlichkeit sich zufrieden gibt. Der für uns hier allein in Betracht kommende moralische Probabilismus besteht in dem Grundsatze, bei Akten sittlicher Selbstbestimmung sich nicht nach dem Gewissen, sondern nach dem wahrscheinlich Richtigen, d. h. nach dem durch irgendwelche vorbildliche oder Lehr-Autorität Empfohlenen zu richten.» Der jesuitische Probabilist ESCOBAR († 1669) vertritt z. B. die Meinung, daß, wenn das Beichtkind sich auf eine probable Meinung als Grund seines Handelns berufe, der Beichtvater gehalten sei, zu absolvieren, auch wenn er diese Überzeugung nicht teile. ESCOBAR zitiert zur Frage, wie oft im Leben man zur Gottesliebe verpflichtet sei, eine Reihe jesuitischer Autoritäten. Nach einer Meinung genüge einmalige Gottesliebe kurz vor dem Tode, nach einer anderen: einmal pro Jahr, oder alle drei bis vier Jahre einmal. Er selber kommt zum Schluß, es genüge, Gott zu lieben, einmal beim ersten Erwachen der Vernunft, dann alle fünf Jahre einmal und schließlich einmal in der Todesstunde. Nach seiner Meinung bildet die große Anzahl verschiedener moralischer Lehrmeinungen einen Hauptbeweis für Gottes gütige Vorsehung, weil dadurch Christi Joch so leicht werde (l. c., p. 68). Vgl. dazu auch ADOLF v. HARNACK, *Lehrbuch der Dogmengeschichte* III, Tübingen 1931, p. 748 ff.

[9] Vgl. Gen 1,2. Der Leser findet eine Zusammenstellung der Mythenmotive in: J. B. LANG, *Hat ein Gott die Welt erschaffen?,* Bern 1942. Leider wird die philologische Kritik an dieser Schrift vieles auszusetzen haben. Sie ist aber um ihrer gnostizistischen Tendenz willen bemerkenswert.

[10] [Für die englische Ausgabe (1953) verfaßte der Autor folgende Anmerkung: «In alchemistischen Schriften wird das Wort Mercurius in den verschiedensten Bedeutungsvarianten verwendet, um nicht nur das chemische Element Mercurius (Hg.) oder Quecksilber, Mercurius (Hermes), den Gott, und Merkur, den Planeten, zu bezeichnen, sondern auch – und vor allem – die geheime ‹verwandelte Substanz›, die gleichzeitig der ‹Geist› ist, der allen Lebewesen innewohnt. Diese verschiedenen Nebenbedeutungen werden im Laufe des Buches zutage treten.»]

[11] ERICH PRZYWARA, *Deus semper maior* I, Freiburg i. Br. 1938, p. 71 ff.

[12] Siehe Illustrationen in: R. WILHELM UND C. G. JUNG, *Das Geheimnis der Goldenen Blüte,* Olten 1971 (s. GW. 11).

[13] Contritio ist «vollkommene Reue». Attritio ist «unvollkommene Reue» («contritio imperfecta», zu welcher auch die «contritio naturalis» gehört). Erstere betrachtet die Sünde als Gegensatz zum höchsten Gut; letztere verwirft sie wegen ihrer Bosheit und Häßlichkeit und wegen der Furcht vor Strafe.
[14] Es ist durchaus natürlich, daß man sich angesichts des tragischen Schicksals, welches die unvermeidliche Beigabe der Ganzheit ist, einer religiösen Terminologie – als der in solchem Fall einzig adäquaten – bedient. «Mein unvermeidliches Schicksal» bedeutet soviel als ein dämonischer Wille zu ebendiesem Schicksal, ein Wille, der mit dem meinigen (dem Ich-Willen) nicht notwendigerweise koinzidiert. Wenn er aber dem Ich entgegengesetzt ist, so kann man nicht umhin, darin eine «Macht» d. h. ein Göttliches oder Infernalisches, zu fühlen. Die Ergebenheit in das Schicksal wird es einen Gotteswillen nennen; der aussichtslose und verzehrende Kampf gegen die Bestimmung wird darin eher den Teufel sehen. Auf alle Fälle ist diese Terminologie allgemein verständlich und zudem sinnvoll.
[15] Noch PARACELSUS spricht von den Göttern im «mysterium magnum» (*Philosophia ad Athenienses,* SUDHOFF XIII, p. 387 ff.); ebenso die Schrift des ABRAHAM ELEAZAR (*Uraltes chymisches Werk*), die von PARACELSUS beeinflußt ist (18. Jh.).

TRAUMSYMBOLE DES INDIVIDUATIONSPROZESSES

I. Einführung

[1] Ich muß ausdrücklich bemerken, daß es sich nicht um historische, philologische, archäologische und ethnologische Bildung handelt. Die Beziehungen auf Materialien aus diesen Gebieten sind dem Träumer unbewußt.
[2] Mandala (Sanskrit) heißt Kreis, auch Zauberkreis. Seine Symbolik umfaßt alle konzentrisch angeordneten Figuren, Kreisläufe um ein Zentrum, rund oder im Quadrat, und alle radiären oder kugelförmigen Anordnungen – um nur die wichtigsten Erscheinungsweisen zu erwähnen.
[3] Vgl. zu diesem Begriff meinen Aufsatz *Das Grundproblem der gegenwärtigen Psychologie* (GW 8) und TONI WOLFF, *Einführung in die Grundlagen der komplexen Psychologie*, in: Die kulturelle Bedeutung der komplexen Psychologie. Festschrift zum 60. Geburtstag von C. G. Jung, Berlin 1935, p. 36 ff.
[4] Ich unterlasse hier bewußt eine zu weit führende Auseinandersetzung über die Begriffe *komplementär* und *kompensatorisch*.

II. Die Initialträume

[1] Das Meer ist ein beliebter Entstehungsort für Visionen (d. h. Einbrüche unbewußter Inhalte); z. B. erhebt sich die große Vision des Adlers im 4. Buch Esr 11,1, aus dem Meere, und die Vision des «Menschen» (ἄνθρωπος) 13,3, 25 und 51 «aus dem Herzen des Meeres».

Vom Meere heißt es (13,51): «Wie niemand erforschen, noch erfahren kann, was in des Meeres Tiefen ist, so kann niemand der Erdenbewohner meinen Sohn schauen» usw.

[2] *La Tentation de Saint Antoine,* Paris 1874.

[3] Nekyia νεκυια und νέκυς (Leichnam), Titel des 11. Gesanges der *Odyssee,* ist das Totenopfer zur Heraufbeschwörung der Abgeschiedenen aus dem Hades. Nekyia ist daher eine passende Bezeichnung für die «Hadesfahrt», den Abstieg ins Totenland, in diesem Sinne auch von DIETERICH bei seiner Kommentierung des Kodex von Akhmim gebraucht, der ein apokalyptisches Stück des Petrusevangeliums enthält (*Nekyia: Beiträge zur Erklärung der neuentdeckten Petrusapokalypse,* Leipzig 1913). Typisch sind die *Divina Commedia,* die «klassische Walpurgisnacht» in *Faust,* 2. Teil, die apokryphen Höllenfahrten Christi usw.

[4] Vgl. die französische Ausgabe von: COLONNA, *Le Songe de Poliphile* (hg. von BÉROALDE DE VERVILLE; Abb. 4 dieses Bandes).

[5] Näheres hierzu siehe meine Schrift *Paracelsus als geistige Erscheinung,* (GW 13, Paragr. 179f. und 214ff.).

[6] E. F. KNUCHEL, *Die Umwandlung in Kult, Magie und Rechtsbrauch,* Basel 1919.

[7] Ein dem Gott geweihtes, abgetrenntes Stück Land, oft ein Hain.

[8] Zum Begriff der «anima» vgl. [JUNG] *Die Beziehungen zwischen dem Ich und dem Unbewußten* [Grundwerk 3, II, 2].

[9] ZOSIMOS lebte um 300 n. Chr. Vgl. R. REITZENSTEIN, *Poimandres,* Gießen 1923, p. 8ff., und M. BERTHELOT, *Collection des anciens alchimistes grecs,* III, 1,2. [Siehe Grundwerk 9.]

[10] Die Anführung des Leitermotivs bestätigt sich in den Träumen 12 und 13. Vgl. auch die Jakobsleiter (Abb. 14).

[11] «Es heißt, daß der Geist durch die Sonnenbahn herabsteigt.» (*De errore profanarum religionum;* lat. Text s. GW).

[12] *Der goldene Esel.*

[13] Vgl. J. RUSKA, *Die Turba Philosophorum,* Berlin 1931.

[14] Vgl. den Begriff des kollektiven Unbewußten in: (JUNG) *Psychologische Typen,* Definitionen («Unbewußte, Das»; GW 6).

[15] Der unmittelbare Ursprung der christlichen Schafsymbolik findet sich in den Visionen des Buches *Henoch* 89,10ff. (Die Henoch-Apokalypse entstammt dem Anfang des letzten Jahrhunderts vor Christi Geburt.) (*Die Apokryphen und Pseudoepigraphen des Alten Testaments,* Tübingen 1921, p. 291ff.)

[16] Bei Henoch tritt auch der Führer und Fürst als Schaf bzw. Widder auf (l. c., 89,48).

[17] BERTHELOT, l. C. III, I,2. Vgl. dazu meine Abhandlung *Einige Bemerkungen zu den Visionen des Zosimos.* (In erweiterter Form in Grundwerk 9.)

[18] BUDGE (*The Gods of the Egyptians* I, London 1904, p. 87) bezeichnet sie als «company of the gods».

[19] *Etudes de mythologie* II, p. 245.

[20] Vgl. das ergötzliche Zwiegespräch zwischen dem Alchemisten und Merkur im *Dialogus* (*Theatrum chemicum,* 1613, IV, p. 509ff.)

[21] *Dichtung und Wahrheit.*

[22] Abgedruckt in: *Geheime Figuren der Rosenkreuzer.*

[23] *Probleme der Mystik und ihrer Symbolik,* Wien/Leipzig 1914.

[24] Wasser als Ursprung siehe z. B. ägyptische Kosmogonie.

[25] A. WIRTH, *Aus orientalischen Chroniken,* Frankfurt a. M. 1894, p. 199.

[26] Hld 4,12.

[27] Dies ist eigentlich ein normaler Lebensvorgang, der sich aber in der Regel völlig unbewußt vollzieht. Die Anima ist ein Archetypus, der immer vorhanden ist. (Vgl. [Jung] *Psychologische Typen,* Definitionen [«Seele», «Seelenbild»; GW 6] und *Die Beziehungen zwischen dem Ich und dem Unbewußten* [Grundwerk 3]). Die Mutter ist der erste Träger dieses Bildes, das ihr auch die faszinierende Bedeutung für den Sohn gibt. Via Schwester und ähnlicher Figuren wandert es dann über zur geliebten Frau.

[28] Die Parallelen, die ich zitiere, entstammen überwiegend der lateinischen Literatur des 12. bis 17. Jahrhunderts. Einer der interessanteren Texte ist das *Rosarium philosophorum.* Der Verfasser ist anonym. Er ist ein ausgesprochener «Philosoph» und ist sich der Tatsache, daß es sich nicht um gewöhnliche Goldmacherei, sondern um ein «philosophisches» Geheimnis handelt, anscheinend bewußt. Das *Rosarium* wurde erstmals gedruckt unter dem Titel *Rosarium philosophorum. Secunda pars alchimiae de lapide philosophorum vero modo praeparando, continens exactam eius scientiae progressionem.* Es findet sich abgedruckt in: *Bibliotheca chemica curiosa* (hg. von Manget[us]) II, p. 87 ff.; ferner in: *Artis auriferae* II, p. 204 ff. Meine Zitate entstammen meist dieser letzteren Ausgabe.

[29] Vgl. Traum 23 (pp. 173 und 178).

[30] Ebenso in der «Goldblume» der Alchemie (Abb. 30). Vgl. Senior Adolphus, *Occulta philosophia.* Die Goldblume kommt vom griechischen χρυσάνθιον (Berthelot, l. c., III, xlix, 19) und χρυσάνθεμον = Goldblume, einer Zauberpflanze, wie das von den Alchemisten mehrfach angeführte homerische μῶλυ. Die Goldblüte ist das Edelste und Reinste des Goldes. Mit diesem Namen wird auch der Pyrit belegt. (Vgl. v. Lippmann, *Entstehung und Ausbreitung der Alchemie* I, Berlin 1919, p. 70.) Die Kraft der «aqua permanens» [ewiges Wasser] wird als «Blüte» bezeichnet (*Turba,* hg. von Ruska, p. 204, 20). Die Späteren gebrauchen «flos» als Ausdruck für die mystische Wandlungssubstanz. (Vgl. «gelbe Blume» in: *Aurora consurgens;* «goldene Blume der Luft» im *Consilium coniugii* in: *Ars chemica,* p. 167; «die Blume ist das reiche Wasser» ⟨mercurius⟩ in der *Allegoria sapientum* in: *Theatr. chem.* V, p. 81; «die Blume des Werkes ist der Stein» in: Mylius, *Philosophia reformata,* p. 30; lat. Texte s. GW.)

[31] «Unser Gold ist nicht das gemeine Gold», sagt das *Rosarium* (*Art. aurif.* II, p. 220; lat. Text s. GW).

[32] l. c., p. 221 (223?).

[33] (l. c., p. 239) Zur eigenartigen Beschaffenheit der Hermes-Zitate des *Rosariums* vgl. (in diesem Band) *Die Mandalasymbolik,* Anm. 18.

[34] *Epistola ad Hermannum Archiepiscopum Coloniensem* in: *Teatr. chem.* V, p. 899.

[35] Im *Tractatus aureus* des Hermes heißt es sogar «auf den Mist geworfen... gering und höchst verächtlich – in der Ebene, auf Bergen und in Gewässern» (lat. Text s. GW).

[36] Vgl. [Jung] *Psychologische Typen* (GW 6, p. 189 ff.)

[37] Diese Formulierung will nicht besagen, daß das Selbst im Laufe des Lebens gewissermaßen erschaffen wird; es wird bloß bewußt. Vorher und von allem Anfang an ist es schon vorhanden, aber latent, d. h. unbewußt. Vgl. hierzu meine späteren Ausführungen.

[38] P. F. Foucart, *Les Mystères d'Eleusis,* Paris 1914.

[39] [*Neun Bücher der Geschichte,* II, 58].

[40] Siehe diesen Begriff in (Jung) *Psychologische Typen,* Definitionen (GW 6: «Einstellung»).

[41] Vgl. Fleischer, *Hermes Trismegistus an die menschliche Seele,* Leipzig 1870, p. 6. Ferner die

runde Gestalt des Platonischen Urmenschen und den σφαῖρος des EMPEDOKLES. In Anlehnung an PLATONS *Timaios* hat bei den Alchemisten die «anima mundi» sowohl wie die «Seele der Körper» Kugelgestalt; ebenso das Gold (Abb. 209: Grundwerk 6). Vgl. auch MAIER, *De circulo physico quadrato,* p. 11 ff. Über die Beziehung des «runden Elementes» zum Schädel bzw. zum Kopf vgl. meine Ausführungen in: *Das Wandlungssymbol in der Messe* (Grundwerk 4).

[42] Vgl. das Argument AUGUSTINS, daß nicht diese Sonne Gott sei, sondern der, der sie gemacht hat (*In Ioannis evangelium,* XXXIV,2), und das Zeugnis des EUSEBIUS, der noch «christliche Sonnenverehrung» sah (*Constantini oratio ad sanctorum coelum,* IV).

[43] Vgl. LINDA FIERZ-DAVID, *Der Liebestraum des Poliphilo. Ein Beitrag zur Psychologie der Renaissance und der Moderne,* Zürich 1947.

[44] Die der französischen Ausgabe der *Hypnerotomachia* von 1600 vorgesetzte Einleitung des BÉROALDE DE VERVILLE zeigt diese Auffassung mit aller Deutlichkeit. Vgl. dazu meine Ausführungen in: *Paracelsus als geistige Erscheinung* (GW 13).

[45] RUSKA, *Die turba philosophorum,* Berlin 1931.

[46] Dies bezog sich auf die Autorität des PYTHAGORAS.

[47] Vgl. dazu *Liber Platonis quartorum* in: *Theatr. chem.* V, p. 149 ff. und 174. Dieser Traktat ist ein für die Geschichte der Alchemie wichtiger harranitischer Text, der in arabischer und lateinischer Fassung vorliegt. Letztere ist leider sehr korrupt. Die Verfassungszeit des Originals dürfte das 10. Jh. sein. Vgl. M. STEINSCHNEIDER, *Die europäischen Übersetzungen aus dem Arabischen,* Wien 1904/05, p. 44.

[48] Ich verweise auf meine Ausführungen in: *Paracelsus als geistige Erscheinung* (GW 13, Paragr. 214).

[49] Ich habe diese Stelle im Frühling 1935 geschrieben.

[50] Zu diesen Begriffen vgl. *Die Beziehungen zwischen dem Ich und dem Unbewußten* (Grundwerk 3).

III. Die Mandalasymbolik

[1] Ich verweise auf die Darlegung HEINRICH ZIMMERS in: *Kunstform und Yoga im indischen Kultbild,* Berlin 1926, sowie auf R. WILHELM UND C. G. JUNG, *Das Geheimnis der Goldenen Blüte,* Zürich 1938, Olten 1971 (s. GW 11).

[2] In der Nähe von Darjeeling.

[3] [A. AVALON, *The Serpent Power,* London 1919, VII.]

[4] Vgl. RICHARD REITZENSTEIN, *Die hellenistischen Mysterienreligionen,* Leipzig/Berlin 1910.

[5] Die Anführungszeichen bedeuten, daß ich mit dem Ausdruck «metaphysisch» nichts «setze», sondern diesen in uneigentlichen, psychologischen Gebrauch nehme und damit die eigentümliche Aussage der Träume kennzeichne.

[6] Wie Meister ECKHART sagt: «ez ist zemâle inne, niht ûze, sunder allez inne». (*Deutsche Mystiker des 14. Jahrhunderts* II, Leipzig 1845/57, p. 8,37.)

[7] Da der Traum mich nicht «genannt», sondern höchstens angedeutet hat, so hat das Unbewußte offenbar keine Absicht, meine persönliche Bedeutung hervorzuheben.

[8] Vgl. [JUNG] *Psychologische Typen* (Kp. X = Grundwerk 1).
[9] PAUL DEUSSEN, *Allgemeine Geschichte der Philosophie* I, Leipzig 1906.
[10] [Von JUNG hervorgehoben, engl. Text s. GW.] CHARLOTTE BAYNES, *A Coptic Gnostic Treatise contained in the Codex Brucianus,* Cambridge 1933, p. 89.
[11] Buddha, Shiva usw. im Lotus (Abb. 52); Christus in der Rose, im Schoß Mariens (hierzu reiches Material in: A. SALZER, *Die Sinnbilder und Beiworte Mariens,* Linz 1893); der Keimort des Diamantkörpers in der goldenen Blüte. Vgl. dazu die circumambulatio im quadratischen Raum, Traum 16, S. 133.
[12] BAYNES, l. c., p. 58. Vgl. dazu das Vajra-Mandala (Abb. 43), wo im Zentrum sich das von zwölf kleineren umgebene große Dorje befindet, wie die von zwölf Monaden gekrönte *eine* Monas. Überdies findet sich auch in jedem der vier Tore je ein Dorje.
[13] l. c., p. 94 (engl. Text s. GW).
[14] l. c., p. 70.
[15] Vgl. IRENAEUS, (*Adversus haereses*), III, XI, und CLEMENS, *Stromata*, V, VI. Ähnlich der Tetramorph als Reittier der Kirche (Abb. 53).
[16] *Rosarium* (*Art. aurif.* II, p. 240). Die HERMES-Zitate entstammen dem Kp. IV des *Tractatus aureus* (*Ars chem.*, p. 23 f., und *Bibl. chem.* I, p. 427 f. Lat. Text s. GW).
[17] BAYNES, l. c., p. 87.
[18] Die HERMES-Zitate des Anonymus des *Rosarium* enthalten willkürliche Veränderungen, welche viel mehr bedeuten als fehlerhafte Lesarten. Es sind eigentliche Neuschöpfungen, denen er durch den Namen des Hermes größere Autorität verleiht. Ich habe die drei gedruckten Ausgaben des *Tractatus aureus* von 1566, 1610 und 1692 verglichen und fand, daß sie alle übereinstimmen. Die *Rosarium*-Zitate (p. 239) lauten im *Tractatus aureus* (p. 23 f.): «Denn Venus sagt: Ich bringe das Licht hervor, und die Finsternis gehört nicht zu meiner Natur... Daher gibt es nichts Besseres und Verehrungswürdigeres als die Vereinigung meiner selbst mit meinem Bruder.» (Lat. Texte s. GW.)
[19] Vgl. MYLIUS, *Philosophia reformata*, p. 19.
[20] *Art. aurif.* II, p. 356 (lat. Text. s. GW).
[21] l. c., p. 359.
[22] l. c., p. 359 f.
[23] Vgl. [JUNG] *Die Beziehungen zwischen dem Ich und dem Unbewußten*, Kap.: *Anima und Animus* (Grundwerk 3).
[23a] [Die angloamerikanische Ausgabe weist hier folgende Fußnote auf: «Die ‹homerische Kette› in der Alchemie ist die Reihe großer Weiser, angefangen mit Hermes Trismegistus, die Himmel und Erde miteinander verbinden. Gleichzeitig ist es eine Kette von Substanzen und verschiedenen chemischen Zuständen, die im Verlauf des alchemistischen Prozesses in Erscheinung treten. Vgl. *Aurea catena Homeri.*»]
[24] Vgl. *Paracelsus als geistige Erscheinung* (GW 13, paragr. 209 ff.).
[25] MEISTER ECKHART sagt: «... ‹Ich enbin niht kommen ûf ertrîche friden ze machende, sunder daz swert, umbe daz ich alliu dinc abe gesnîde und abescheide den bruoder, daz kint, die muoter, den friunt, die gewêrliche ⟨wahrlich⟩ dîn vîande ⟨Feinde⟩ sint.› Wan swaz dir heimelich ist, daz ist gewêrliche dîn vîant. Wil dîn ouge alliu dinc sehen unde dîn ôre alliu dinc hoeren unde dîn herze alliu dinc gedenken, in der wârheit, in allen disen dingen muoz dîn sêle zeströuwet werden.» (*Deutsche Mystiker* II, p. 14, 23 ff.)
[26] Vgl. meine Schrift *Über Wiedergeburt* (GW 9/I, paragr. 135 ff.).

[27] Karl Vollers, *Chidher* II, in: Archiv für Religionswissenschaft XII, Leipzig 1909, p. 235. ff.

[28] *Art. aurif.* II, p. 239. Dieses Zitat aus dem *Tractatus aureus* lautet nach der Ausgabe von 1566 (*Ars chemica*): «Du willst mir das Meine schenken, damit ich dir helfe.» (Lat. Texte. s. GW.)

[29] Ein Aristoteles-Zitat im *Rosarium* (*Art. aurif.* II, p. 317) sagt: «Erwähle dir zum Stein das, wodurch Könige in ihren Kronen verehrt werden... *denn dieser* ⟨*Stein*⟩ *ist dem Feuer nahe.*» (Lat. Text s. GW.)

[30] Vgl. hierzu den Komarios-Text, in welchem Kleopatra die Bedeutung des Wassers erklärt. (Berthelot, *Alch. grecs,* IV, xx, 8. f.)

[31] *Rosarium* (*Art. aurif.* II, p. 378): «Dieser unser Stein ist Feuer aus Feuer geschaffen und wird zu Feuer, und seine Seele wohnt im Feuer.» Vorlage hierzu dürfte sein: «Ebenso ist unser Stein, die Feuerflasche, aus Feuer geschaffen und kehrt zu diesem zurück.» (*Allegoria Sapientum* in: *Bibl. chem.* I, p. 468 a) (Lat. Texte s. GW.)

[32] Die «aqua nostra» heißt auch «permanens», entsprechend dem ὕδωρ Θετον der Griechen: «Das bleibende Wasser, aus dem unser allerkostbarster Stein entsteht», heißt es in der *Turba philosophorum* (*Art. aurif.* I, p. 13). «Der Stein ist nämlich dieses bleibende Wasser, und solange er Wasser ist, ist er nicht Stein.» (l. c. p. 16). Die Billigkeit des «Wassers» wird vielfach hervorgehoben, so l. c., p. 20. «Was wir suchen, wird öffentlich zu ganz geringem Preis verkauft, und wenn man es erkennte, würden es die Händler nicht so billig verkaufen.»

[33] Bei den Alchemisten meist dunkel angedeutet, z. B. das Aristoteles-Zitat im *Rosarium* (*Art. aurif.* II, p. 318): «Sohn, du must vom fetteren Fleisch nehmen.» Im *Tractatus aureus* (Kp. IV) heißt es: «Der Mensch ist vom Ursprung her aus der Natur erschaffen, und seine Eingeweide sind fleischlich.» (Lat. Texte s. GW.)

[34] Vgl. hierzu [Jung] *Paracelsus als geistige Erscheinung* (GW 13, paragr. 185 ff.).

[35] *Von hylealischen Chaos*, p. 204 f.

[36] «Indem ich Lust habe, abzuscheiden und bei Christus zu sein» (Phil. 1,23).

[37] «Magnesia» der Alchemisten hat mit Magnesia (MgO) nichts zu tun. Sie ist bei Khunrath (l. c., p. 161) ⟨materia⟩ caelestis atque divina», also die «materia lapidis Philosophorum», die Arkan- oder Wandlungssubstanz.

[38] Khunrath, l. c., p. 203 f.

[39] l. c., p. 207.

[40] Eine figürliche Darstellung dieses Motivs bei Maier, *Scrutinium chymicum:* Emblema XXI. Maier faßt den Ternarius allerdings anders auf (vgl. Abb. 60). Er sagt (p. 63): «Ebenso behaupten die Philosophen, das Viereck müsse zum Dreieck werden, das heißt, zu Körper, Geist und Seele, welche drei vorgängig der Röte in drei Farben erscheinen, nämlich der Körper oder die Erde in Saturnischer Schwärze, der Geist in mondhaftem Weiß, wie Wasser, die Seele oder die Luft gelb wie die Sonne. Dann wird das Dreieck vollendet sein, doch muß es seinerseits in einen Kreis verwandelt werden, das heißt in unveränderliche Röte» (lat. Text s. GW). Das vierte ist hier das Feuer und zwar ein immerwährendes.

[41] Vgl. «Stadt» und «Burg» im Kommentar zu Traum 10. (Siehe auch Abb. 31, 50 und 51.) Auch die Alchemisten verstehen das aus dem Viereck entstehende «rotundum» als «oppidum» (Stadt). Vgl. Aegidius de Vadis, *Dialogus inter naturam et filium philosophiae* in: *Theatr. chem.* (1602) II, p. 115.

[42] Ein dem Pseudo-Aristoteles zugeschriebenes Zitat; es ist im *Tractatus Aristotelis alche-*

mistae ad Alexandrum Magnum (*Theatr. chem.* V, p. 880 ff.) aber nicht nachzuweisen.

[43] In den Scholien zum *Tractatus aureus* (*Hermetis Trismegisti tractatus vere aureus de lapidis philosophici secreto cum scholiis Dominici Gnosii*) heißt es (p. 43): «das geheime Viereck der Weisen». In der Mitte des Quadrates befindet sich ein Kreis mit Radiation. Von diesem erklärt das Scholium: «Teile deinen Stein in die vier Elemente... und verbinde sie zu einem, und du wirst die ganze Meisterschaft haben.» (Zitat aus PSEUDO-ARISTOTELES.) Der Kreis in der Mitte ist genannt «der *Mittler*, der Frieden stiftet zwischen den Feinden oder (den vier) Elementen; ja er ist es sogar, der die Quadratur des Kreises bewirkt» (l. c. p. 44). Die Zirkumambulation hat ihre Parallele «... im Kreisen der Geister oder der kreisenden Destillation, das heißt das Äußere nach innen, das Innere nach außen: ebenso würdest du, wenn das Untere und das Obere in ein und demselben Kreis zusammenkamen, nicht mehr erkennen, was außen noch innen, unten oder oben war: sondern alles wäre eins in einem einzigen Kreis oder Gefäß. Dieses Gefäß ist nämlich der wahre philosophische Pelikan, und es findet sich in der ganzen Welt kein weiterer.» Erläutert wird dieser Vorgang durch nebenstehende Zeichnung. Die Vierteilung ist das «exterius»: vier Flüsse, die in den inneren «Ozean» hinein- und herausfließen (l. c., p. 262 f.).

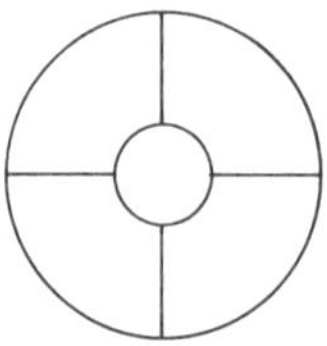

[44] WILHELM UND JUNG, *Das Geheimnis der Goldenen Blüte* (Ausgabe 1939), p. 112.

[45] [JUNG, *Der Geist Mercurius*: GW 13.]

[46] hg. von PREISENDANZ, p. 195.

[47] Vgl. BRUCHMANN, *Epitheta Deorum, quae apud poetas Graecos leguntur*, Leipzig 1893.

[48] *Les Images des dieux anciens*, Lyon 1581, p. 403.

[49] [JUNG] *Paracelsus als geistige Erscheinung* (GW 13, paragr. 168 und 206 ff.).

[50] Vgl. [JUNG] *Erlösungsvorstellungen in der Alchemie* (Grundwerk 6).

[51] E. A. WALLIS BUDGE, *The Gods of the Egyptians* I, London 1904, pp. 21 und 404.

[52] Dieser Traum hat eine besondere Würdigung gefunden in meinen Vorlesungen *Psychologie und Religion* (Grundwerk 4).

[53] Orphisches Mosaik von Tramithia (R. EISLER, *Orpheus the Fisher*, London 1921, p. 271 f.). Man könnte diese Inschrift unschwer als scherzhaft verstehen, ohne damit gegen den Geist antiker Mysterien zu verstoßen. Man vergleiche damit z. B. die Fresken der Villa dei Misteri in Pompei (A. MAIURI, *La Villa dei misteri*, Rom 1931), wo Trunkenheit und Ekstase nicht nur nahe beisammen, sondern sogar ein und dasselbe sind. Da jedoch Initiationen seit alters auch Heilbedeutung haben, könnte der Rat eventuell als Warnung vor dem Wassertrinken aufgefaßt werden, indem das Trinkwasser in südlichen Gegenden bekanntlich die Mutter von Dysenterie und Typhus abdominalis ist.

[54] EISLER, l. c.

[55] So etwa lauten die Auffassungen des Träumers.

[56] Vgl. auch Abb. 170, 171, 172, 174, 176 und 177: Grundwerk 6.

[57] ARNOBIUS, *Adversus gentes*, V, 21. Über ähnliche Gebräuche im Mittelalter vgl. HAMMER-PURGSTALL, *Mémoire sur deux coffrets gnostiques du moyen âge*, Paris 1832. (Abb. 70)

[58] A. AVALON, *The Serpent Power*, London 1919; J. G. WOODROFFE, *Shakti and Shakta*, Madras 1920.

[59] Die Alchemisten berufen sich auf LACTANTIUS, *Opera*, I, p. 14, 20. «vom Chaos, das ein wirrer Haufen roher und ungeordneter Materie ist». (Lat. Text s. GW.)

[60] J. DREYFUS, *Adam und Eva nach Auffassung des Midrasch*, zitiert bei REITZENSTEIN, *Poimandres*, Leipzig 1904, p. 258.
[61] Wörtlich: im Sinn.
[62] Lebte zu Anfang des 17. Jh. in England [das Pseudonym bedeutet «friedfertiger Liebhaber der Wahrheit].
[63] *Erklärung der Hermetisch-Poetischen Werke Herrn Georgii Riplaei*, p. 133 f.
[64] (Vgl. JUNG, *Mysterium Coniunctionis* II, GW 14/II, p. 34, Anm. 121.)
[65] Vgl. dazu Kommentar zu Traum 10. Ferner: «und, an Arme und Brust meiner Mutter gefesselt und an ihre Substanz, bringe ich meine Substanz zum Zusammenhalt und zur Ruhe». (*Tractatus aureus*, IV [*Ars. chem.*, p. 24; lat. Text s. GW].)
[66] Die Idee der «anima» in meiner Definition ist keineswegs ein Novum, sondern vielmehr ein Archetypus, dem man an den verschiedensten Orten begegnet. Er war auch der Alchemie bekannt, wie das folgende Scholium beweist: «So wie einem, der in der Sonne geht, ständig der Schatten folgt..., so trägt unser Adamischer Hermaphrodit, obgleich er seiner Gestalt nach als Mann erscheint, seine im Körper *verborgene Eva oder Frau mit sich herum.*» (*Tractatus aureus* in: *Bibl. chem.* I, p. 417 b; lat. Text s. GW.)
[67] Vgl. [JUNG] *Psychologische Typen* (GW 6) Definitionen («minderwertige Funktion»).
[68] *Tractatus aureus* in *Ars chem.* (p. 17): «Der Mann ist nämlich der Himmel der Frau, und die Frau ist die Erde des Mannes» (lat. Text s. GW).
[69] *Adversus Judaeos*, XIII (lat. Text. s. GW).
[70] Diese Synthese betrachtete die Alchemie als eine ihrer hauptsächlichsten Aufgaben: «Verbindet also den männlichen Sohn des roten Sklaven mit seiner wohlriechenden Gattin, und vereint werden sie die Kunst hervorbringen». (RUSKA, *Turba*, p. 62.) Öfters wurde die Synthese als Bruder-Schwester-Inzest dargestellt, welche Auffassung wohl auf die *Visio Arislei* (*Art. aurif.* I) zurückgeht. (Siehe auch Abb. 167: Grundwerk 6, wo die Kohabitation von Tabricius und Beya, den Kindern des «Meerkönigs», dargestellt ist.)
[71] Die «testudo» ist ein alchemistisches Instrument, eine Schale, mit welcher das Kochgefäß im Ofen zugedeckt wurde. Vgl. RHENANUS, *Solis e puteo emergentis*, p. 40.
[72] [JUNG] *Symbole der Wandlung* (Grundwerk 7 und 8) s. Index.
[73] *Art. aurif.* II, p. 220: ein SENIOR-Zitat. Die «viriditas» wird gelegentlich auch als «Azoth» bezeichnet, was eines der vielen Synonyme des «Steines» ist.
[74] Der Anonymus, genannt CHRISTIANOS, ist nach BERTHELOT (*Les Origines de l'alchimie*, p. 99 f.) ein Zeitgenosse des STEPHANUS VON ALEXANDRIA, lebte also ungefähr im Anfang des 7. Jh.
[75] BERTHELOT, *Alch. grecs.* VI, V,6, Zeile 16. Das fast tierische ἐκραύγαζεν (schreien) weist auf einen ekstatischen Zustand hin.
[76] Ein ihr zugeschriebener Traktat (arabischer Herkunft?) unter dem Titel *Practica Mariae Prophetissae in artem alchemicam* in: *Art. aurif.* I, p. 319 ff.
[77] *Panarium,* XXVI. Über weitere mögliche Beziehungen zur Mariamne und zur Maria Magdalena der *Pistis Sophia* vgl. HANS LEISEGANG, *Die Gnosis,* Leipzig 1924, p. 113 f., und CARL SCHMIDT (Hg.), *Gnostische Schriften in koptischer Sprache,* Leipzig 1892, VIII, p. 596 ff.
[78] Aros = Horos. Eine Vorlage zum Maria-Dialog dürfte Ἶσις προφῆτις τῷ υἱῷ αὐτῆς (BERTHELOT, *Alch. grecs,* I, XIII) sein. Isis und Maria waren leicht zu verwechseln.
[79] «Matrimonifica gummi cum gummi vero matrimonio» in: *Art. aurif.* I, p. 320.
[80] *Hyleal. Chaos,* p. 239.

[81] *Aphorismi Basiliani* in: *Theatr. chem.* IV (1613) p. 368.
[82] *Ars chem.*, pp. 247 und 255.
[83] ARNALDUS DE VILLANOVA (*Carmen* in: *Theatr. chem.* IV [1613], p. 614 f). hat in sehr treffender Weise die Quintessenz des Traktates in folgenden Versen zusammengefaßt: «Maria, mira sonat, breviter quae talia sonat: / Gumi cum binis fugitivum figit in imis. / ... Filia Platonis consortia iungit amoris: / Gaudet massata, quando tria sunt sociata.»
[84] Vgl. dazu meine Ausführungen über den «Adech» des PARACELSUS in: *Paracelsus als geistige Erscheinung* (GW 13, Paragr. 168 und 203 ff.).
[85] I, 4,3. Vgl. *The Upanishads* II, Oxford 1884, p. 85 f.
[86] Eine etwas andere Formulierung findet sich in der Distinktion XIV der *Allegoriae sapientum* (*Theatr. chem.* V. p. 86): «Eins und es ist zwei, und zwei und es sind drei, und drei und es sind vier, und vier und es sind drei, und drei und es sind zwei, und zwei und es ist eins.» Damit ist offenbar die Vierteilung (Tetramerie) des einen und die Synthese der vier zum einen dargestellt.
[87] Vgl. *Dichtung und Wahrheit.*
[88] SUDHOFF/MATTHIESEN (Hg.), Sämtliche Werke, XII.
[89] HUSER [Hg.] II, p. 451. Hier ist die «aqua mercurialis» als «des Bacchus hellschimmerndes und klares Naß(!)» gekennzeichnet. In der Operation werden der König und der Sohn vereinigt, so daß am Schluß nur der erneuerte König und die fünf Knechte übrigbleiben. Der «senarius» (die Sechs) spielt erst in der späteren Alchemie eine bescheidene Rolle.
[90] HUSER I, p. 530.
[91] Dazu *Faust,* 2. Teil. Die Engel tragen Faustens «Unsterbliches» zum Himmel, nachdem sie den Teufel darum betrogen. Dieses ist, nach früherer Fassung, «Faustens Entelechie».
[92] Vgl. dazu die Bewegungen der Wandlungssubstanz in der Tabula smaragdina (*De alchemia*, p. 363).
[93] [*Sermo IV de ascensione Domini,* col. 312 (lat. Text s. GW).]
[94] PICINELLUS, *Mundus symbolicus,* Index (s. «rota»).
[95] JAKOB BÖHME, *Vom irdischen und himmlischen Mysterium,* Kp. V, 1 f.
[96] *Vom dreyfachen Leben,* Kp. IX, 58 ff.
[97] *De signatura rerum,* Kp. XIV, 11.
[98] l. c., Kp. XIV, 12.
[99] l. c., Kp. XIV, 13.
[100] l. c., Kp. IV, 25.
[101] Vgl. JUNG UND KERÉNYI, *Das göttliche Kind* (GW 9/I).
[102] BÖHME, *De signatura rerum,* IV, 26.
[103] BÖHME, *Gespräche einer erleuchteten und unerleuchteten Seele,* pp. 11–24.
[104] *Rosarium* (*Art. aurif.* II, p. 214 f.).
[105] l. c. p. 213: «Und es tritt nichts in ihn (den Stein) ein, was nicht aus ihm hervorgegangen ist, denn wenn ihm etwas Fremdes beigefügt würde, wäre er sogleich verdorben.» (Lat. Text s. GW.).
[106] [*Satyricon,* Paragr. 38.]
[107] «Sohn, ziehe aus dem Strahl seinen Schatten: nimm also den vierten Teil davon, das heißt einen Teil vom Ferment und drei Teile vom unvollkommenen Körper»: Vorschrift zur Bereitung des Lapis. (HERMES-Zitat aus: *Rosarium: Art. aurif.* II, p. 317.) Zu «umbra» vgl. l. c., p. 233: «Die Grundlage der Kunst ist die Sonne und deren Schatten» (Abb. 81).

Obiger Text entspricht nur dem Sinne nach dem *Tractatus aureus,* nicht aber dem Wortlaut nach. (Lat. Texte s. GW.)

[108] Vgl. Traum 58, S. 212. Die alchemistischen Geier, Adler, Krähen sind wesentlich synonym.

[109] Auch dieses HERMES-Zitat ist willkürlich. Die Stelle lautet in Wirklichkeit: «Ich bin das Weiß des Schwarzen, und das Rot des Gelben, und das Gelb des Roten, und ich sage gewiß die Wahrheit.» (*Tractatus aureus,* p. 12) Auf diese Weise werden drei Bedeutungen in vier Farben ausgedrückt, im Gegensatz zur Formel des HORTULANUS, der dem Lapis vier Naturen und drei Farben gibt. (*De Alchemia,* p. 372)

[110] l. c., p. 207.

[111] l. c., p. 208.

[112] *Rosarium,* l. c., p. 317. (Lat. Text s. jeweils GW.)

[113] «<Der Stein> kann ebensowenig geschmolzen, noch durchdrungen, noch vermengt werden, sondern er wird verglast.» usw. (ADEMARUS-Zitat in: *Rosarium,* l. c., p. 353; lat. Text s. GW).

[114] Es gibt hierzu sehr interessante parapsychologische Parallelen, die ich hier nicht erwähnen kann.

[115] Vgl. Kommentar zu Traum 23, S.

[116] Vgl. S. 177 und 195 f. sowie (WILHELM UND JUNG) *Das Geheimnis der Goldenen Blüte* (GW 11) passim.

[117] Vgl. hierzu L. VALLI, *Die Geheimsprache Dantes und der Fedeli d'Amore,* in: *Europäische Revue* VI/1 (Berlin 1930), pp. 92–112.

[118] Vgl. *Rosarius minor* in: *De alchemia,* p. 309 ff.

[119] «Halte dich fern von dem, was einen schwarzen Schwanz hat, denn es gehört den Erdgöttern.» (*Symbola Pythagore phylosophi* in: FICINO, *Auctores platonici,* Fol. X, III; Lat. Text s. GW.)

[120] Obschon das Thema dieser Arbeit ausführliche Erörterungen über Traumpsychologie nicht gestattet, muß ich hier einige erläuternde Bemerkungen machen. Das Zusammensitzen an einem Tisch bedeutet Beziehung, Verbindung, «Zusammensetzung». Der runde Tisch bedeutet hier die Zusammensetzung zur Ganzheit. Ist die Animafigur (d. h. das personifizierte Unbewußte) vom Ichbewußtsein getrennt, also unbewußt, so bedeutet diese Tatsache die Existenz einer isolierenden Schicht von persönlich Unbewußtem, die zwischen Ich und Anima hineingelagert ist. Die Existenz eines persönlichen Unbewußten beweist, daß persönlich zugehörige Inhalte, die eigentlich bewußt sein könnten, unrechtmäßigerweise unbewußt sind. Hier liegt also eine mangelhafte oder sogar nicht existierende Bewußtheit des sogenannten Schattens vor. Der Schatten entspricht einer negativen Ichpersönlichkeit, umschließt also alle jene Eigenschaften, deren Existenz peinlich und bedauerlich ist. In diesem Fall sind Schatten und Anima, weil beide unbewußt, miteinander kontaminiert, was vom Traum etwa als «Ehe» dargestellt wird. Wird nun die Existenz der Anima (oder des Schattens) anerkannt und eingesehen, so tritt eine Trennung der beiden Figuren ein, wie es in unserem Fall geschehen ist. Dabei wird der Schatten als ichzugehörig, die Anima aber als nicht ichzugehörig erkannt.

[121] Vgl. dazu, was ich über die Funktion der Anima in meinem Vortrag *Über die Archetypen des kollektiven Unbewußten* (Grundwerk 2, p. 97 ff.) sagte. Im Traktat *Hermes an die menschliche Seele* wird diese «der höchste Dolmetscher und nächststehende Kämmerer» (des Ewigen)

genannt, womit ihre zwischen Bewußtsein und Unbewußtem vermittelnde Funktion trefflich gekennzeichnet ist.

[122] *Rosarium* (*Art. aurif.* II), p. 237.

[123] l. c., p. 238.

[124] l. c., p. 235 f.

[125] l. c., p. 231.

[126] Der Uterus ist die Mitte, das lebenspendende Gefäß (Abb. 87). Der Stein ist, wie der Gral, das schöpferische Gefäß selber, das «elixir vitae». Es ist von der Spirale umgeben, dem Symbol der zirkumambulierenden, indirekten Annäherung.

[127] Das Zentrum des Mandala entspricht dem Blütenkelch des indischen Lotus: Sitz und Entstehungsort der Götter. Die dafür stehende Bezeichnung «padma» hat weibliche Bedeutung. Das «vas» wird alchemistisch öfters als Uterus aufgefaßt, in welchem das «Kind» entsteht. In der Lauretanischen Litanei wird Maria dreimal als «vas» bezeichnet («vas spirituale», «honorabile» und «insigne devotionis»), in der mittelalterlichen Poesie auch als «Meerblume», die den Christus in sich birgt. (Vgl. Traum 36, p. 195.) Zum hermetischen Gefäß steht das Gralsgefäß (Abb. 88) in naher Beziehung: WOLFRAM VON ESCHENBACH nennt den Gralsstein «lapsit exillis»; ARNALDUS DE VILLANOVA († 1313) nennt den Lapis «lapis exilis», den «unansehnlichen Stein» (*Rosarium,* l. c., p. 210), was für die Deutung der WOLFRAMschen Bezeichnung von Belang sein dürfte.

[128] Siehe A. AVALON, *The Serpent Power,* London 1919 (Shat-Chakra-Nirupana).

[129] Synonym mit «goldener Blüte».

[130] Diese Projektion ist hier als spontanes Phänomen gedacht und nicht etwa als absichtliche Hineinverlegung. Projektion ist kein Willensphänomen.

[131] PHILALETHES, *Introitus apertus,* p. 655. (Lat. Text s. GW.)

[132] *Paracelsus als geistige Erscheinung* (GW 13, Paragr. 229 und 237).

[133] «Gestörte» Mandalas kommen gelegentlich vor. Dazu gehören alle Formen, die vom Kreis oder Quadrat oder gleichschenkligen Kreuz abweichen; ebenso diejenigen, deren Grundzahl nicht Vier, sondern Drei oder Fünf sind. Hiervon machen die Sechs- und die Zwölfzahl eine gewisse Ausnahme. Zwölf kann sich auch auf Vier und auf Drei beziehen. Die zwölf Monate und die zwölf Zodia sind gegebene Kreissymbole, die zur Verfügung stehen. Ebenso ist die Sechs ein bekanntes Kreissymbol. Die Drei weist auf die Vorherrschaft von Idee und Willen (Trinität) und die Fünf auf die des physischen Menschen (Materialismus) hin.

[134] Siehe «Funktionslehre» in: [JUNG] *Psychologische Typen* (Grundwerk 1, p. 212 ff.).

[135] [JUNG] *Psychologische Typen* (Grundwerk 1, p. 199 ff.).

[136] «Der Erlöser selbst aber sagt: Wer mir nahe ist, ist dem Feuer nahe, wer fern von mir ist, ist fern vom Reich.» (ORIGENES, *Homiliae in Jeremiam,* XX, 3, zitiert in: PREUSCHEN, *Antilegomena,* p. 44; lat. Text s. GW.)

[137] KAUTZSCH (Hg.) *Die Apokryphen und Pseudoepigraphen des Alten Testaments* II, Tübingen 1900, pp. 251 und 254.

[138] Eine ausführliche Kommentierung dieses Traumes findet sich in: [JUNG] *Psychologie und Religion* (Grundwerk 4, p. 43 f.).

[139] Ausführlich behandelt in: [JUNG], *Psychologie und Religion* (Grundwerk 4, p. 70 ff.).

[140] ERICH BISCHOFF, *Die Elemente der Kabbalah* I, Berlin 1913, p. 63 ff. Weitere Beziehungen von «32» finden sich erwähnt l. c., p. 175 f.

141 *De occulta philosophia* II, Kp. XV, XXXII.

142 ADOLPHE FRANCK, *Die Kabbala,* Leipzig 1844, p. 137 f.

143 *Kabbala denudata* I, p. 601 f.

144 *Le Symbolisme des nombres,* Paris 1948, p. 378.

145 Vgl. HIPPOLYTOS, *Elenchos,* lib. V, Kp. X.

146 Basrelief von Philae (E. A. BUDGE, *Osiris and the Egyptian Resurrection* I, London 1911, p. 3; ferner: *The Book of the Dead,* London 1899, [Papyros of Hunefer] pl. 5). Gelegentlich drei mit Tierköpfen und einer mit Menschenkopf, wie im Kerasher-Papyrus (BUDGE, l. c.). In einer Handschrift des 7. Jahrhunderts (Gellone) tragen die Evangelisten sogar ihre Tierköpfe, wie in manchen anderen romanischen Monumenten.

147 So gennant bei MELITON VON SARDES. Aus den *Analecta sacra,* zitiert bei CUMONT, *Textes et monuments relatifs aux mystères de Mithra* I, Brüssel 1896, p. 355.

148 J. DELACOTTE, *Guillaume de Digulleville,* Paris 1932.

149 Eine Vorstellung, die dem Traum von der Kugel, die viele kleinere Kugeln enthält, entspricht [21, p. 163].

150 Vgl. hierzu «circulus flavus et... alter caeruleus» (ein gelber Kreis... und ein anderer meerblau) bei ORIGENES, *Contra Celsum,* VI, Kp. 38.

151 p. 205.

152 p. 215.

153 Vgl. zu diesem Begriff meine Ausführungen über «Inflation» in: *Die Beziehungen* (Grundwerk 3, p. 26 ff.)

154 Vgl. Kommentar zu: [WILHELM UND JUNG] *Das Geheimnis der Goldenen Blüte* und [JUNG] *Die Beziehungen* (Grundwerk 3; ferner *Über Mandalasymbolik:* GW 9/I).

155 Im Kreuzgang des Basler Münsters.

156 Dies wurde namentlich bei Männern beobachtet. Ob das Zufall ist oder nicht, entzieht sich meiner Kenntnis.

157 Hauptsächlich bei Frauen beobachtet. Die Seltenheit der Beobachtung läßt aber keine weiteren Schlüsse zu.

158 Von diesen Parallelen habe ich hier nur wenige erwähnt.

159 Dasselbe Bild, das sich in unserem Material als Ziel darbietet, dient, vom Standpunkt des historischen Materials aus gesehen, öfters auch als Bild des Ursprungs. Ich erwähne als Beispiel die alttestamentliche Paradiesvorstellung und besonders die Adam-Erschaffung des slawischen *Henoch*-Buches. (MAX FÖRSTER, *Adams Erschaffung und Namengebung* in: *Archiv für Religionswissenschaft,* XI, Leipzig 1908, p. 477 ff.)

160 Wenn die 400 Träume in 8 Gruppen zu je 50 eingeteilt werden, so entfallen auf die

I.	6 Mandalas	V.	11 Mandalas
II.	4 Mandalas	VI.	11 Mandalas
III.	2 Mandalas	VII.	11 Mandalas
IV.	9 Mandalas	VIII.	17 Mandalas

Es findet also eine wesentliche Vermehrung der Mandala-Motive statt.

Bildernachweis

Die Bibliographie jedes Werkes wird nur einmal vollständig aufgeführt. Bei Wiederholungen erscheint die betr. Nummer in eckigen Klammern.

1 *Liber patris sapientiae* in: THEATRUM CHEMICUM BRITANNICUM collected with Annotations by Elias Ashmole, London 1652, p. 210.

2 *Mutus liber in quo tamen tota philosophia hermetica, figuris hieroglyphicis depingitur,* p. 11 (Ausschnitt), in: BIBLIOTHECA CHEMICA CURIOSA seu rerum ad alchemiam pertinentium thesaurus instructissimus. Hg. von Johannes Jacobus Mangetus, 2 Bde., Genf 1702, I, Anhang. (Aus technischen Gründen mußte für die Reproduktion der Abbildungen dieses Werkes die Ausgabe von 1702 [statt 1677] verwendet werden.)

3 *Hermaphroditisches Sonn- und Mondskind. Das ist: Des Sohns deren Philosophen natürlich-übernatürliche Gebärung, Zerstörung und Regenerierung,* Mainz 1752, p. 28.

4 Titelblatt des von BÉROALDE DE VERVILLE herausgegebenen *Le Tableau des riches inventions... qui sont représentées dans le Songe de Poliphile,* Paris 1600.

5 Die sich wandelnden sieben Jungfrauen. – *Le Songe de Poliphile* [4].

6 THENAUD, J.: *Traité de la cabale.* Ms. 5061 (16. Jh.), Bibliothèque de l'Arsenal, Paris.

7 HORAPOLLO: *Selecta hieroglyphica* (1597), p. 5.

8 Kupferstich von J. Th. de Bry aus: FLUDD, R.: *Utriusque cosmi maioris scilicet et minoris metaphysica, physica atque technica historica.* Oppenheim 1617, pp. 4 und 5.

9 *Tractatus qui dicitur Thomae Aquinatis de alchimia.* Ms. Voss. chem. F. 29, Fol. 53 und 87 (1520), Universitätsbibliothek, Leiden.

10, 11, 12 ELEAZAR, A.: *Uraltes chymisches Werk* usw., 2. Aufl. Leipzig 1760, I pp. 84, 85, 98.

13 *Pandora: Das ist die edlest Gab Gottes, oder der werde und heilsame Stein der Weysen,* hg. von H. Reusner, Basel 1588, p. 257.

14 BINYON, L.: *The Drawings and Engravings of W. Blake.* London 1922, Pl. 79.

15 *Emblematical Figures of the Philosophers' Stone.* Ms. Sloane 1316 (17. Jh.), British Museum, London.

16 KELLEY, E.: *Tractatus duo egregii, de Lapide philosophorum.* Hamburg und Amsterdam 1676, p. 101.

17 *Tractatus de alchimia,* Fol. 86. [9]

18 KOEMSTEDT, R.: *Vormittelalterliche Malerei.* Augsburg 1929, Abb. 50.

19 BINYON, L., Pl. 102. [14]

20 *Tractatus... de alchimia,* Fol. 94 a. [9]

21 MYLIUS, JOHANN DANIEL: *Philosophia reformata continens libros binos,* Frankfurt 1622, p. 167, Fig. 18.

22 *Mutus liber,* p. 11 (Ausschnitt). [2]

23 *Figurarum aegyptiorum secretarum.* Ms. C. G. Jung-Bibliothek Küsnacht, (18. Jh.), p. 13.

24 Ms. (ca. 1400), Universitätsbibliothek, Tübingen.

25 *Rosarium philosophorum* (1550), in: ARTIS AURIFERAE quam chemiam vocant... II, Basel 1593.

26 PRINZ, H.: *Altorientalische Symbolik.* Berlin 1915, p. 6.

27 CARBONELLI, G.: *Sulle Fonti storiche della chimica e dell'alchimia in Italia.* Rom 1925, Fig. X.

28 BEISSEL, St.: *Die Geschichte der Verehrung Marias in Deutschland während des Mittelalters.* Freiburg i. Br. 1909, p. 105.

29 FLUDD, R.: *Summum bonum* (1629). Bibliothèque Nationale, Paris, Réserve td/30, 87.

30 *Ripley-Scrowle. Four Rolls drawn in Lübeck.* (1588). Ms. Sloane 5025, British Museum, London, Nr. 1 (Ausschnitt).

31 MAIER, M.: *Viatorium, hoc est, de montibus planetarum septem, seu metallorum,* Rouen 1651, p. 57.

32 TRISMOSIN, S.: *Splendor Solis,* in: AUREUM VELLUS oder der Güldin Schatz- und Kunstkammer, 1600.

33 *Le Songe de Poliphile,* p. 9. [4]

34 MYLIUS, J. D., p. 117, Fig. 9. [21]

35 Codex Urbanus Latinus 899, Fol. 85 (15. Jh.), Biblioteca Vaticana, Rom.

36 Aus den Illustrationen zu *Faust,* 1. Teil, von EUGÈNE DELACROIX.

37 BOSCHIUS, J.: *Symbolographia sive de arte symbolica sermones septem.* Augsburg 1702, Symbol DCCXXIII, Class. I, Tab. XXI.

38 *Tractatus... de alchimia.* Fol. 95 a. [9]

39 ZIMMER, H.: *Kunstform und Yoga im indischen Kultbild,* Berlin 1926, Abb. 36.

40 Privatsammlung.

41 SPENCE, L.: *The Gods of Mexico.* London 1923, p. 38.

42 CORNELL, H.: *The Iconography of the Nativity of Christ.* Uppsala 1924, p. 53.

43 WILHELM, R., und C. G. JUNG: *Das Geheimnis der Goldenen Blüte,* Titelbild, Olten 1971.

44 HERRLIBERGER, D.: *Heilige Ceremonien oder Religionsübungen der abgöttischen Völker der Welt.* Zürich 1748, Pl. XC, Nr. 1.

45 KING, C. W.: *The Gnostics and their Remains.* London 1864, Fig. 14.

46, 47 ELEAZAR, A., Nrn. 4 und 3. [10]

48 STOLCIUS DE STOLCENBERG, D.: *Viridarium chymicum.* Frankfurt 1624, Fig. VIII.

49 JACOBI, J.: *Die Psychologie von C. G. Jung,* Olten 1971, p. 14.

50 FLUDD, R., td/30, 87. [29]

51 VAN VREESWYK, G.: *De Groene Leeuw.* Amsterdam 1672, p. 123.

52 KING, C. W., Fig. 6. [45]

53 KELLER, G., und A. STRAUB: *Herrad von Landsberg: Hortus deliciarum.* Straßburg 1879–1899, Tafel XXXVIII.

54 *Rosarium philosophorum,* p. 359. [25]

55 Albertina, Wien.

56 CARBONELLI, G., Fig. IX. [27]

57 CARBONELLI, G., Fig. XI. [27]

58 Chorfenster, Kloster Königsfelden, Schweiz (14. Jh.). [Farbig in: Königsfelden, Olten 1970, 1983, p. 67.]
59 JAMSTHALER, H.: *Viatorium spagyricum. Das ist: Ein gebenedeyter Spagyrischer Wegweiser.* Frankfurt 1625, p. 272.
60 MAIER, M.: *Secretioris naturae secretorum scrutinium chymicum,* Frankfurt a. M. 1687, Emblema XXI, p. 61.
61 LAIGNEL-LAVASTINE, M.: *Histoire générale de la médecine.* 3 Bde., Paris 1936–1949, I p. 543.
62 LOEFFLER, K.: *Schwäbische Buchmalerei in romanischer Zeit.* Augsburg 1928, Tafel 20.
63 LENORMANT, Ch., et J. J. WITTE: *Elite des monuments céramographiques.* 8 Bde., Paris 1844–1861, III Pl. LXXVIII.
64 GLANVILLE, B. de: *Le Propriétaire des choses.* (Übersetzt aus: CORBICHON, J.,: *Liber de proprietatibus rerum.*) Lyon 1482.
65 GILLEN, O.: *Iconographische Studien zum «Hortus Deliciarum» der Herrad von Landsberg.* Berlin 1931, p. 15.
66 CHAMPOLLION, J. F.: *Panthéon égyptien.* Paris 1825. Bilder-Archiv der Ciba Zeitschrift, Basel.
67 *Speculum humanae salvationis.* Ms. 511 (14. Jh.), Bibliothèque Nationale, Paris.
68 Sammlung Hahnloser, Bern.
69 Codex Urbanus Latinus 365 (15. Jh.), Biblioteca Vaticana, Rom.
70 HAMMER, J. de: *Mémoire sur deux coffrets gnostiques du moyen âge,* Paris 1832, Tab. K.
71 SCHEDEL, H.: *Das Buch der Chroniken und Geschichten.* Nürnberg 1493, p. V.
72 MÜLLER, N.: *Glauben, Wissen und Kunst der alten Hindus.* Mainz 1822, Tab. II, Fig. 17.
73 Codex Palatinus Latinus 412 (15. Jh.), Biblioteca Vaticana, Rom.
74 THENAUD, J. [6]
75 MÜLLER, N., Tab. II, Fig. 40. [72]
76 PORTA, G. della: *De distillationibus libri IX.* Straßburg 1609.
77 a, 77 b ROSCHER, W. H. (Hg.): *Ausführliches Lexikon der griechischen und römischen Mythologie,* Leipzig 1884–1890, p. 316.
78 MAIER, M.: *Symbola aureae mensae, duodecim nationum,* Frankfurt a. M. 1617, II, p. 57, Titelbild.
79 BONUS, P.: *Pretiosa margarita novella de thesauro ac pretiosissimo philosophorum lapide.* (Hg. von Janus Lacinius.)
80 *Speculum veritatis.* Codex Vaticanus Latinus 7286 (17. Jh.), Biblioteca Vaticana, Rom.
81 MAIER, M., p. 133. [60]
82 Aus einem russischen Manuskript des 18. Jh. (Privatbesitz).
83 [69]
84 BOSCHIUS, J., Symbol CCLI, Class. I, Tab. XVI. [37]
85 *Recueil de figures astrologiques.* Ms. 14770 (18. Jh.), Bibliothèque Nationale, Paris.
86 KELLEY, E., p. 109. [16]
87 INMAN, Th.: *Ancient Pagan and Modern Christian Symbolism Exposed and Explained.* New York 1879.
88 *Le Roman de Lancelot du Lac.* Ms. 116, Fol. 610ᵛ (15. Jh.), Bibliothèque Nationale, Paris.
89 BOSCHIUS, J., Symbol LXX, Class. I, Tab. IV. [37]
90 Fol. 82. [9]

91 THURNEISSER ZUM THURN, L.: *Quinta essentia, das ist die höchste subtilitet, krafft und wirckung, beyder der fürtrefflichsten und menschlichem geschlecht am nützlichsten Künsten der Medicin und Alchemy.* Leipzig 1574, p. 92.

92 *Ripley Scrowle.* [30]

93 MICHELSPACHER, St.: *Cabala, speculum artis et naturae, in alchymia.* Augsburg 1654.

94 BOSCHIUS, J., Symbol XXX, Class. II, Tab II. [37]

95 (Kinder- oder Knabenspiel). – TRISMOSIN, S., Pl. XX. [32]

96 I p. 104. [61]

97 MAIER, M., p. 183. [31]

98 Codex Palatinus Latinus 412 (15. Jh.), Biblioteca Vaticana, Rom.

99 Fol. 74. [9]

100 STRAUSS, H. A.: *Der astrologische Gedanke in der deutschen Vergangenheit.* München 1926, p. 54.

101 CLEMEN, P.: *Die romanische Monumentalmalerei in den Rheinlanden.* 2 Bde. Düsseldorf 1916, Fig. 195, p. 260.

102 BUDGE, E. A. W.: *Osiris and the Egyptian Resurrection.* London 1909. Titelbild (Ausschnitt).

103 (Braut und Bräutigam). – Accademia, Venedig.

104 PETRUS LOMBARDUS, *De sacramentis.* Codex Vaticanus Latinus 681 (14. Jh.), Biblioteca Vaticana, Rom.

105 *Speculum humanae salvationis.* Codex Palatinus Latinus 413 (15. Jh.), Biblioteca Vaticana, Rom.

106 CARBONELLI, G., p. 155, Fig. 189 (Ausschnitt). [27]

107 *Speculum humanae salvationis.* [105]

108 MÜLLER, N., Tab. I, Fig. 91. [72]

109 MOLSDORF, W.: *Christliche Symbolik der mittelalterlichen Kunst.* (Hiersemanns Handbücher X) Leipzig 1926, Tafel VI.

110 STEVENSON, J.: «Ceremonial of Hasjelti Dailjis and Mythical Sand Painting of the Navajo Indians». In: *Eighth Annual Report of the Bureau of Ethnology to the Secretary of the Smithonian Institution 1886/87* (Washington 1891) pp. 229–285, Pl. CXXI.

111 (Pfauenschwanz) – BOSCHIUS, J., Symbol LXXXIV, Class. I, Tab. V. [37]

Register

Im Bechtermünz Verlag ist von C. G. Jung außerdem erschienen:

Archetyp und Unbewußtes

Theoretische Überlegungen zum Wesen des Psychischen
Über die Archetypen des kollektiven Unbewußten
Der Begriff des kollektiven Unbewußten
Über den Archetypus mit besonderer Berücksichtigung des Animabegriffes
Die psychologischen Aspekte des Mutterarchetypus
Zur Psychologie des Kinderarchetypus
Zur Phänomenologie des Geistes im Märchen
Die transzendente Funktion
Über Synchronizität